MYP Spanish

Language Acquisition

A co … n

CW01314405

Phases 3&4

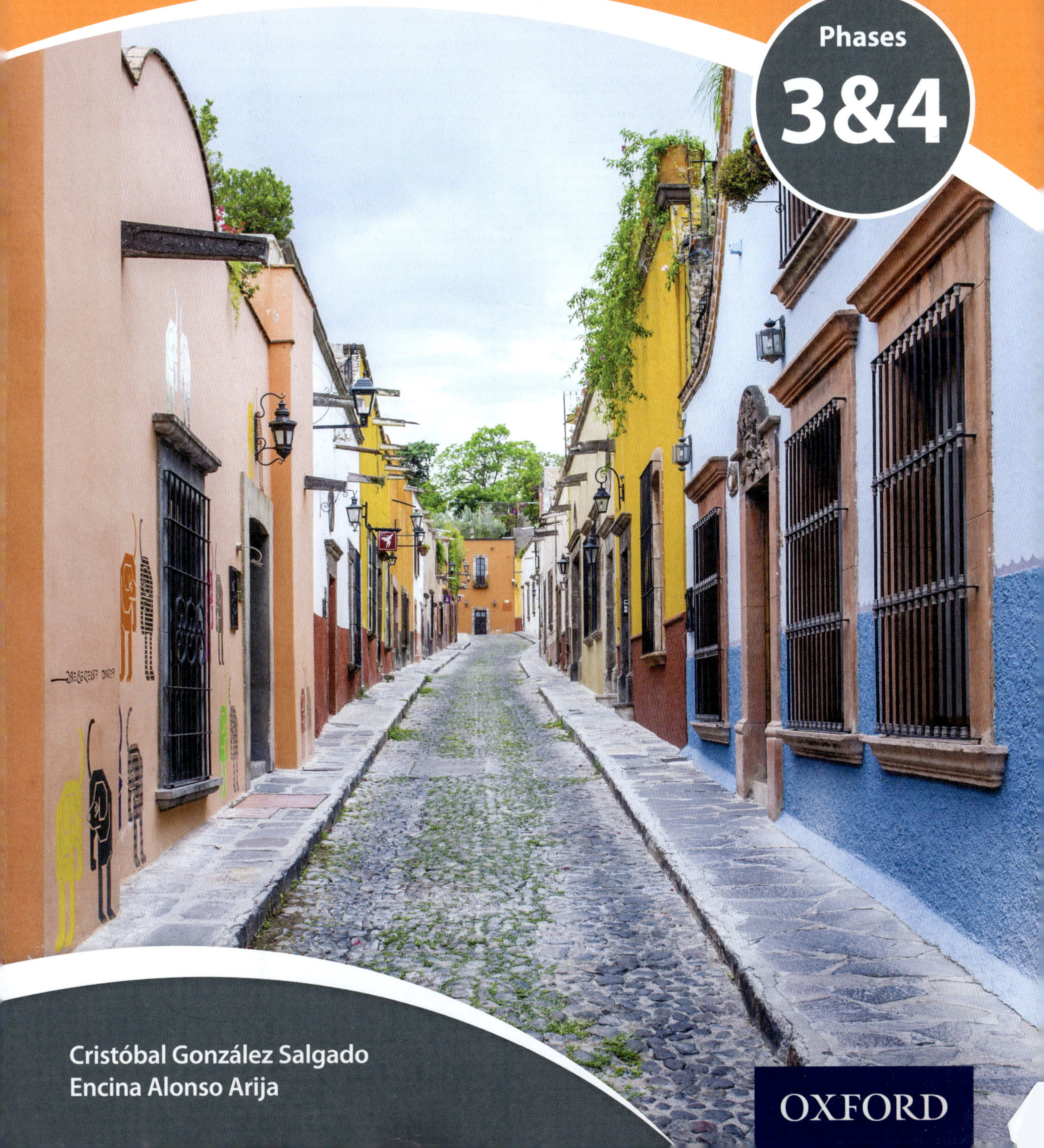

Cristóbal González Salgado
Encina Alonso Arija

OXFORD

How to use this book

Introduction

This Spanish Language Acquisition course is aimed at students in the MYP programme in phases 3 and 4. Thanks to **authentic learning experiences** with **multimodal texts**, students will reflect on the process of learning the language through **inquiry**, developing a **conceptual understanding**. The tasks have been designed following the MYP Language Acquisition objectives and criteria, with a focus on **differentiation**. The first five units are more appropriate for phase 3 students with some phase 4 activities, while units 6 to 10 are following the descriptors of the objectives for phase 4 with some phase 3 activities.

Each unit has a Statement of Inquiry, which relates to the **summative assessment** at the end of the unit. The Statement of Inquiry includes one of the four key **concepts** and the **related concepts** for Language Acquisition. The conceptual understanding is contextualized in one of the MYP **global contexts**. Thanks to the **factual**, **conceptual** and **debatable questions** students and teachers can reflect on the inquiry. During the unit there are several activities that can prepare students for the summative assessments. Many of these activities can be done as **formative assessments** too.

In the units there is a particular focus on the **Approaches to Learning (ATL)**, which are integrated in the activities with an explanation relevant to students. The **reflection** part at the end of the unit has a special focus on these ATL skills.

Each unit also suggests **interdisciplinary links**. Students can always reflect on their other MYP subjects when learning Spanish and teachers can use these suggestions to create interdisciplinary links within their schools.

The summative assessment tasks have been designed to also follow the requirements of the MYP eAssessment for the capable level, and the topics are the recommended ones for the **ePortfolio**.

These units prepare MYP students to be able to embark in the subject Spanish B Higher or Standard Level in the DP.

Contents

Unit overview	iv
1 **Somos lo que hacemos**	**p.2**
2 **¡Qué novedad!**	**p.32**
3 **El colegio es mi vida**	**p.60**
4 **Mi casa es tu casa**	**p.88**
5 **Hábitos saludables**	**p.118**
6 **¡Cuidemos nuestro mundo!**	**p.150**
7 **Creencias y valores**	**p.186**
8 **Las redes sociales**	**p.218**
9 **Viajes**	**p.246**
10 **Medios de comunicación**	**p.278**

 Weblinks to videos can also be found at www.oxfordsecondary.com/9780198395997

To help you get the most of your book, here's an overview of its features.

   Global context, concepts and statement of inquiry (Contexto global, conceptos, enunciado de indagación y actividades y tareas)

The statement of inquiry and the inquiry questions are stated on the first page of each unit. Throughout the unit these questions can be seen again next to the activities. Teachers and students can develop other inquiry questions too.

Activities and tasks

There are varied authentic activities that help to acquire the language. There is a progression of level in the activities. While the first activities are more guided and structured, the units are finished with more open-ended tasks. These tasks can be used as **formative assessments** too. Next to the activities you can see the specific objective/criterion and strand that are practiced. To attend to the differentiation of phases, the appropriate phase has been indicated next to some activities.

The four skills are also clearly labelled and covered consistently throughout:

 Leemos   Hablamos   Escribimos   Escuchamos

Language learning (Lengua)

The Spanish language is learned through discovery and inquiry. Students will find out the rules of language structures inductively through examples.

Approaches to learning (Enfoques de aprendizaje)

Some activities are linked to the ATL. Students can reflect on how to successfully complete tasks and at the same time develop strategies and skills related to the learning process.

 Interdisciplinary connections (Conexiones interdisciplinarias)

Students and teachers can make connections to the other MYP subjects. Language Acquisition is a great subject to make connections through language to the other MYP subjects in order to gather knowledge from other disciplines.

Summative assessments (Evaluación sumativa)

There are four summative assessment tasks at the end of each unit:

- Task 1: Comprehension of spoken and visual text (criterion A)
- Task 2: Comprehension of written and visual text (criterion B)
- Task 3: Interactive oral task (criteria C and D)
- Task 4: Written task (criteria C and D)

Reflection (Reflexión)

Students reflect on the Statement of Inquiry, the objectives of the unit, and the Approaches to Learning skills. All units finish with a reflection directly linked to the attributes of the IB learner profile.

Unit overview

Key concepts, related concepts and global contexts are represented in these colours:

Concepto clave   concepto relacionado   contexto global

Unidad y marco temático	Contexto global Conceptos	Enunciado de indagación	Enfoques de aprendizaje
1 Somos lo que hacemos Descripciones física y de carácter Las etiquetas sociales Las apariencias Los hábitos y rutinas	Identidades y relaciones Conexiones Empatía, convenciones Conexiones interdisciplinarias: Artes	Usando convenciones textuales, describimos nuestra identidad y las de los demás, y al mismo tiempo, conectamos y empatizamos con ellos.	**Pensamiento: Habilidades de pensamiento creativo** los asociogramas **Sociales: Habilidades de colaboración** la empatía **Autogestión: Habilidades de organización** la gestión del tiempo secciones para tomar notas mantener rutinas, hábitos y costumbres
2 ¡Qué novedad! La creatividad Los inventos Los diseñadores Las aficiones y los juegos	Innovación científica y técnica Creatividad Punto de vista, mensaje Conexiones interdisciplinarias: Diseño, **Ciencias**	Mediante la creatividad innovamos, pensamos y expresamos mensajes con nuestro punto de vista.	**Pensamiento: Habilidades de pensamiento creativo** estrategias de pensamiento visible **Autogestión: Habilidades de reflexión Habilidades afectivas** los juegos para memorizar la perseverancia **Sociales: Habilidades de colaboración** reglas de juegos
3 El colegio es mi vida Actividades escolares Diferentes personalidades Valores en la educación El acoso escolar	Equidad y desarrollo Comunicación Destinatario, mensaje Conexiones interdisciplinarias: Lengua y Literatura	Comunicamos mensajes a destinatarios específicos para conseguir una educación basada en los valores de solidaridad y tolerancia.	**Autogestión: Habilidades de organización** equilibrio entre lo académico y lo no académico **Comunicación: Habilidades de comunicación** seleccionar información de diversas fuentes
4 Mi casa es tu casa Las familias Cambios en las etapas de la vida El cerebro del adolescente Las tareas de la casa	Identidades y relaciones Comunicación Forma, convenciones Conexiones interdisciplinarias: Individuos y Sociedades Ciencias	Comunicamos cómo se puede conseguir una mejor convivencia en la familia y en el aula a través de convenciones textuales y formas lingüísticas determinadas.	**Sociales: Habilidades de colaboración** resolución de conflictos **Comunicación: Habilidades de comunicación** la entonación en la interacción **Autogestión: Habilidades de organización** estrategias para estilos de aprendizaje diferentes **Investigación: Habilidades de alfabetización mediática** fiabilidad en las fuentes
5 Hábitos saludables Consejos y recomendaciones La alimentación sana Ventajas de la actividad física Uso de las nuevas tecnologías	Identidades y relaciones Comunicación Propósito, punto de vista Conexiones interdisciplinarias: Ciencias Educación Física y para la Salud	Comprendemos, creamos textos y damos nuestro punto de vista sobre la vida sana con el propósito de mantener una vida más feliz y equilibrada.	**Autogestión: Habilidades afectivas** estrategias de gestión emocional la persistencia y perseverancia

Unidad y marco temático	Contexto global / Conceptos	Enunciado de indagación	Enfoques de aprendizaje
6 ¡Cuidemos nuestro mundo! Vida del campo y ciudad El medio ambiente El reciclaje El cambio climático El futuro	Globalización y sustentabilidad Conexiones Estructura, punto de vista Conexiones interdisciplinarias: Ciencias	Conectamos con nuestro mundo cuando expresamos nuestro punto de vista sobre problemas de sustentabilidad en textos estructurados.	**Sociales: Habilidades de colaboración** el respeto por opiniones diferentes **Investigación: Habilidades de gestión de la información** establecer conexiones entre diversas fuentes **Comunicación: Habilidades de comunicación** la interacción oral **Autogestión: Habilidades de reflexión** implicaciones éticas y ambientales
7 Creencias y valores Mitos y leyendas Los cuentos Las representaciones religiosas	Expresión cultural y personal Creatividad Mensajes, convenciones Conexiones interdisciplinarias: Lengua y Literatura	Nuestros valores culturales están representados en los mensajes que transmitimos en nuestras creaciones y convenciones textuales.	**Comunicación: Habilidades de comunicación** la lectura extensiva inferir el significado **Sociales: Habilidades de colaboración** el trabajo en equipo **Pensamiento: Habilidades de pensamiento crítico** reconocer perspectivas y llegar a propias conclusiones
8 Las redes sociales El ciberacoso La huella digital Los trolls y los haters	Innovación científica y técnica Conexiones Mensaje, destinatario Conexiones interdisciplinarias: Diseño	Los mensajes usados en las redes sociales tienen el propósito de conectarnos con diferentes tipos de destinatarios.	**Pensamiento: Habilidades de pensamiento crítico** cuestionar la información de mensajes **Autogestión: Habilidades afectivas** el respeto por la privacidad la autoestima
9 Viajes Las vacaciones Viajes de estudios en el extranjero Preparación de viajes Destinos de viajes	Orientación en el espacio y en el tiempo Conexiones Mensaje, propósito Conexiones interdisciplinarias: Individuos y Sociedades	Conectamos con nuestro entorno al relatar viajes a través de mensajes con diferentes propósitos.	**Autogestión: Habilidades de organización** la planificación y los diarios de aprendizaje **Investigación: Habilidades de gestión de la información** contrastar la información
10 Medios de comunicación La comunicación Tipos de medios de comunicación (personales y masivos) Las noticias Los bulos y noticias falsas La publicidad	Expresión personal y cultural Comunicación Propósito, destinatario, mensaje Conexiones interdisciplinarias: Diseño	Nos comunicamos con distintos propósitos a nivel personal y de manera global, teniendo en cuenta los distintos destinatarios a los que nos dirigimos e interpretando lo que leemos u oímos de una forma crítica.	**Comunicación: Habilidades de comunicación** el destinatario los diferentes propósitos la lectura selectiva **Investigación: Habilidades de alfabetización mediática** la identificación de fuentes fiables **Pensamiento: Habilidades de pensamiento crítico** la lectura crítica de textos

Somos lo que hacemos

 Contexto global
Identidades y relaciones

 Conceptos relacionados
Empatía, convenciones

 Concepto clave
Conexiones

 Perfil de la comunidad de aprendizaje
Audaces, equilibrados

Pregunta fáctica

¿Cómo describimos a las personas?

¿Qué hábitos debemos tener para tener éxito?

Pregunta conceptual

¿Cómo conectamos con las personas?

¿Qué importancia tiene la empatía en las relaciones humanas?

Pregunta debatible

¿Qué es más importante, ser uno mismo o aparentar?

¿Qué papel tiene la rutina para ser feliz?

Enunciado de indagación

Usando convenciones textuales, describimos nuestra identidad y la de los demás, y al mismo tiempo, conectamos y empatizamos con ellos.

	Al final de esta unidad, vas a poder...
✓	describir a las personas (físico y carácter)
✓	reconocer las convenciones textuales de un artículo
✓	hablar de las etiquetas sociales
✓	expresar si se tiene una buena o mala relación con alguien
✓	reflexionar sobre las apariencias de las personas
✓	repasar las formas y el uso del presente de indicativo (regulares, irregulares y reflexivos)
✓	conocer el significado de verbos que pueden ser reflexivos y no reflexivos
✓	expresar hábitos y rutinas
✓	conocer los objetivos del proyecto personal y su conexión con la Adquisición de Lenguas

1.1 Así somos

a. ¿Qué palabras para describir personas recuerdas? Completa con tus compañeros/as.

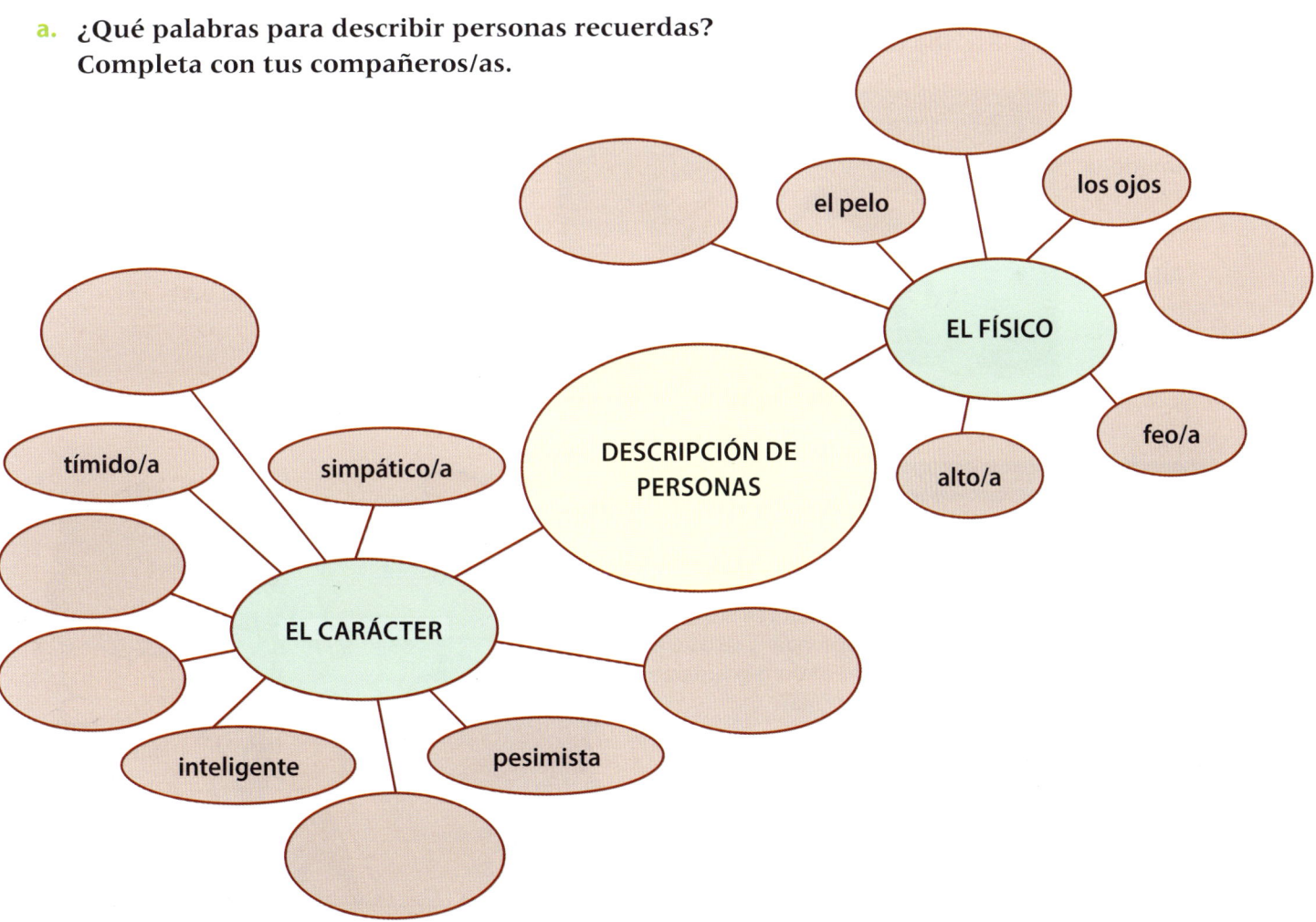

Somos lo que hacemos

b. ¿Qué avatar es? Lee las descripciones y elige. Después describe a otros avatares. Tus compañeros/as adivinan quiénes son.

> Es un chico. Es pelirrojo. Lleva el pelo corto y barba.

> Es una chica. Tiene el pelo castaño oscuro. Lleva el pelo largo.

c. ¿Quiénes son? Relaciona las personas de la foto con uno de los avatares. Escribe una descripción de las personas.

Almudena
Alfonso
Mario
Lucía

Pregunta fáctica

¿Cómo describimos a las personas?

ATL — Pensamiento – Habilidades de pensamiento creativo

Antes de empezar a crear un texto, debes hacer una lluvia de ideas (*brainstorming*) o un asociograma como el de la página anterior. De esta manera recuerdas y activas el vocabulario que quieres usar en el texto. La lluvia de ideas es una manera excelente de aprender y repasar el vocabulario. ¿Sabías que en nuestro cerebro guardamos todo de manera relacionada y conectada?

inteligente
los ojos
el pelo
alta

d. Ve al sitio http://www.crearunavatar.com/. Crea tu propio avatar y descríbelo.

 Leemos

e. Lee el texto y contesta las preguntas.

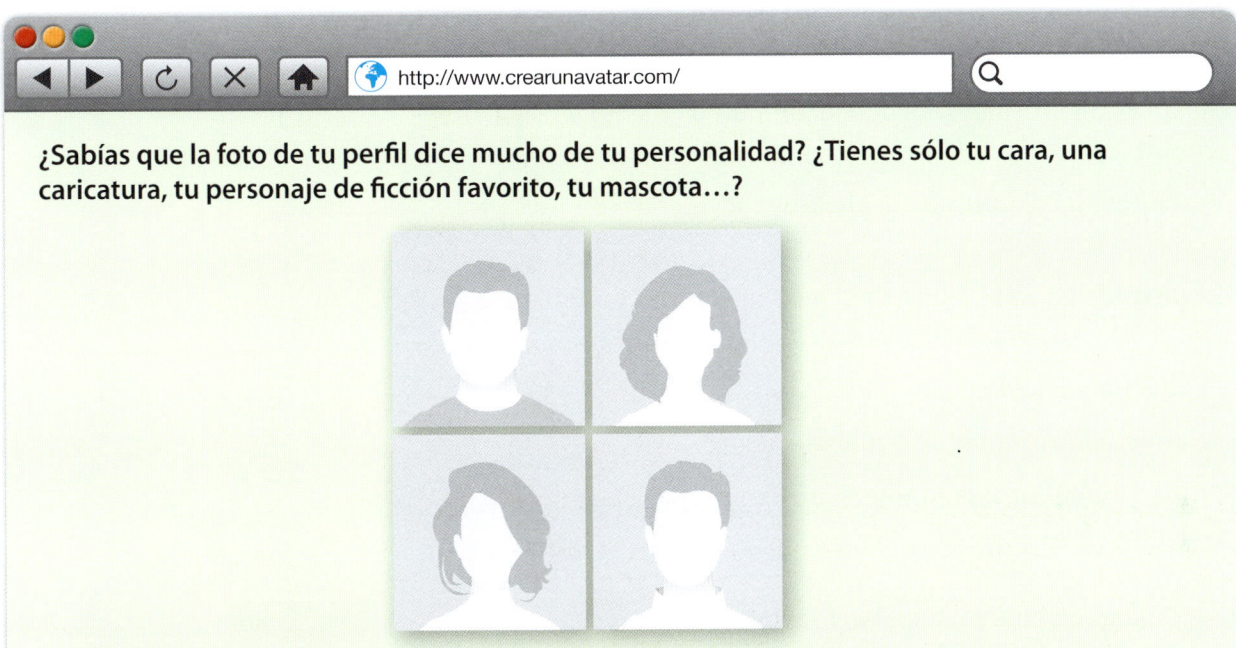

¿Sabías que la foto de tu perfil dice mucho de tu personalidad? ¿Tienes sólo tu cara, una caricatura, tu personaje de ficción favorito, tu mascota…?

1. **MUESTRAS TU CARA.** Si subes como foto de perfil una foto de tu cara, auténtica, centrada y sonriendo, te muestras tal como eres, expresas tu yo real. Y eres algo egocéntrico… Pero si tienes una foto de cara en otro contexto, por ejemplo, en medio de un paisaje, no eres egocéntrico porque quieres relacionar la belleza del paisaje con tu personalidad.

2. **GIRAS LA CARA.** Si muestras parte de tu cara o mirando a otro sitio, eres una persona que no siente necesidad de ser conocida o reconocida, no quieres ser protagonista. Eres una persona un poco reservada.

3. **FOTO EN PHOTOSHOP O EN BLANCO Y NEGRO.** Claramente quieres dar al exterior una mejor imagen de la real. Además, sientes una gran influencia por la opinión de los demás.

4. **PERSONAJES DE FICCIÓN.** Usando personajes ficticios, no quieres desvelar tu propia identidad. Tienes tu propios motivos por los que no te interesa expresar tus opiniones.

5. **FOTO DE CUANDO ERAS BEBÉ.** Eres una persona nostálgica y te interesa recordar el pasado feliz que tenías. Intentas evitar el mundo real en el que vives.

6. **HACES GESTOS DIVERTIDOS.** No te importa nada lo que piensen de ti. Haces lo que realmente te gusta y das una imagen muy natural.

7. **USAS UNA CITA O UNA FRASE.** Te interesan más tus valores y pensamientos que tu propia imagen. Eres una persona reflexiva que evita lo superficial.

8. **TE ESCONDES TRAS UNA MÁSCARA.** Quizás eres una persona insegura y quieres ocultar algo. Tienes una necesidad de cambiar tu físico y de ocultar algo de ti. Esto dice mucho de tu personalidad o de lo que sientes ante algún momento crítico que estás viviendo.

Como ves, has escogido la foto de tu perfil por alguna razón. Esto tiene algún significado que se puede relacionar con tu personalidad o tu vida. No elegimos una foto sin pensarlo. Inconscientemente refleja rasgos de nuestra personalidad.

Somos lo que hacemos

 Convenciones

Cuando lees un texto, tienes que tener en cuenta las convenciones textuales. ¿Dónde puedes encontrar este texto? ¿Cuáles son sus características? ¿Por qué se ha escrito? ¿Cuál es su intención? ¿A quién va dirigido?

Criterio Bii

Este texto es un artículo. ¿Puedes encontrar en el texto las siguientes características?

- El **título:** está al principio del texto y está escrito con una letra más grande que el resto.
- La **entradilla:** son las frases del principio del texto. En la entradilla se da una idea del contenido del texto.
- El **cuerpo:** dividido en párrafos.
- La **conclusión:** donde se termina el texto.
- **Fotos** e **imágenes:** representan algún motivo del contenido del texto.

1. ¿Cuál es el tema principal del texto?

Criterio Bi

2. ¿A qué tipo de perfil corresponden las siguientes frases? Escribe el número del texto.
    a. No te gusta ser el centro de atención _____
    b. No quieres expresar lo que piensas _____
    c. Quieres ocultar algo de ti _____
    d. Eres una persona que piensa siempre en sí misma _____
    e. Te da igual lo que piensan de ti _____
    f. Tu imagen no te interesa mucho _____
    g. Te interesa lo que piensan las personas de ti _____
    h. Sientes nostalgia por el pasado _____

3. ¿Qué tipos de perfiles piensas que muestran a una persona extrovertida? ¿Y cuáles muestran a una persona tímida? ¿Por qué?

4. ¿Qué tipo de perfil usas tú normalmente? ¿Estás de acuerdo con lo que se dice en el texto? ¿Por qué?

Criterio Biii

f. **Busca alguna imagen de perfil que usas y el avatar que creaste en el punto "d" de esta actividad. ¿Cómo crees que reflejan tu físico, carácter y personalidad? Escribe una pequeña entrada de blog como respuesta al artículo.**

Criterios C y D

Fase 4

1.2 Las apariencias a veces engañan

🔊 Escuchamos

a. Mira uno de estos videos y toma nota de lo que pasa. ¿A qué conclusiones llegas?

   https://www.youtube.com/watch?v=U6r5wKzCw9U

   🔍 Palabras de búsqueda:
   Cristiano Ronaldo se disfraza de vagabundo

   https://www.youtube.com/watch?v=69oDK1ASF-k

   🔍 Palabras de búsqueda:
   La importancia de las apariencias

   https://www.youtube.com/watch?v=TvWbnD5fLqU&t=5s

   🔍 Palabras de búsqueda:
   Famoso Violinista Joshua Bell tocando de incógnito en la estación de metro

Pregunta conceptual
¿Cómo conectamos con las personas?

b. Relaciona estas palabras con su traducción al inglés.

olvidadizo	arrogant
despistado	fearful
tímido	violent
violento	forgetful
desorganizado	clueless
insensible	insensitive
miedoso	clumsy
torpe	submissive
prepotente	shy
sumiso	disorganized

c. Anota tres características de ti mismo. Pueden ser positivas o negativas. Tu profesor/a te va a dar un papel con el nombre de un compañero/a. Escribe tres de sus características (¡también positivas!). ¿Son las características iguales? ¿Cuáles son las diferencias?

Somos lo que hacemos

📖 Leemos

d. Ahora lee el siguiente texto y contesta las preguntas.

Etiquetas sociales

Enero 11, 2018 Posted in Inteligencia emocional

La gente te pone etiquetas de acuerdo a lo que ven en ti. Estas etiquetas con el tiempo se graban en tu mente, se convierten en tu realidad y te limitarán toda tu vida. Tú comienzas a creer que eres lo que todos dijeron que eras.

(1) Los padres son los primeros en categorizar y etiquetar a sus hijos de acuerdo a lo que ven. Algunas de las etiquetas más comunes que escucharás de la gente son: "Yo soy muy olvidadizo", "soy muy despistado", "soy malo para las matemáticas", "no soy bueno para los deportes", "soy tímido", "soy violento", "soy desorganizado", "soy frío e insensible", "soy miedoso", "soy torpe", "soy gordo", "soy muy alto", "soy sumiso", etc.

(2) Lo dicen como una verdad indiscutible. Coloquemos un ejemplo simple, imaginemos que una niña de siete años comienza a tomar clases de ballet. Ella disfruta mucho de ir y aprender con sus compañeras. Para su profesora la niña no tiene facilidad para bailar, entonces la pequeña decide dejar de ir, no se siente cómoda de practicar algo en lo que no tiene facilidad. Ella evitará con el tiempo cualquier situación que se relacione al ballet, porque la idea de "No eres buena para bailar ballet" se transformó en su realidad, para sus padres y su profesora ella no tiene facilidad. Al ser una niña toma la palabra de los adultos como una verdad absoluta, ella lo acepta, y al aceptarlo esa será su etiqueta de por vida.

(3) Con el tiempo ella misma creerá que no es buena para bailar ballet, y cuando le pregunten por qué no siguió bailando seguramente responderá "eso no era para mí". Sin embargo cuando fue una niña disfrutó todas las clases a las que asistió.

(4) La mayoría de las etiquetas son externas. Pero también hay etiquetas que nosotros mismos aprendimos a colocarnos para evitar hacer cosas que nos asustan. Conozco una mujer de 63 años que no pudo estudiar en la universidad porque tuvo que trabajar para mantener a su familia. Ella dedicó toda su vida a trabajar, a menudo me cuenta sus ganas de estudiar en la universidad, es uno de los sueños que quiere cumplir.

(5) Una vez le dije "¿Por qué no estudias ahora? Tus hijos están grandes, estás jubilada, tienes tiempo libre y el dinero suficiente para hacerlo". Pero siempre me responde etiquetándose negativamente: "Yo nunca fui buena para los estudios. Era un desastre en la escuela, imagínate lo que seré en la universidad. Ya estoy vieja, no puedo llevar ese nivel de estudio. Ya no tiene sentido hacerlo".

(6) A pesar de sus ganas ella se etiqueta para evitar afrontar su miedo, ella desea estudiar, pero no se considera apta para hacerlo, sus etiquetas le impiden ver su potencial. Está convencida de que si era mala en la escuela, entonces la universidad será misión imposible.

(7) Estas son simples etiquetas que nacen de su inseguridad, de su miedo a fracasar. Tal y como hablamos en otros artículos el miedo es una emoción paralizante, que te mantiene estático y te aleja del éxito.

1. Según el texto, ¿qué dos tipos de etiquetas hay? ¿Cuáles son los ejemplos que se dan?   Criterio **Bi**

2. Describe la imagen que acompaña al texto. ¿Cómo la relacionas con el contenido del texto?

3. Elige las frases cuya información se menciona en el texto.
   a. La niña dejó de ir a las clases de ballet porque no le gustaban.
   b. Hay etiquetas que son externas e internas.
   c. La mujer de 63 años se pone ella misma etiquetas negativas.
   d. El miedo es bueno para tener éxito.

4. Contesta estas preguntas usando información del texto y básandote en tus experiencias personales.   Criterio **Biii**
   - ¿Crees que las etiquetas sociales son reales?
   - ¿Crees que son buenas las etiquetas sociales?
   - ¿Crees que las personas pueden cambiar?

e. **¿Puedes relacionar el mensaje del texto que acabas de leer con los videos del principio de la actividad? Para ello, vas a realizar un pequeño teatro o video con tus compañeros/as. El tema es la siguiente cita:**   Criterios **C y D**

   A veces las apariencias engañan.

   Procedimiento:
   - Piensen en un contexto o situación.
   - ¿Qué pasa?
   - ¿Cuántos personajes hay?
   - ¿Por qué hay una "apariencia" en la situación? ¿Cuál es la realidad?
   - Expliquen después la relación entre la cita y su representación de teatro o video.

Pregunta debatible

¿Qué es más importante, ser uno mismo o aparentar?

9

Somos lo que hacemos

 Conexión interdisciplinaria: Artes

Esta unidad ofrece varias oportunidades para realizar una conexión interdisciplinaria con la asignatura de Artes. El concepto de identidad se ha usado mucho en el arte. A través de su arte, los artistas intentan transmitir quiénes son y poner un significado en su vida. A veces un mismo artista pasa por diferentes fases personales y esto se ve reflejado en sus producciones artísticas.

¿Qué estilos artísticos reflejan esto? ¿Hay ejemplos en la pintura? ¿Y en el teatro o la música? ¿Puedes hacer una conexión entre esta "identidad" y el uso de avatares o fotos de perfil en los medios sociales?

ATL Sociales – Habilidades de colaboración

Todos nosotros tenemos diferentes personalidades. Cuando trabajamos en grupos, no siempre nos llevamos bien con nuestros compañeros. Hay compañeros con personalidades con las que no nos gusta estar mucho y otros con los que trabajamos y nos sentimos bien. Debemos, sin embargo, trabajar con todos los tipos de personas, porque todos pueden aportar algo al trabajo colaborativo.

A veces tampoco nos sentimos muy bien. Estamos tristes, hemos tenido un mal día, hemos tenido algún problema… Debemos entender el estado de ánimo de nuestros compañeros. Cuando somos capaces de entenderlo y adaptarnos a ellos estamos practicando la **empatía**.

Pregunta conceptual

¿Qué importancia tiene la empatía en las relaciones humanas?

f. ¿Eres una persona empática? Realiza el siguiente test y compruébalo.

Criterios C y D

1. ¿Qué haces cuando alguien te cuenta un problema?
   a. Es difícil para mí conectar emocionalmente con la persona.
   b. Intento comprender a la persona.
   c. Intento comprender a la persona, pero no me interesa mucho.

2. Cuando hablas con una persona, ¿en qué te fijas?
   a. En lo que dice.
   b. En lo que dice y cómo lo dice.
   c. En cómo lo dice.

3. ¿Haces preguntas cuando alguien te cuenta algo?
   a. No, lo dejo hablar. Así acabamos antes.
   b. Sí, me interesa lo que me cuenta.
   c. Hago pocas preguntas.

4. Si siento una emoción cuando alguien me cuenta algo…
   a. …no comparto la emoción.
   b. …comparto la emoción sin problemas.
   c. …disimulo, pero no pasa nada.

5. Alguien está triste por algo que no tiene importancia…
   a. …lo escucho pero le hago saber que el tema no tiene importancia.
   b. …lo escucho y respeto su emoción.
   c. …lo escucho y lo animo para que no esté triste.
6. Cuando alguien me da una noticia muy alegre o muy triste…
   a. …no me afecta nada.
   b. …me emociono también.
   c. …me emociono un poco, pero no mucho.
7. Cuando alguien comparte contigo una experiencia, ¿cuándo dices "te entiendo"?
   a. Casi nunca.
   b. Muy a menudo.
   c. Algunas veces.

Resultados:

a. Mayoría de respuestas a: No eres nada empático.
Por lo visto, cuando te relacionas con otras personas prestas poca atención a su estado emocional. Quizás no sabes cómo hacerlo o simplemente no te interesa. Pero busca las causas, porque la empatía es una de las habilidades que más aporta a las relaciones sociales.

b. Mayoría de respuestas b: Estás comenzando a empatizar.
A veces puedes comprender el estado emocional de la persona con la que te relacionas, pero esa persona no lo percibe. Debes hacer ver a la persona que te interesas por ella, porque así vas a mejorar vuestra comunicación.

c. Mayoría de respuestas c: Eres una persona empática.
Eres una persona con gran empatía y sabes conectar con la persona con la que hablas y te relacionas. Tienes una gran inteligencia emocional pero ¡ten cuidado! No te lleves siempre todas las emociones a casa, pues las emociones te pueden afectar demasiado.

Lengua

Para expresar cómo es tu relación con alguien puedes usar:
- Me llevo bien / mal / genial / fatal con (*to get or not get along with*)
  Me llevo muy bien con Jaime.
- Me cae bien / mal / genial / fatal (*to like or not like someone*)
  Jaime me cae muy bien.
- Verbos valorativos, como "encantar", "no soportar"… (*I really like / I can't stand*)
  Me encanta Jimena.
  A Juan no lo soporto.

Somos lo que hacemos

g. Mira el dibujo y escribe frases para expresar las relaciones.

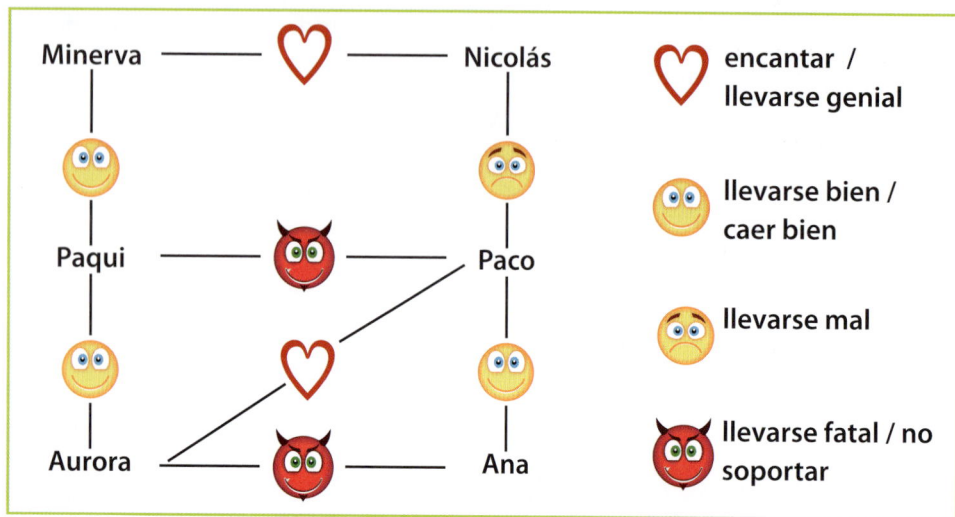

h. Mira los dibujos de estos personajes. ¿Cómo crees que es su carácter? Ponte de acuerdo con un compañero/a.

Karol   Ruggero   Michael   Valentina   Luz   Diego   Ezequiel   Lucila   Rodrigo

i. Mira la presentación de esta serie. En grupos, contesta las preguntas.

https://www.youtube.com/watch?v=R4IHxjHCJ-c

Palabras de búsqueda:

Soy Luna – Intro

- ¿Quiénes son los personajes? ¿Con qué personajes de los dibujos del punto "h" los relacionas?
- ¿Cómo son los personajes? ¿Cómo es su carácter o personalidad?
- ¿Qué relación crees que tienen los personajes?
- ¿Cómo se llevan entre ellos?

j. **En grupos, tomen el rol de uno de los personajes de la serie y representen una escena.**

1. Piensen en una situación (de felicidad, de tristeza, de sorpresa, de mal humor…).
2. Escriban el guion de la escena (los diálogos).
3. Representen la escena.

k. **Evalúen a los compañeros teniendo en cuenta estos aspectos:**

Criterios C y D

- ¿Cómo es la interacción con los compañeros? ¿Se muestra empatía?
- ¿Es el uso de la lengua correcto?
- ¿Son la pronunciación y la entonación adecuadas?
- ¿Son los diálogos coherentes?
- ¿Qué representación es la más auténtica? ¿Por qué?

1.3 Los signos del horóscopo

Leemos

a. **¿De qué signo del horóscopo eres? Lee la descripción de tu signo y completa la tabla. ¿Cuáles son los aspectos positivos y negativos de tu signo?**

Aspectos positivos	Aspectos negativos

Fase 4

Aries (21 de marzo – 19 de abril)

Es una persona llena de energía y entusiasmo. Pionero y aventurero, le encantan los retos, la libertad y las nuevas ideas. Le gusta ser líder. Es independiente. Tiene mucha energía que a veces le lleva a ser agresivo, inquieto, argumentativo y terco. Suele ser honesto y directo, y es muy buen amigo de sus amigos, aunque a veces puede ser irritable y herir la sensibilidad de los demás. Es fiestero, adorable, espontáneo y muy divertido.

Tauro (20 de abril – 20 de mayo)

Suele ser práctico y decidido. Es una persona estable y sigue de forma leal a un líder en el que tiene confianza. Le encanta la paz y la tranquilidad, y es muy respetuoso con las leyes y las reglas. Extremadamente extrovertido, ayuda a las personas que lo necesitan. Tiene una personalidad muy interesante, es testarudo y de ideas fijas. A veces puede ser demasiado argumentativo, egocéntrico y terco. Le gustan las cosas bellas, suele ser aficionado al arte y la música, y le encantan los placeres de la vida y el lujo.

13

Somos lo que hacemos

Géminis (21 de mayo – 20 de junio)

Su carácter es doble, complejo y contradictorio. Suele ser elegante. Tiene el sentido de la felicidad, el egocentrismo, la imaginación y la inquietud de los niños. Comienza nuevas actividades y retos con entusiasmo, pero muchas veces le falta la constancia para realizarlos. Suele ser cortés, cariñoso, amable y generoso, y a veces utiliza sus atributos para conseguir sus objetivos: es capaz de mentir sin perder su encanto para obtener lo que quiere. Se desanima con facilidad (como los niños) cuando no consigue lo que quiere, y le gusta recibir atención, regalos y halagos. Suele tener muchos conocidos y pocos buenos amigos.

Cáncer (21 de junio – 22 de julio)

Puede ser tímido y aburrido, pero también brillante y famoso. Totalmente creativo, imaginativo y soñador. Es extremadamente cambiante y se siente orgulloso de ello. Espontáneo y narrador de grandes historias. Con una personalidad muy atractiva, es la persona más cariñosa que conocerás. Desde fuera parece decidido, resistente, terco, tenaz, energético, sabio e intuitivo; no obstante, es muy sensible. A veces es demasiado fantasioso. Le gusta el arte, la música y la literatura y, sobre todo, las artes dramáticas y la acción. En sus relaciones personales, es una mezcla de duro y blando.

Leo (23 de julio – 22 de agosto)

Es dominante, creativo y extrovertido. Es el rey entre los humanos, de la misma forma que el león es el rey en el reino animal. Tiene ambición, fuerza, valentía, independencia y total seguridad en sus capacidades. Es un gran líder y conversador, muy analítico y atractivo, así como apasionado y despreocupado. Es muy bueno en todo lo que hace, impredecible, adictivo, atractivo, extrovertido y con los pies en la tierra. Le gusta el lujo y el poder. Es excesivamente negativo; puede ser arrogante, orgulloso y tener muy mal genio.

Virgo (23 de agosto – 22 de septiembre)

Se caracteriza por su precisión, convencionalismo, su actitud reservada y su afán, a veces hasta obsesión, con la limpieza. Suele ser observador y paciente; puede parecer a veces frío y a veces le cuesta hacer grandes amigos. Suele ser discreto, amable y divertido con otras personas. Tiene encanto y dignidad. Es metódico, estudioso y le gusta la lógica; también le gusta aprender y es capaz de analizar las situaciones más complicadas. A un Virgo le cuesta confiar en las personas, no porque sea desconfiado por naturaleza, sino porque tiene poca seguridad en sí mismo.

Libra (23 de septiembre – 22 de octubre)

Tiene encanto, elegancia y buen gusto, es amable, pacífico y muy curioso. Le gustan la belleza y, la armonía, y es capaz de ser imparcial ante los conflictos. Es sensible a las necesidades de los demás y suele ser muy sociable, no soporta el conflicto y es muy diplomático. Le gusta trabajar en equipo y es un buen amigo. Es agradable y cariñoso con todas las personas. Su lado negativo es la frivolidad y lo fácil que cambia de opinión. No le gusta la rutina y muchas veces le falta capacidad para enfrentarse a los demás.

Escorpio (23 de octubre – 23 de noviembre)
Aunque puede aparecer tranquilo, tiene una agresión y magnetismo escondidos en el interior. Es muy poderoso y su carácter puede traer enormes beneficios o grandes riesgos para los demás. Es emocional y se siente herido con facilidad. Es un excelente amigo. Es muy imaginativo e intuitivo. A veces es arrogante y celoso cuando algún amigo lo traiciona.

Sagitario (22 de noviembre – 21 de diciembre)
Es versátil y le encantan la aventura y lo desconocido. Tiene la mente abierta a nuevas ideas y experiencias. Es fiable, sincero y optimista. Le encantan los nuevos proyectos y aprender sobre cosas nuevas. Es intuitivo y buen organizador. Es espontáneo y con un gran atractivo. Es muy romántico y agradable con todas las personas. Algunos Sagitario tienen un fuerte temperamento y son impacientes cuando los demás no van al mismo paso que ellos. Es muy buen amigo, fiable y leal.

Capricornio (22 de diciembre – 19 de enero)
Es estable, seguro y tranquilo. Es trabajador, responsable y práctico. Le encanta la música. Exige mucho, pero sólo porque se lo exige también a sí mismo. Suele ser justo, un poco melancólico y a veces pesimista. Es agradable, fresco e inteligente. Es gran conversador y extremadamente divertido. Puede ser reservado con desconocidos y es más probable que un Capricornio tenga pocos buenos amigos pero muchos conocidos o amigos de fiesta.

Acuario (20 de enero – 18 de febrero)
Tiene una personalidad fuerte y atractiva. Es confiable y único. Extremadamente enérgico e impredecible. Hay dos tipos de Acuario: uno es tímido, sensible, y paciente; el otro es exuberante y vivo. Ambos tienen una fuerza de convicción y de la verdad muy fuerte. Es muy tolerante. Es un signo humano, refinado e idealista, sabe ser perseverante y expresarse con razón, moderación y a veces humor. Casi todos son inteligentes, claros y lógicos, y la mayoría son imaginativos y psíquicos. Si se engaña a un Acuario, su furia es terrible.

Piscis (19 de febrero – 20 de marzo)
Es tranquilo, paciente y amable. Es sensible a los sentimientos de los demás y responde con empatía. Tiene un carácter cariñoso y amable. Es preocupado y amable, pero puede ser egoísta al mismo tiempo. Es muy astuto y siempre es el centro de atención. Es fácil de encontrar y difícil de mantener. Es extremadamente raro (en el buen sentido) en cuanto al humor. Ama hacer bromas y es muy popular, divertido, adorable y dulce. Es más emocional que racional; más instintivo que intelectual. Tiene una gran capacidad creativa artística. No es egoísta en sus relaciones personales y por lo general da más de lo que recibe.

b. Busca a compañeros de tu mismo signo del horóscopo. ¿Están de acuerdo con la descripción? ¿Son así? ¿En qué están de acuerdo y en qué no?

 Escribimos

c. En grupos, pónganse de acuerdo y escriban la descripción de su signo. Después intercambien los textos a otros grupos. ¿Con qué signo pueden tener buenas relaciones? ¿Quién se lleva bien con quién? ¿Por qué?

Fase 4

Somos lo que hacemos

1.4 Las tribus urbanas

a. ¿Hay grupos sociales en tu colegio? Haz una lista de posibles grupos que existen en tu colegio. ¿Cómo son las personas en estos grupos? ¿Tienen características comunes?

Ejemplo:

Grupos de deportistas, clubs, nacionalidades…
Los futbolistas son…

💬 Hablamos

b. Mira ahora los dibujos. ¿Conoces alguna tribu urbana? ¿Cómo se llaman? ¿Cuáles son sus características? Habla con tus compañeros/as y realicen un asociograma con la información.

🔊 Escuchamos

c. Mira el siguiente video y completa una tabla con la información que ves. Compara después con tus compañeros/as.

Las tribus son:

Góticos, Skates, Punks, Otakus, Emos, Metaleros, Reggaes, Ska y Mangueritas.

https://www.youtube.com/watch?v=Y5tBULVzW1E

🔎 Palabras de búsqueda:

Tribus Urbanas

Criterio Ai

	Tipo de ropa	Objetos característicos	Peinados	Música
Góticos				

d. Mira y escucha ahora este video. ¿Qué información puedes añadir a la tabla de la actividad anterior? ¿Aparece alguna tribu urbana más? ¿Cómo se llama? ¿Cuáles son sus características?

https://www.youtube.com/watch?v=1YZf65SZm48

🔎 Palabras de búsqueda:

Tribus urbanas en la Ciudad de México

Fase 4

16

e. Analiza las convenciones de los dos videos.

	Video A	Video B
¿Cuál es la intención del video?		
¿A quién va dirigido el video?		
¿Hay música? ¿Por qué?		
¿Hablan las personas? ¿Por qué?		

f. ¿Conoces a alguna persona que pertenezca a alguna tribu urbana? ¿Son como en la descripción de los videos? ¿Qué es igual? ¿Qué es diferente? Toma nota y habla con tus compañeros/as.

Criterio Aii

Criterio Aiii

Fase 4

Lengua

Repaso del presente de indicativo

Clasifica los siguientes verbos en grupos según su irregularidad.

decir	dar	tener	venir	estar	poder
poner	ir	salir	hacer	oír	saber
conocer	dormir	traducir	querer	pensar

1. Verbos con cambios vocálicos (*with vowel changes in the stem*)

	e → ie cerrar	o → ue volver	e → i pedir	u → ue jugar
yo	cierro	vuelvo	pido	juego
tú	cierras	vuelves	pides	juegas
él/ella, usted	cierra	vuelve	pide	juega
nosotros/as	cerramos	volvemos	pedimos	jugamos
vosotros/as	cerráis	volvéis	pedís	jugáis
ellos/as, ustedes	cierran	vuelven	piden	juegan

17

Somos lo que hacemos

2. Verbos con irregularidades en la primera persona

	hacer
yo	hago
tú	haces
él/ella, usted	hace
nosotros/as	hacemos
vosotros/as	hacéis
ellos/as, ustedes	hacen

3. Verbos con más de una irregularidad

	tener
yo	tengo
tú	tienes
él/ella, usted	tiene
nosotros/as	tenemos
vosotros/as	tenéis
ellos/as, ustedes	tienen

4. Verbos irregulares

	ser
yo	soy
tú	eres
él/ella, usted	es
nosotros/as	somos
vosotros/as	sois
ellos/as, ustedes	son

En grupos, escriban carteles con las conjugaciones de los verbos para la clase. ¿Qué grupo tiene el cartel más completo?

ATL Autogestión – Habilidades de organización

¿Sabes que para un correcto aprendizaje debes ser muy organizado? En tu cuaderno te recomendamos que incluyas una sección para tomar notas sobre la gramática. En ella puedes dibujar y marcar las irregularidades de los verbos. Siempre que veas alguna excepción o una nueva regla, toma nota.

1.5 Rutinas, hábitos y costumbres

a. Mira el cortometraje hasta el minuto 3:10 y anota cómo es la rutina diaria del personaje. ¿Qué hace todos los días?

https://www.youtube.com/watch?v=P-7JJYM-4zQ

 Palabras de búsqueda:

Signs Cortometraje

18

b. Ahora mira el video hasta el final. ¿Qué atributos del perfil del estudiante del IB crees que están representados en el cortometraje? ¿Por qué?

Indagadores   Informados e instruidos   Pensadores   Buenos comunicadores   Íntegros
De mentalidad abierta   Solidarios   Audaces   Equilibrados   Reflexivos

c. ¿Qué diferencias hay para ti entre un hábito, una rutina y una costumbre? Busca en un diccionario, escribe ejemplos y habla con tus compañeros/as.

d. ¿Piensas que los hábitos son buenos? ¿Cuáles son las ventajas? ¿Cuáles son las desventajas? Realiza una lista con un compañero/a.

Pregunta debatible

¿Qué papel tiene la rutina para ser feliz?

Leemos

e. Lee el texto y contesta individualmente por escrito.

Fase 4

---

http://esp106.blogspot.co.uk/2012/05/somos-lo-que-

martes, 15 de mayo

"Somos lo que hacemos repetidamente. La excelencia, entonces, no es un acto; es un hábito." Aristóteles

Publicado por ipineda en 12:48

José Castro 2 de julio, 14:09
He querido comentar esta cita ya que me relaciono bastante con ella. Al decir que me relaciono, digo que para mí es cierto lo que menciona Aristóteles. Además me gustan mucho las citas de este señor.

En el deporte, por ejemplo, mientras más practiques, mejor te desempeñas. En realidad, en todo en la vida es así. Para mí, esto es lo que Aristóteles quiere decir. En la vida todos somos iguales. Hay unos que trabajan más que los demás. Es por esto que la mayoría de estas personas tienen mejores resultados.

"Somos lo que somos repetidamente", porque mientras más repites algo, más lo practicas, mejoran tus destrezas. Así que la "excelencia", entonces es un "hábito", ya que como dije anteriormente, cuando repites algo muchas veces lo perfeccionas.

Todos debemos buscar el hábito de la excelencia para perfeccionarnos y dedicarnos al trabajo que nos guste.

Natalia Arcila Arce 18 de julio, 20:46
Dime lo que haces y te diré quién eres. Aristóteles basa su pensamiento en la formación que las vivencias le dan al carácter del ser humano. Basa el conocimiento en la experiencia vivida como el dicho popular "nadie aprende por cabeza ajena". Aristóteles ve el reflejo de las decisiones personales en las acciones de cada individuo.

---

1. ¿Dónde puedes encontrar este texto? ¿Cómo lo sabes? Analiza sus convenciones. **Criterio Bii**

2. ¿Está de acuerdo José Castro con la cita de Aristóteles? ¿Qué ejemplos da? **Criterio Bi**

Somos lo que hacemos

3. Según Natalia Arcila, Aristóteles "basa el conocimiento en la experiencia vivida". ¿Qué quiere decir Natalia con esta frase? Explica con algún ejemplo.

   Fase 4

4. ¿Estás de acuerdo tú con la cita? ¿Crees que cuanto más practicas, mejoras tus destrezas? ¿Puedes dar algún ejemplo de tus experiencias personales?

   Criterio Biii

 **Escuchamos**

---

f. **Mira el video sobre jóvenes deportistas ecuatorianos y contesta las preguntas.**

https://www.youtube.com/watch?v=rZn5c6bQq7w

 Palabras de búsqueda:

Jóvenes deportistas – Más que un pasatiempo, el deporte es su pasión

1. ¿Qué deportes practican los tres jóvenes? Criterio Ai

2. ¿Quién dice qué? Relaciona.

1. Marlón "Chito" Vera 2. Victor Hugo Castro 3. Doménica Azuero	a. Todas las limitaciones vienen de la cabeza. b. Mi vida es un constante entrenamiento. Tienes que querer entrenar más y más. c. Mi rutina me ayuda a seguir mi entrenamiento al pie de la letra y todo lo que me mandan. d. No hay que rendirse y seguir siempre adelante. Soy feliz cuando entreno y hago deporte. e. Te alejas de muchas cosas malas. Mi vida es super sana, con mucho deporte. f. Si realmente les gusta algo, luchen por ello para conseguirlo. No se den por vencidos.

3. Pon en orden las actividades de la rutina de Doménica Azuero.

   ☐ Luego de entrenar, una hora de descanso
   ☐ Empezar a entrenar a las 5:30 de la mañana
   ☐ Volver a entrenar
   ☐ Levantarse a las 5 de la mañana
   ☐ Ver sus cosas
   ☐ Ir a estudiar y hacer las tareas

4. Vuelve a mirar el video a partir del minuto 4:50 y compara la rutina diaria de Doménica con tu rutina.   Criterio Aiii

Doménica … pero yo …   mientras que yo …   sin embargo yo …

20

Lengua

Los verbos reflexivos

¿Recuerdas los pronombres reflexivos? ¿Qué verbos reflexivos conoces?

yo	me	levanto
tú	te	despiertas
él/ella, usted	se	acuesta
nosotros/as	nos	duchamos
vosotros/as	os	bañáis
ellos/as, ustedes	se	maquillan

Hay muchos tipos de verbos reflexivos. Algunos verbos pueden ser reflexivos o no dependiendo de si la acción recae en el sujeto o en otro objeto. A veces cambia un poco el significado.
¿Puedes traducir estas frases a tu lengua?

Me pongo la chaqueta. – *Pongo* el libro en la estantería.
Me voy a casa. – *Voy* a casa.
Me aburro. – El presentador *aburre* al público.
Me duermo cuando veo la tele. – *Duermo* muy bien en esta cama.
Me divierto mucho contigo. – Esa película *divierte* mucho a los niños.
Nos llevamos muy mal. – *Llevo* una camiseta azul.
Nos encontramos en la plaza. – *Encontramos* diez euros en el suelo.
Te pareces a tu padre. – ¿Qué te *parece* esta historia? – *Parece* que es tarde.
Mi madre *se llama* Antonia. – *Llamo* a mi madre por teléfono.

Los pronombres reflexivos siempre van delante del verbo conjugado y pueden ir detrás del infinitivo y el gerundio (present participle ending in -ando, -iendo or -yendo) o delante del verbo conjugado de la perífrasis.

Los pronombres reflexivos van siempre junto (attached) al imperativo positivo (positive command), pero delante del imperativo negativo (negative command).

Voy a levantar**me** or **Me** voy a levantar.
Estoy duchándo**me** or **Me** estoy duchando.
Pon**te** la chaqueta verde. (Pero: No **te** pongas la chaqueta verde.)

1. Completa el texto de la derecha con pronombres reflexivos donde sean necesarios.

2. Imagínate que tú eres ahora Luisa o Julián. Cambia las frases y escribe el texto en primera persona (yo).

Luisa ____ levanta todos los días a la misma hora; solo los fines de semana ____ levanta más tarde porque ____ despierta más tarde también. Después ____ ducha, ____ viste y desayuna. Pero ella no es como Julián. Julián ____ acuesta muy tarde y por eso no ____ puede levantar temprano. Él ____ queja siempre cuando suena el despertador. Cuando salen de casa, Luisa y Julián ____ ponen sus abrigos y ____ van. Los dos ____ encuentran con amigos por la tarde y a veces ____ ponen tristes cuando no ____ ven por mucho tiempo. ____ divierten mucho con ellos. ¿Qué ____ parecen a ti las vidas de Luisa y Julián? ¿ ____ parecen los dos?

Somos lo que hacemos

 Escribimos

g. ¿Qué actividades acostumbras a hacer? ¿Qué haces todos los días? ¿Qué haces siempre algunos días de la semana? Escribe frases y compara después con tus compañeros/as; busca al menos tres similitudes.

 Leemos

Fase 4
Criterio Biii

h. Lee el texto y compara tu definición de costumbre del punto "c" con la que se expresa aquí.

Ejemplos de costumbres

Una **costumbre** es un hábito o una tendencia, es decir, **una manera constante de hacer las cosas**. Una costumbre puede ser desarrollada por un animal o bien por una persona. Las costumbres de una persona pueden variar mucho con respecto a las de otra, ya que para que se establezca algo como costumbre, intervienen muchos factores como la educación que haya recibido la persona en casa, o bien en la escuela, las relaciones que tiene con sus amigos, y por supuesto el país y el tipo de cultura en el que se ha desarrollado.

Dentro de cada comunidad existen diferentes maneras de pensar y por consecuencia, distintas maneras de hacer las cosas. Así, factores como el estrato socioeconómico, el nivel educativo, el idioma, la religión, la nacionalidad, la edad y el género, pueden interferir al momento en que una persona establece poco a poco sus costumbres.

La **costumbre es algo que se desarrolla con el tiempo**. Un bebé recién nacido no tendrá costumbres, sin embargo, no le tomará mucho ir desarrollando algunos hábitos de comportamiento. Cuanto más tiempo pasa, más costumbres adquiere una persona y, por supuesto, más arraigadas están a ella. De este modo, es posible decir que es más sencillo lograr que una persona joven cambie de cierta forma sus hábitos y costumbres, a que lo haga una persona de edad avanzada.

5 ejemplos de costumbres:

1. Todos los días, a las 7 de la mañana y antes de irse al colegio, **Mariana se levanta, se prepara un chocolate y mira las redes sociales**. Al ser una conducta repetitiva, se puede decir que esta es una costumbre para Mariana.

2. Después de cenar, **Javier se sienta sólo a ver una buena película, luego de eso se va a dormir**.

3. María Antonieta es secretaria en una oficina y siempre **revisa dos veces los documentos antes de archivarlos**. Ha hecho esto durante los 10 años que lleva ejerciendo su oficio.

4. **Octavio bebe un litro de agua justo antes de irse a dormir**. Ha tenido este hábito desde que era niño puesto que su madre le enseñó a hacerlo así.

5. Luis tiene el hábito arraigado de **ir a cenar con sus amigos del trabajo el primer viernes de cada mes**.

i. **¿Verdadero o falso? Justifica tu respuesta con la información del texto.**

	V	F
La educación es el único factor que interviene en el establecimiento de una costumbre.		
Se necesita tiempo para que una costumbre se desarrolle.		
Los bebés pueden desarrollar hábitos de comportamiento más rápidamente que costumbres.		
Una persona mayor puede cambiar costumbres con facilidad.		

Criterio Bi

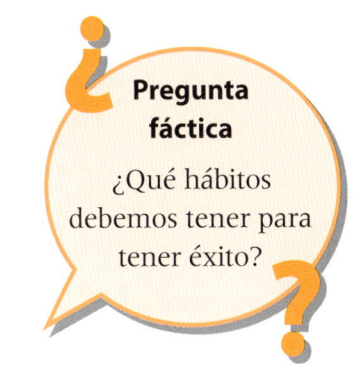

j. **¿Tiene alguien de la clase alguna costumbre igual o parecida a la de los ejemplos del texto? ¿Cuál?**

💬 Hablamos

k. **Vamos a realizar la rutina del estudiante de español en el PAI (MYP) ideal. ¿Qué costumbres o hábitos tiene este estudiante? ¿Y ustedes? ¿Qué otras actividades puede hacer para tener éxito en el aprendizaje? Habla con tus compañeros/as.**

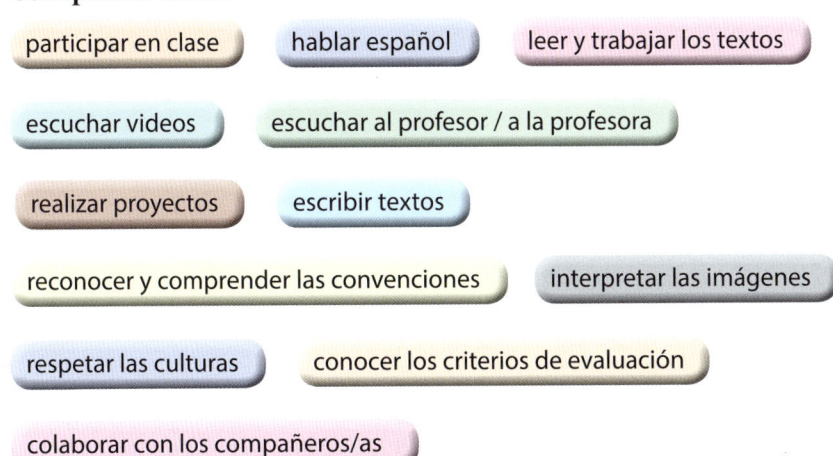

- participar en clase
- hablar español
- leer y trabajar los textos
- escuchar videos
- escuchar al profesor / a la profesora
- realizar proyectos
- escribir textos
- reconocer y comprender las convenciones
- interpretar las imágenes
- respetar las culturas
- conocer los criterios de evaluación
- colaborar con los compañeros/as

> **Pregunta fáctica**
> ¿Qué hábitos debemos tener para tener éxito?

Criterio Biii

🔑 Conexiones

ATL Autogestión – Habilidades de organización

Para tener éxito en el aprendizaje, es importante mantener rutinas, hábitos o costumbres. Para ello debes planificar y organizar bien tu tiempo y tus tareas. ¿Tienes un buen control del tiempo? ¿Cumples con los plazos establecidos? ¿Dónde y cómo organizas tu tiempo? ¿Tienes una agenda semanal? ¿Usas un cuaderno o alguna herramienta digital?

¡Habla con tus compañeros/as sobre este tema! Seguro que puedes aprender también de ellos.

Somos lo que hacemos

1.6 El proyecto personal

En tu último año del PAI (MYP) debes realizar un proyecto personal. En el proyecto personal tienes la oportunidad de realizar algo que realmente te interesa. El tema de tu proyecto debe pertenecer a uno de los contextos globales del MYP. Como en todo proyecto, se valora más el **proceso** que el producto. Este proyecto se debe realizar de manera autónoma bajo la supervisión de un profesor/a.

En tu proyecto personal debes poner en práctica todos los **Enfoques de aprendizaje** (*Approaches to learning*) que desarrollas en todas las asignaturas del PAI:

- Comunicación
- Sociales
- Autogestión
- Investigación
- Pensamiento

Para realizar tu proyecto personal, debes mantener un **diario personal** donde debes probar todo tu trabajo. Al final del trabajo, debes entregar un **informe** con ejemplos de tu diario personal. Como ves, las habilidades de organización y autogestión son fundamentales.

¿Has pensado en hacer algún proyecto relacionado con la Adquisición de Lenguas? Aquí te ofrecemos algunas ideas:

- Fomentar el multilingüismo en tu escuela
- Crear productos bilingües
- Enseñar a compañeros extranjeros tu lengua materna
- Crear una aplicación para practicar una lengua
- Realizar un trabajo colaborativo con tu profesor/a para aprender la lengua de manera contrastiva con tu lengua materna

¿Tienes algunas ideas más? Habla con tus compañeros/as.

Evidentemente puedes elegir el tema que más te interese y es muy importante que sea significativo para ti, porque **tú estás en el centro** de todo lo que se hace en el MYP.

Evaluación sumativa

Criterio A

Mira el video y contesta las preguntas.

https://www.youtube.com/watch?v=R_NVGr95rys

 Palabras de búsqueda:

Debate sobre tribus urbanas en Espejo Público

Aspecto i

1. ¿Te parece que están bien representadas en este video las tribus urbanas? Considera aspectos como la cantidad representada así como su descripción.

2. ¿A qué tribu urbana corresponde? Escribe el nombre.

    a. Es un estilo de música de finales de los 90. _____

    b. No está tan relacionado con la música, sino más bien con la literatura y al arte. _____

    c. Primero empezó como moda y después vinieron las bandas de música. _____

    d. Son grupos de personas que se reúnen en bares para escuchar música. _____

    e. Es un derivado del *post-hardcore*. _____

3. Según el video, ¿cuál es la mayor dificultad la que se enfrentan las tribus urbanas?

4. Según lo que se dice, ¿piensas que estos jóvenes van a cambiar su forma de vida en el futuro?

Aspecto ii

5. ¿Qué tipo de texto oral y visual es? ¿Por qué lo sabes?

6. ¿Por qué crees que hay dos entrevistadoras o presentadoras?

7. ¿Qué función tiene la música de fondo?

Aspecto iii

8. ¿A qué tribu urbana de las representadas te gustaría pertenecer a ti? ¿Por qué?

9. Donde tú vives, ¿hay alguna de estas tribus urbanas? ¿Cuál? Compárala(s) con la información que ves y escuchas (su apariencia y lo que hacen).

10. ¿Qué actitud tienes tú ante las tribus urbanas representadas en el video? Imagínate que perteneces a una tribu urbana. Explica por qué perteneces a la tribu y cómo son las características de la misma (forma de vestir, estilo de música, costumbres, etc.).

Somos lo que hacemos

Criterio B

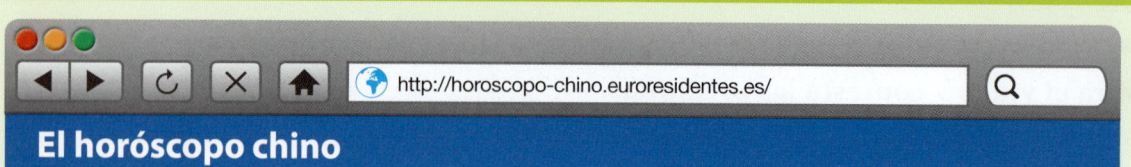

El horóscopo chino

La rata

Es el primer signo o animal del horóscopo chino y ha ganado el primer puesto gracias a su astucia e inteligencia. Tiene mucha intuición. Con cualidades de líder, pionero y conquistador; utiliza su encanto para guiar a los otros según sus objetivos.

Es ambiciosa y siente una irresistible atracción por el dinero y el poder; puede ser terriblemente obstinada y dispuesta a todo por defender su lugar. Gran trabajadora y con gran prudencia en los gastos, siempre tiene reservas.

Su mente analítica la hace silenciosa pero sumamente observadora, escapa de las disputas y actúa con verdadera sangre fría. Pero detrás de la máscara de frialdad, control y aparente tranquilidad, se esconde un corazón apasionado. Tiene control total sobre sus emociones, es calculadora y a veces actúa con crueldad, como instrumento para manipular y explotar a los otros.

Oportunista, sociable y alegre, la encontramos en todos los ámbitos. En el plano sentimental, se siente muy ligada a su pareja, su hogar, los hijos y los padres. Le cuesta entregarse, pero en cuanto lo hace, fluye su carácter apasionado; no tiene muchos amigos, pero los que tiene son para toda la vida. Le cuesta guardar secretos ajenos; tiene tendencia al cotilleo, a la crítica, a comparar.

No tolera la pereza, el ocio y el despilfarro. Incansable en el trabajo, desarrolla su verdadero potencial en las relaciones con los demás; su carácter sociable y curioso la sitúa entre los políticos, el comercio y todo lo que esté relacionado con la atención al público.

El caballo

El caballo es el nómada del horóscopo chino; va de un lugar a otro, de proyecto en proyecto; necesita del movimiento y de espacios abiertos; no puede resistirse al llamado interior de su espíritu libre y a su irrefrenable búsqueda de independencia y libertad.

Es sociable y se lanza sin reflexión pero con decisión hacia sus objetivos, necesita alcanzar el éxito para sentirse realizado. Alegre y simpático, se destaca en cualquier reunión, atrae la atención hacia él buscando aplausos y aprobación.

Utiliza cualquier estrategia, desde contar chistes, hacerse el gracioso o destacar algún defecto de los presentes. Algunas veces resulta difícil soportarlo; debajo de su aparente diplomacia, se esconde una personalidad egoísta e intolerante.

En el trabajo es impulsado por el entusiasmo del momento, necesita de resultados inmediatos; de poca paciencia, pierde el interés con rapidez y cambia su atención hacia otras metas. No le gustan las dependencias; deberá buscar trabajar autónomamente y ser su propio jefe, no tener compromisos, con situaciones imprevistas, mucho movimiento e improvisación, cambios y viajes.

El caballo es brillante, inteligente y sabe lograr el éxito. Le cuesta escuchar, no sabe guardar las confidencias, actúa de forma irresponsable pero sin malas intenciones.

Feliz en absoluta libertad, ansía el cariño y la intimidad, pero el amor los hace sentir atrapados. Es sensual, elegante y refinado; busca la intensidad de la emoción; se acerca embriagando con su seducción y palabras de amor, pero se cansa con facilidad.

El mono

Versátil y travieso, lo encontramos desempeñando profesiones como actor, investigador o inventor. Encierra grandes talentos; de mente ágil e inteligente, su naturaleza creativa y excitante curiosidad les convierte en grandes genios de la improvisación. Tiene facilidad de palabra y puede expresarse muy bien.

Lo pasa muy mal cuando le ignoran, le superan o le contradicen, se puede enfadar mucho; su inseguridad interior se manifiesta en un auténtico complejo de superioridad, donde logrará lo que desea como sea. Los monos despiertan sentimientos encontrados, se les puede ver como ingeniosos y divertidos o bien cínicos y faltos de moral; ambas caras de un mismo animal.

Para el mono la vida es un juego donde hay diversión, actividad y estímulo; tiene cualidades para pasarlo bien y divertirse con sus amigos. Son una buena oreja para escuchar y su curiosidad le lleva a estar informado en distintas áreas; a veces se muestran fanfarrones tratando de impresionar con lo mucho que sabe.

Se siente estable en movimiento continuo y con estimulación constante. A pesar de su increíble versatilidad, inteligencia, curiosidad y creatividad, también se le ve como un animal calculador, embustero y desconfiado. El mono no se preocupa de los sentimientos de los demás, sólo busca divertir y divertirse, aunque muchos vean su actitud como molesta, ofensiva y maleducada.

En el terreno del amor, sabe seducir con palabras hermosas, pero le cuesta mucho enamorarse, pues lo está ante todo de sí mismo. De pasiones pasajeras, nunca está satisfecho, debería ir más con la verdad y sincerarse aclarando que solo desea una aventura; imposible comprometerse debido a su inestabilidad e inconstancia.

Aspecto i

1. ¿A qué animal del horóscopo se refieren estos calificativos? Escribe la letra correspondiente:

   a. la rata

   b. el caballo

   c. el mono

Creativo y curioso	
Líder	
Impaciente	
Egoísta e intolerante	
Sociable, alegre y simpático	
Inquieto e independiente	
Ingenioso y divertido	
Trabajador	
Inestable e inconstante	
Ambicioso	
Astuto e intuitivo	

Somos lo que hacemos

2. ¿A qué animal del horóscopo chino pueden pertenecer estas personas?

    a. Es una persona muy dinámica. Le gusta viajar mucho y se cansa de la rutina. Le gusta tener éxito en su trabajo y tiene poca paciencia. _____

    b. Es el jefe de una empresa multinacional. Tiene mucho dinero y es muy trabajador. Controla mucho su trabajo y es muy exigente. _____

    c. Trabaja para una compañía de teatro. Tiene don de palabra. Es divertido, pero a veces se cree superior a todos y puede caer un poco mal. _____

3. Describe los dibujos de los animales y su relación con el contenido del texto escrito.

4. ¿Verdadero o falso? Justifica con la información del texto.

	V	F
Al principio la rata parece fría, pero después nos damos cuenta de que es apasionada.		
La rata es un poco perezosa. No le gusta trabajar mucho.		
El caballo es tímido. No le gusta llamar la atención.		
En el trabajo, el caballo es espontáneo y se desmotiva rápidamente.		
El mono necesita que le presten atención y siempre debe ganar.		
El mono es bastante generoso y preocupado por los demás.		

Aspecto ii

5. ¿A quién crees que está dirigido este texto? ¿Por qué?

6. ¿Dónde puedes leer este texto?

7. ¿Cuál es la intención del texto? ¿Qué diferencias hay con el horóscopo occidental? Analiza también las imágenes.

Aspecto iii

8. ¿Qué signo te gustaría que tuvieran las siguientes personas? ¿Por qué? Justifica con la información del texto.

    a. tu mejor amigo/a
    b. tu profesor/a
    c. tu hermano/a
    d. tu padre o madre

9. ¿Qué signo te parece que tiene más aspectos positivos? ¿Y cuál tiene más aspectos negativos? ¿Por qué? Justifica con la información del texto.

10. ¿Cómo es la personalidad de una rata, un caballo y un mono para ti? ¿Coincide tu descripción con la descripción del texto? ¿Qué es igual? ¿Qué es diferente?

Criterios **C y D (oral interactivo)**

Lee la cita y mantén una conversación con tu profesor/a sobre el tema. Habla de tres a cuatro minutos. Puedes prepararte durante 10 minutos y tomar notas. No puedes usar el diccionario ni ningún material de ayuda.

> **Para tener éxito debemos mantener hábitos y rutinas. Pero, a veces, los hábitos y rutinas son difíciles de mantener.**

Criterios **C y D (escrito)**

Escribe un artículo para la revista de tu colegio sobre la importancia de las rutinas y el control del tiempo para tener éxito en el aprendizaje. Escribe entre 200 y 250 palabras.

Somos lo que hacemos

💭 Reflexión

Busca en la unidad las actividades donde has practicado los objetivos de la misma. Reflexiona sobre lo que has aprendido y completa la tabla:

	😊	😐	😟
describir a las personas (físico y carácter)			
reconocer las convenciones textuales de un artículo			
hablar de las etiquetas sociales			
expresar si se tiene una buena o mala relación con alguien			
reflexionar sobre las apariencias de las personas			
repasar las formas y el uso del presente de indicativo (regulares, irregulares y reflexivos)			
conocer el significado de verbos que pueden ser reflexivos y no reflexivos			
expresar hábitos y rutinas			
conocer los objetivos del proyecto personal y su conexión con la Adquisición de Lenguas			

> **Reflexiona sobre el Enunciado de indagación de la unidad**
>
> Usando convenciones textuales, describimos nuestra identidad y las de los demás y, al mismo tiempo, conectamos y empatizamos con ellos.
>
> *By using textual conventions, we describe our identity and that of others and, at the same time, we connect and empathize with them.*

¿Puedes relacionar este **Enunciado de indagación** con las tareas de esta unidad? Busca actividades donde

- usas convenciones textuales
- describes tu identidad y la identidad de otras personas (quién eres, qué haces, cómo eres)
- conectas y muestras empatía con las personas.

Enfoques de aprendizaje

Busca en la unidad dónde has practicado las siguientes estrategias de aprendizaje.

¿Cómo crees que estos **Enfoques de aprendizaje** te ayudan a conseguir los atributos del perfil del estudiante del IB de esta unidad? ¿Y los otros atributos?

- Audaces
- Equilibrados

¿Has usado estos **Enfoques de aprendizaje** para completar con éxito las tareas de la unidad? ¿Y las tareas sumativas?

- *Thinking – Critical-thinking skills*

  Generating novel ideas and considering new perspectives
  - *Use brainstorming and visual diagrams to generate new ideas and inquiries*

- *Social – Collaboration skills*

  Working effectively with others
  - *Practise empathy*

- *Self-management – Organizational skills*

  Managing time and tasks effectively
  - *Bring necessary equipment and supplies to class*
  - *Keep an organized and logical system of information files/notebooks*
  - *Plan short- and long-term assignments; meet deadlines*
  - *Keep and use a weekly planner for assignments*

Reflexión

In this first unit, you have reflected on the importance of habits and persistence for being successful in the learning process. However, we humans often find routines boring and so we sometimes need to include a surprise factor to motivate our learning. We are aware of this and in the units of this book we will always try to include topics, concepts and activities that will interest and motivate you. At the same time, we would like you to get along with your classmates and to learn from each other. For us, it is important that you have fun as you learn and that you learn a lot in this subject. At the end of this course, you will be more knowledgeable, a more critical thinker, and a more interesting person!

2 ¡Qué novedad!

 Contexto global
Innovación científica y técnica

 Conceptos relacionados
Punto de vista, mensaje

 Concepto clave
Creatividad

 Perfil de la comunidad de aprendizaje
Pensadores, audaces, reflexivos

Pregunta fáctica

¿Qué inventos han sido importantes para el desarrollo de la humanidad?

¿Cuáles son las características de la creación?

Pregunta conceptual

¿Qué importancia tiene la creatividad en la sociedad?

¿Cómo podemos ser más creativos?

Pregunta debatible

¿Qué aficiones y actividades son más convenientes para fomentar la creatividad?

¿Es importante el juego en el aprendizaje?

Enunciado de indagación

Mediante la creatividad innovamos, pensamos y expresamos mensajes con nuestro punto de vista.

	Al final de esta unidad, vas a poder…
✓	definir y reflexionar sobre el significado de la creatividad
✓	repasar algunos números y fechas
✓	reflexionar sobre lo que se necesita para la invención
✓	expresar la necesidad
✓	hablar de los inventos importantes en la historia
✓	relacionar sustantivos y verbos de la misma familia
✓	usar los pretéritos indefinidos irregulares
✓	escribir un resumen y un texto expositivo
✓	reflexionar sobre las cualidades de un diseñador
✓	usar algunas frases de relativo
✓	trabajar las biodatas o pequeñas biografías
✓	hablar de las aficiones y los juegos
✓	reflexionar sobre la importancia de las reglas y las instrucciones

2.1 Creatividad

a. ¿Conoces a estas personas? ¿Quién te parece más creativo? ¿Por qué? ¿Cuál de las citas te gusta más? ¿Por qué? Comenta con tus compañeros/as.

Creatividad

"La creatividad es simplemente conectar cosas." *Steve Jobs*

"La creatividad es contagiosa. Pásala." *Albert Einstein*

"La creatividad proviene de un conflicto de ideas." *Donatella Versace*

33

¡Qué novedad!

💬 Hablamos

b. En grupos, intenten definir la creatividad. Escriban una cita.

> La creatividad es...

c. Lee la definición de un neurocientífico sobre el pensamiento creativo. ¿Te ha pasado a ti algo parecido alguna vez? Comenta con tus compañeros/as.

Fase 4

> El pensamiento creativo es el que se utiliza cuando buscamos una solución a un problema, no la encontramos y lo dejamos en el cerebro sin pensar en ello. Después, normalmente gracias a un estímulo externo, de repente encontramos la solución.
>
> Adaptado de Francisco Mora: *La neuroeducación*

d. ¿Qué factores crees que pueden impedir la creatividad? Anoten sus ideas.

e. Van a visualizar un video pero antes repasen estas fechas y números porque algunos van a aparecer en él.

Lengua

Algunas cifras

100 cien	**Fechas**
134 ciento treinta y cuatro	A principios de enero
300 trescientos	A mediados de los años setenta
500 quinientos	A finales de semana
700 setecientos	
900 novecientos	**Números romanos**
1000 mil	I uno
3000 tres mil	V cinco
1 000 000 un millón	X diez
3 000 000 tres millones	L cincuenta
	C cien
El porcentaje	D quinientos
77%: setenta y siete por ciento	M mil

34

f. Escribe una lista de diez cifras y díctasela a tu compañero/a. Luego comprueben si son iguales.

> *Ejemplo:*
> *Ocho mil setecientos sesenta y siete. Ahora tú…*

g. Escribe estas fechas según el modelo.

1. 1298: *A finales del siglo XIII*
2. 1892
3. 1712
4. 1650
5. 2017
6. 1999

h. ¿Qué haces tú para fomentar la creatividad? ¿Cuál de estos recursos te parecen más efectivos? Subráyalos.

> leer   experimentar   crear rutinas   trabajar en equipo
> pasear al aire libre   ser curioso   hacer preguntas
> empezar por copiar   usar las manos   dibujar   jugar
> compartir ideas   tener perseverancia   aprender de todos
> hacer pausas durante un trabajo   tener experiencias

i. En grupos, creen un asociograma sobre la creatividad. Después preséntenlo a la clase.

🔊 Escuchamos

j. Vas a ver un video sobre los "enemigos" de la creatividad. Pero antes, coloca estas palabras en la columna correspondiente y escribe la traducción al lado. Trabaja con un diccionario y asegúrate de que entiendes el significado de las palabras.

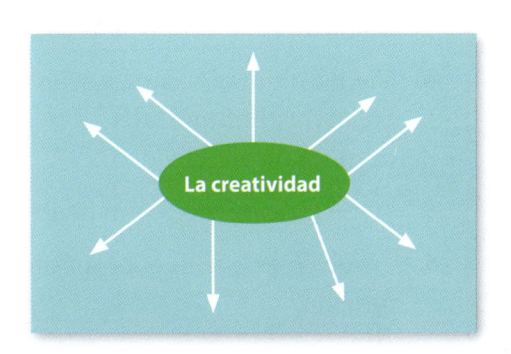

Verbos		Sustantivos	

> enemigo   mamíferos   aparear
> red de neuronas corteza del cerebro asustarse
> cerebro   supervivencia   huir
> crear   reptiles   cometer un error
> innovar   presa   inspirar
> detractores de la luchar   ser humano
> creación

35

¡Qué novedad!

k. Ahora mira el video y contesta las preguntas.

https://www.youtube.com/watch?v=IXdj_0Xphyw

🔍 **Palabras de búsqueda:**

Los enemigos de nuestra Creatividad

1. Completa las frases con la información que oyes hasta el minuto 0:40.

    .... *red de 100.000 millones de neuronas.*
    .... *tres veces mayor que los primates.*
    La corteza ocupa un 77% ....

2. ¿Cuáles son los tres enemigos de la creatividad? No tienes que comprender todo, solo las tres ideas principales.

    1. .....

    2. .....

    3. .....

3. En el video aparecen dos animales: la anémona y el cocodrilo. Explica su relación con la creatividad.

4. Vuelve a mirar las notas sobre los factores que impiden la creatividad (punto "d"). ¿Puedes cambiar o añadir alguno después de ver el video?

5. ¿Qué función crees que tiene el elemento visual en el video?

6. ¿Cuál crees que es el propósito del video y a qué audiencia va dirigido?

Fase 4

Criterio Ai

Criterio Aiii

Criterio Aii

Pensamiento – Habilidades de pensamiento creativo

Con los asociogramas puedes generar nuevas ideas y hacer conexiones. Al igual que ser creativo en la lengua, puedes crear y diseñar nuevos objetos. Es además una buena estrategia o técnica de pensamiento visible.

🔗 Conexión interdisciplinaria: Diseño

Se puede invitar al profesor o profesora de la asignatura de Diseño para discutir la cita anterior y para mostrar los asociogramas que se han confeccionado con lo que se hace para fomentar la creatividad y lo que puede impedirla. De este modo reflexionaremos un poco más sobre el pensamiento creativo y su importancia en la creación.

Pregunta conceptual

¿Cómo podemos ser creativos?

Pregunta fáctica

¿Cuáles son las características de la creación?

2.2 Inventos

🗨 Hablamos

a. **¿Cuál de estos inventos te parece más interesante y por qué? ¿Qué tienen todos en común? Comenta con tu compañero/a. Para ayudarte puedes utilizar estas expresiones y adjetivos.**

> útil   ingenioso   práctico   fácil de usar   barato   evita (+ infinitivo)   interesante

1. Una mochila con un impermeable que cubre la mochila y la cabeza de la persona.
2. Un anillo que cuando se aprieta hace sonar el celular, así lo podemos encontrar.
3. Un armario que reconoce toda la ropa que guarda. Con un teclado escribes el nombre de la prenda que necesitas y se abre la puerta donde está.
4. Una bicicleta que se puede cerrar usando un mando a distancia instalado en el celular.

> *Ejemplo:*
> *A mí me parece que el más interesante es el número 3 porque…*

b. Piensa sobre estas preguntas y después comenta tus respuestas en tu grupo:

- ¿Eres tú capaz de inventar? ¿Por qué sí o por qué no?
- ¿Te gustaría a ti inventar algo?
- ¿Qué crees que se necesita inventar? ¿Por qué?

Lengua

Expresar la necesidad

Es necesario/bueno/esencial/importante + infinitivo:
Es necesario crear computadoras más baratas.

Se necesita + infinitivo:
Se necesita crear computadoras más baratas.

37

¡Qué novedad!

📖 Leemos

c. En la historia ha habido muchos inventos importantes. Aquí tienes una página web con 14 de ellos. Escribe un resumen de cada uno basado en los textos.

http://www.que.es/ultimas-noticias/curiosas/201405300800-grandes-inventos-cambiaron-mundo-hicieron.html

1. Primero lee todo el texto.
2. Después selecciona las palabras más importantes.
3. Para terminar construye una frase con las palabras elegidas.

Ejemplo:

La rueda (3.500 a.c): Es el primer gran invento de la historia. **Los transportes, la economía e incluso las guerras cambiaron** gracias a este sencillo ingenio. Y es que nuestra civilización gira en torno a la rueda. Fueron **los sumerios** quienes tuvieron la gran idea de unir mediante barras de madera un círculo y un eje central. Tras la rueda, enseguida surgieron en Mesopotamia las primeras carreteras.

Los sumerios inventaron la rueda en el año 3.500 a.c. y los transportes, economía y guerras cambiaron.

Estos son los 14 inventos que aparecen en el texto.

1. la rueda	5. el microscopio	8. la bombilla	12. la fibra óptica
2. el papel	6. la máquina de vapor	9. el automóvil	13. el microchip
3. el alto horno	7. las vacunas	10. la radio	14. Internet
4. la imprenta		11. la penicilina	

d. ¿Cuál de los inventos te parece más importante? ¿Por qué? Habla con tus compañeros/as y lleguen a un acuerdo.

e. Completa esta tabla con los sustantivos correspondientes. Observa cuándo son femeninos o masculinos y trata de sacar una regla gramatical.

Infinitivo	Sustantivo
inventar	**la** invención/**el** invento
cambiar	
desarrollar	
revolucionar	
construir	
utilizar	
perfeccionar	
crear	

f. En grupos, piensen en otros tres inventos importantes y anoten algunos datos. Deben incluir qué es, cuándo se inventó, quién lo hizo, para qué sirve y qué ha cambiado en la humanidad. Pueden crear carteles sobre los inventos y añadir algún dibujo o foto. Al final se pegan los pósteres por las paredes y se puede votar el mejor.

> **Pregunta fáctica**
>
> ¿Qué inventos han sido importantes para el desarrollo de la humanidad?

Ejemplo:

¿Qué es? *El teléfono.*
¿Cuándo se inventó? *A finales del siglo XIX.*
¿Quién lo inventó? *Tradicionalmente se ha dicho que fue Alexander Graham Bell, pero sólo fue el primero que lo patentó. Ahora sabemos que fue Antonio Meucci.*
¿Para qué sirve? *Para comunicarse en la distancia.*
¿Qué ha cambiado en la humanidad? *Ha potenciado la comunicación.*

Lengua

Los irregulares del pretérito (indefinido)

Recuerda que el pretérito indefinido se usa para contar una acción pasada en un tiempo pasado sin relación con el presente. Estos son la tercera persona (él/ella, usted; plural: ellos/as, ustedes) de algunos de los irregulares más frecuentes. Debes aprenderlos.

ser: fue/fueron	**poder:** pudo/pudieron
ir: fue/fueron	**poner:** puso/pusieron
estar: estuvo/estuvieron	**traer:** trajo/trajeron
hacer: hizo/hicieron	**venir:** vino/vinieron
construir: construyó/construyeron	**querer:** quiso/quisieron
	saber: supo/supieron
tener: tuvo/tuvieron	**servir:** sirvió/sirvieron
decir: dijo/dijeron	**traducir:** tradujo/tradujeron
dar: dio/dieron	

g. Para memorizar los verbos irregulares les proponemos un juego tipo *memory*. En grupos de cuatro, creen pequeñas tarjetas de dos colores. En unas escriben los infinitivos, en las otras personas irregulares de esos verbos en infinitivo, las mezclan y …¡a jugar!

> **ATL Autogestión – Habilidades de reflexión**
>
> Es importante considerar las estrategias de aprendizaje personales y preguntarte: ¿qué puedo hacer para aprender de manera más eficaz y eficiente? Los juegos suelen ser un excelente modo de memorizar y divertirse.

¡Qué novedad!

h. ¿Conoces el origen del submarino? Lee el texto y dibuja una línea del tiempo con los datos importantes para crear la historia del submarino.

Criterio Bi

📖 Leemos

Historia del submarino

(1) Desde hace muchos siglos, el ser humano ha intentado imitar a los peces y viajar por debajo del agua. El primer submarino fue patentado a mediados del siglo XIX, pero ya siglos antes hubo muchos intentos de naves submarinas, es decir, un tipo de barco que podía ir por debajo del agua.

(2) No se sabe con seguridad quién o quiénes comenzaron, pero se sabe por documentos de la época que algunos intentos tuvieron lugar en España en el siglo XVI. Recientes investigaciones han puesto de manifiesto que ya Jerónimo de Ayanz y Beaumont había construido un submarino en 1600.

(3) Algunos afirman que el antecesor del submarino fue probablemente la barca cosaca del siglo XVII que se llamaba "Chaika", que en español quiere decir gaviota. Al mismo tiempo un holandés, Cornelius Jacobszoon Drebbel, que trabajaba para Jaime I de Inglaterra, construyó el primer sumergible en 1620.

(4) Pero un invento no se considera tal si no ha sido patentado primero y fue el inventor español Cosme García quien patentó el primer submarino en España en 1860. Era una nave para dos personas y pudo permanecer bajo el agua durante 45 minutos. El 2 de octubre de 1864, sólo cuatro años más tarde, Narciso Monturiol construyó y probó un submarino en el Puerto de Barcelona. Se llamaba "Ictíneo II" y tenía un motor anaeróbico que resolvía el mayor problema que tenían todos los submarinos anteriores: la renovación del oxígeno en un contenedor hermético. Existe una réplica en el *Museo Marítim* de Barcelona.

(5) No obstante, la historia ha considerado a Isaac Peral el inventor del submarino, llamado "El Peral", porque ya tenía todos los atributos necesarios para navegar por debajo del agua durante suficiente tiempo. Peral lo probó con éxito el 8 de septiembre de 1888.

(6) Ya en el siglo XX, el primer submarino propulsado por energía nuclear, el "USS Nautilus", botado en 1955, marcó la transición de las naves lentas submarinas a los buques modernos, capaces de mantener una velocidad de 20–25 nudos (37–46 km/h) y permanecer sumergidos durante semanas. Desde entonces, muchas han sido las innovaciones para mejorar los submarinos que existen en la actualidad.

i. ¿Quién te parece a ti que fue el verdadero inventor del submarino? ¿Crees que es importante patentar un invento? Justifica tu respuesta con la información del texto.

Criterio Biii

Fase 4

j. El texto sobre el submarino es un texto expositivo. Marca cuáles de estas características son propias de este tipo de textos. Después añade un ejemplo, una frase, extraído del texto para cada punto.

Criterio Bii

- [ ] Es un texto objetivo.
- [ ] Es un texto subjetivo.
- [ ] Da argumentos para convencer.
- [ ] Expone la opinión personal del autor.
- [ ] Tiene siempre el nombre del autor o autora.
- [ ] Su propósito es informar.
- [ ] Estos textos aparecen en los periódicos.

Escribimos

Criterios C y D

Mensaje

k. Ahora siguiendo el modelo del texto sobre el submarino, escojan uno de los tres inventos del punto "f" y escriban en grupos un texto informativo.

l. Edison trató de inventar la bombilla eléctrica y falló unas mil veces, aunque él no los consideraba fallos. Esto es lo que dijo:

> ¿Fracasos? No sé de qué me hablas. En cada descubrimiento me enteré de un motivo por el cual una bombilla no funcionaba. Ahora ya sé mil maneras de no hacer una bombilla.

Fase 4

m. Edison tenía una gran perseverancia y resiliencia. ¿Sabes lo que son estos conceptos? Intenta completar los asociogramas con estas frases que los definen. Puedes añadir alguna frase más.

Es continuar creyendo en el proyecto.
Es recuperarse cuando las cosas van mal.
Es seguir y seguir y seguir probando.
Es ver los problemas como desafíos.
Es la enemiga de la frustración.
Es una forma constructiva de ver la vida.

41

¡Qué novedad!

Es aprender de los errores

Resiliencia

Es no abandonar un proyecto aunque no se vean los resultados

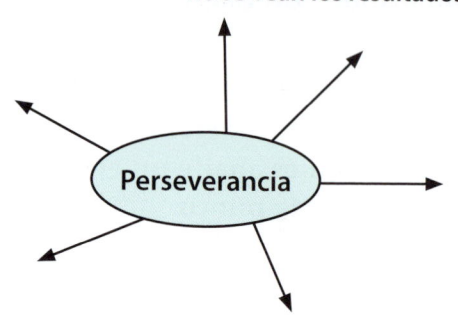

Perseverancia

> **ATL Autogestión – Habilidades afectivas**
>
> Es importante seguir trabajando aunque de momento los resultados no sean tan buenos, intentar controlar el estado de ánimo y no abandonar el proyecto. El proceso es tan importante como el producto.

2.3 Diseño

💬 Hablamos

a. ¿Cuáles de estas cualidades crees que son más importantes para un diseñador? Comenta con un compañero/a, justifiquen sus respuestas y escriban su propia lista.

tener creatividad	dibujar bien	ser práctico/a
tener ambición	tener buen gusto	conocer técnicas
poseer conocimientos		tener resiliencia
resolver necesidades	ser persistente	tener intuición
tener capacidad organizativa	poseer pensamiento crítico	
tener habilidades sociales	tener seguridad en sí mismo/a	

✱ Punto de vista

b. ¿Cuáles crees que posees tú de la lista? ¿Quieres añadir algunas más? ¿Cuáles son tus puntos fuertes y los no tan fuertes?

42

c. Relaciona estos tipos de diseñadores con lo que producen. ¿Conoces otros tipos?

Diseñadores de moda	Decoración de habitaciones de una casa
Diseñador gráfico	Computadoras, teléfonos…
Diseñador de interior	Máquinas y otros objetos
Diseñadores tecnológicos	Logotipos, carteles…
Diseñador industrial	Ropa y accesorios

Lengua

Las frases de relativo

Se pueden formar con *quien* o con *que*, con o sin artículos.

Un diseñador es **quien** crea, por ejemplo, objetos nuevos.
Un diseñador es una persona **que**, por ejemplo, crea objetos nuevos.
Un diseñador es **el que** crea, por ejemplo, objetos nuevos.

Quien sólo se usa para personas.

d. Termina las frases siguiendo el modelo de los ejemplos de arriba. ¿Cómo se dicen estas frases en tu lengua?

1. Un diseñador de moda es un hombre **que…**
2. Una diseñadora industrial es una mujer **que…**
3. Una diseñadora gráfica es **la que…**
4. Los diseñadores de interior son **los que…**
5. Las diseñadoras tecnológicas son **las que…**

e. Completa estas frases con el relativo apropiado.

1. Los profesores son ………… ayudan a los alumnos a aprender.
2. Un inventor es ………….. crea un objeto nuevo.
3. Una persona con resiliencia es ……………. aprende de los errores.
4. Un submarino es una nave ……… va por debajo del agua.
5. El teléfono es un aparato ………….. fomenta la comunicación.
6. El pensamiento creativo es ………….. nos lleva a la creatividad.

¡Qué novedad!

📖 Leemos

f. Lee estas biodatas (pequeñas biografías) de diseñadores famosos y completa la tabla.

Criterio Bi

	Marta Cerdà	Ángel Sánchez	Jaime Moreno Medina
Nacionalidad			
Países de colaboración			
Tipo de diseño			
Algo especial			

Marta Cerdà es una diseñadora gráfica de Barcelona que ha trabajado en Alemania y Nueva York, y cuenta entre sus clientes con marcas muy importantes y algunas de las agencias de publicidad más destacadas de España, Inglaterra y Estados Unidos. Marta toca prácticamente todos los terrenos de la creatividad visual: proyectos artísticos, culturales y publicitarios, que combina con la dirección de arte, la tipografía personalizada, la ilustración y el diseño gráfico.

Ángel Sánchez es un conocido diseñador de moda venezolano. Son famosos sus vestidos de novia y de noche. Ha presentado sus colecciones en Nueva York y además forma parte del Consejo de Diseñadores de Moda de América (CFDA). Se caracteriza por sus nuevas formas y proporciones, basadas en una disciplina arquitectónica.

Jaime Moreno Medina es un diseñador industrial español. Es el creador y CEO (director ejecutivo) de Mormedi, una consultoría de diseño. Con la colaboración de un equipo multidisciplinar integrado por diseñadores, estrategas, ingenieros, sociólogos, consultores en desarrollo de negocio y profesionales del marketing, Jaime Moreno ha creado proyectos que han sido galardonados. Además, colabora con frecuencia con instituciones internacionales, asociaciones y escuelas de negocios, como Harvard, para dar conferencias y ser miembro del jurado en concursos internacionales de diseño.

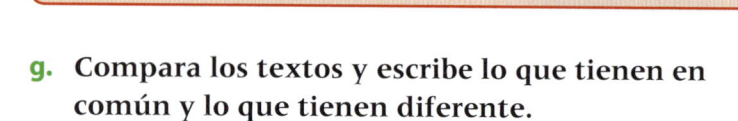

g. Compara los textos y escribe lo que tienen en común y lo que tienen diferente.

Marta Cerdà

Ángel Sánchez

Jaime Moreno Medina

44

h. Fijándote en los textos, ¿cuáles son las características de una biodata?¿Qué tipo de datos añadirías para convertirla en una biografía?

Criterio Bii

Escribimos

i. ¿Conoces a algún diseñador o diseñadora famoso/a? Busca la información en Internet y con un compañero/a escriban una pequeña biodata.

j. Convierte la biodata en un artículo biográfico que se va a publicar en una revista. Recuerda utilizar frases de relativo y hacerlo interesante para el lector. Escribe entre 200 y 250 palabras.

Criterios C y D

2.4 Creatividad y tiempo libre

a. Mira esta lista de las aficiones de los adolescentes y con un compañero/a di si las compartes o no. Después, cambia el orden, añade y suprime hasta crear tu propia lista.

Creatividad

1. amigos
2. móvil
3. Messenger/chat
4. Internet
5. hacer/ver deporte
6. novio/a
7. YouTube
8. mp3/iPod
9. televisión
10. cine
11. ir a conciertos
12. Play Station

b. ¿Cuál de tus aficiones crees que fomentan la creatividad o que son creativas?

c. Los juegos no sólo ayudan a la creatividad, sino también a la actividad mental. Lee este párrafo. ¿Estás de acuerdo?

Pregunta debatible

¿Qué aficiones y actividades son más convenientes para fomentar la creatividad?

Fase 4

Todos los juegos (hacer rompecabezas, juegos de mesa, videojuegos, etc.) estimulan el cerebro para trabajar de una manera distinta y como consecuencia mejoran nuestras capacidades cognitivas.

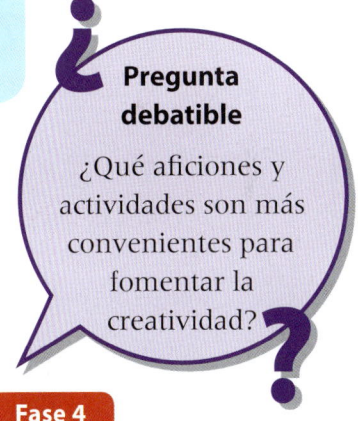

¡Qué novedad!

🔊 Escuchamos

d. Mira este video (hasta 0:25) y contesta.

https://www.youtube.com/watch?v=Gu93cMhKV68

🔍 **Palabras de búsqueda:**

Los 7 hobbies que te harán más inteligente

1. ¿Qué son los hobbies o aficiones?

2. ¿Cuándo se desarrollan?

3. Escucha ahora hasta el final y relaciona los hobbies con los beneficios según el video.

1. Leer… 2. Tocar un instrumento… 3. Aprender un idioma… 4. Hacer ejercicio regularmente… 5. Practicar meditación… 6. Formar parte de un club de debate…	a. …fortalece las fibras para conectar los dos hemisferios y mejora el funcionamiento del cerebro en general. b. …ayuda a ejercitar el lenguaje y aumenta la inteligencia emocional al intercambiar opiniones. c. …ayuda a las tareas mentales en general. d. …reduce el estrés e incrementa la inteligencia emocional y fluida. e. …aumenta la memoria y mejora la toma de decisiones. f. …ayuda a la memoria y la concentración.

4. ¿Estás de acuerdo con todo lo que dice el video? Comenta con tus compañeros/as y modifiquen la información según sus opiniones.

5. ¿Cuáles de estas aficiones practicas o has practicado? ¿Has notado estos beneficios? Comenta con tus compañeros/as.

6. ¿A quién va dirigido este video?

7. ¿Cuál es la finalidad del video?

Criterio Ai

Criterio Aiii

Fase 4

Criterio Aii

🔗 Conexión interdisciplinaria: Ciencias

¿Has estudiado el funcionamiento del cerebro en tu clase de Ciencias? Pueden invitar al docente de Ciencias para que explique la función del cerebro, los dos hemisferios y algunas cuestiones de memoria y concentración. Antes de invitarle, podrían redactar en grupos una o dos preguntas que les gustaría hacer.

2.5 Los juegos

🗨 Hablamos

a. Lee esta cita. ¿Crees que el juego ayuda a aprender? Comenta con tu compañero/a.

b. ¿Con cuál de estas frases estás de acuerdo y por qué? Comenten en un grupo.

   Criterios **C y D**

   1. Los juegos son sólo para niños.
   2. En el juego lo más importante es ganar.
   3. El juego es una de las herramientas de aprendizaje más poderosas.
   4. Los juegos son para el tiempo libre.
   5. El juego tiene que tener siempre un objetivo.
   6. El juego fomenta las habilidades sociales.
   7. El juego siempre es diversión.
   8. En el juego debe haber siempre reglas.
   9. Jugar ayuda al desarrollo emocional.
   10. El juego potencia la creatividad.
   11. En el juego tiene que haber siempre un reto.

c. En grupos, creen una infografía con las ventajas del juego en el aprendizaje. Les damos un modelo.

d. ¿Cuáles son tus juegos favoritos? Escribe una lista y luego comparte con tus compañeros/as. ¿Cuántos tienen en común?

e. Clasifiquen los juegos en estas categorías:

Juegos de mesa	Juegos de ordenador	Juegos de exterior (*outdoor*)	Juegos de rol	Otros
Trivial Pursuit		Frisbee		

El aprendizaje es el juego más divertido en la vida. Todos los niños creen esto y continúan creyéndolo hasta que los adultos les convencen de que el aprendizaje es algo difícil y costoso. Algunos niños nunca aprenden esta lección y atraviesan la vida creyendo que aprender es divertido y un verdadero juego. Tenemos un nombre para estas personas. Les llamamos genios. *Glenn Doman*

✳ Punto de vista

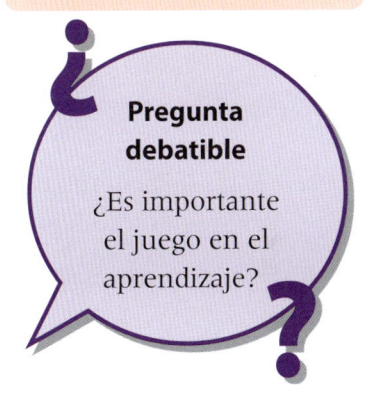

Pregunta debatible

¿Es importante el juego en el aprendizaje?

ATL **Sociales – Habilidades de colaboración**

Es muy importante que antes de jugar se hable de las reglas del juego y que después todos las respeten. Las reglas se pueden negociar, pero una vez que se deciden, no pueden cambiarse a mitad del juego.

¡Qué novedad!

📖 Leemos

f. Lee este foro y contesta las preguntas.

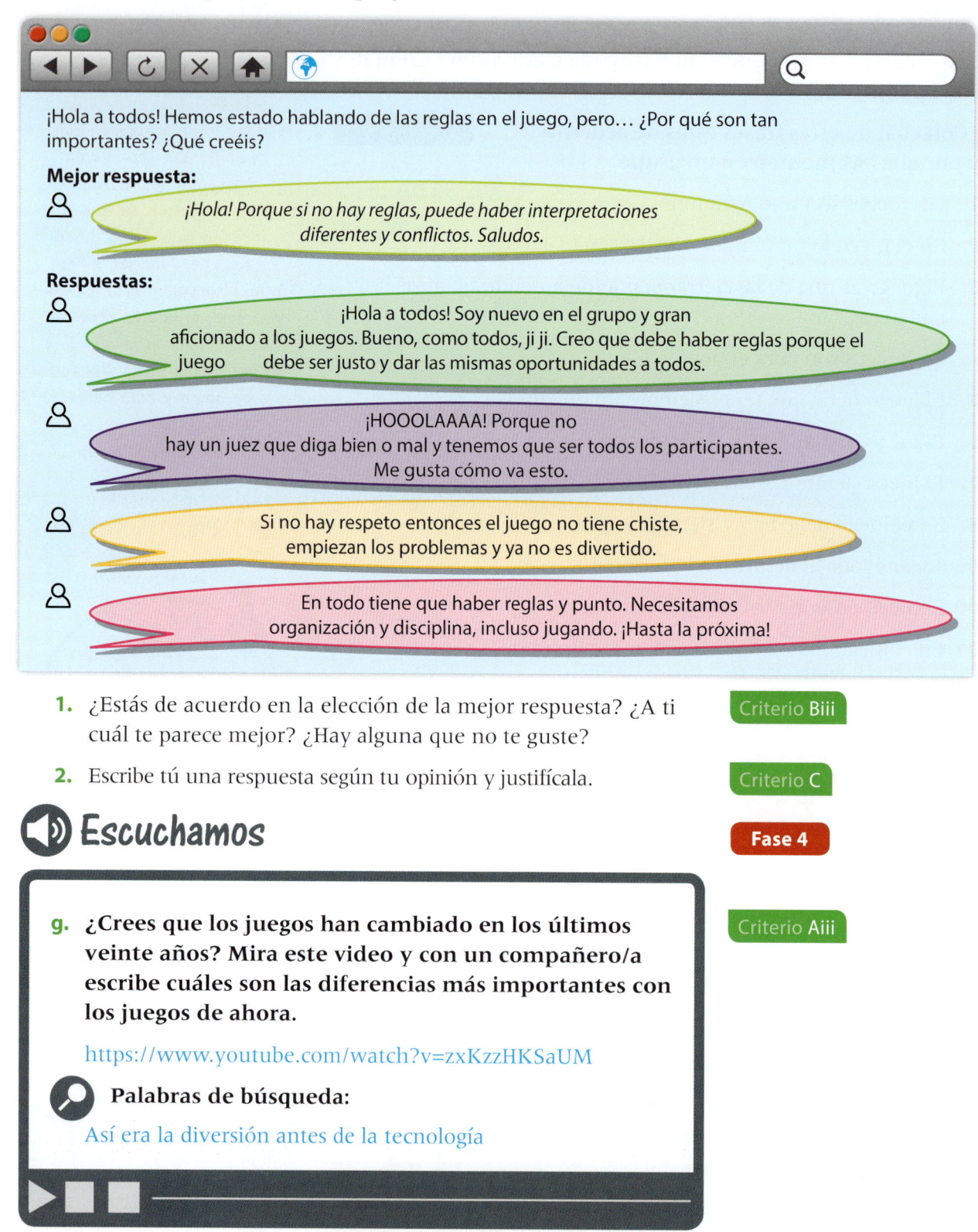

> ¡Hola a todos! Hemos estado hablando de las reglas en el juego, pero… ¿Por qué son tan importantes? ¿Qué creéis?
>
> **Mejor respuesta:**
>
> ¡Hola! Porque si no hay reglas, puede haber interpretaciones diferentes y conflictos. Saludos.
>
> **Respuestas:**
>
> ¡Hola a todos! Soy nuevo en el grupo y gran aficionado a los juegos. Bueno, como todos, ji ji. Creo que debe haber reglas porque el juego debe ser justo y dar las mismas oportunidades a todos.
>
> ¡HOOOLAAAA! Porque no hay un juez que diga bien o mal y tenemos que ser todos los participantes. Me gusta cómo va esto.
>
> Si no hay respeto entonces el juego no tiene chiste, empiezan los problemas y ya no es divertido.
>
> En todo tiene que haber reglas y punto. Necesitamos organización y disciplina, incluso jugando. ¡Hasta la próxima!

1. ¿Estás de acuerdo en la elección de la mejor respuesta? ¿A ti cuál te parece mejor? ¿Hay alguna que no te guste?   **Criterio Biii**

2. Escribe tú una respuesta según tu opinión y justifícala.   **Criterio C**

🔊 Escuchamos   **Fase 4**

g. ¿Crees que los juegos han cambiado en los últimos veinte años? Mira este video y con un compañero/a escribe cuáles son las diferencias más importantes con los juegos de ahora.   **Criterio Aiii**

https://www.youtube.com/watch?v=zxKzzHKSaUM

🔍 **Palabras de búsqueda:**
Así era la diversión antes de la tecnología

h. ¿Conoces algún juego tradicional, algo que jugaban tus padres o tus abuelos? ¿Hay algún juego típico de tu país? Comenta con tus compañeros/as.

📖 Leemos

i. Los naipes son un juego tradicional. Lee este texto y contesta las preguntas.

Los naipes

(1) Los naipes es uno de los juegos más antiguos que se conocen, y a la vez uno de los más internacionales, ya que hay variadas versiones de naipes en distintas partes del mundo. Está considerado un juego de mesa y sigue jugándose actualmente en muchos países tanto en las casas como en lugares públicos. Aunque puede ser un juego familiar, muchas veces se juega de forma profesional (o casi profesional) y con mucho dinero, y se convierte en un juego muy serio y solo de adultos. Quizás el póquer es uno de los juegos de naipes más conocido; se juega en casinos e incluso en lugares escondidos o clandestinos. Durante algunas épocas estos juegos estuvieron prohibidos porque se asociaban con un simbolismo mágico, con el mundo militar, o por la cantidad de dinero que se utilizaba cuando era ilegal.

(2) El origen de los naipes no es seguro. Hay varias teorías: unos creen que comenzó en la India y que luego lo tomaron los árabes, quienes lo llevaron a la Europa occidental. También se han encontrado naipes muy antiguos en Egipto y en China, por eso muchos afirman también que provienen de allí.

(3) En Vitoria, una ciudad al norte de España, está el Museo de los Naipes, uno de los mejores del mundo. Allí estaba una de las fábricas de naipes más famosa de Europa, donde se fabricaron y exportaron a muchos países durante muchos años. Allí tienen una colección (la mejor del mundo) de naipes de diversas culturas, algunos de gran valor artístico, como los que confeccionó en Alemania el pintor Alberto Durero, y colecciones de China e India. También se puede apreciar en el museo cómo ha sido la producción a través de los siglos, ya que se pueden ver las máquinas y papeles que se utilizaban, y cómo se confeccionan actualmente.

(4) Los naipes que más se conocen son quizás los franceses, porque han sido adoptados en muchos países; pero en España existen unos naipes especiales que conviven con los naipes franceses para otro tipo de juegos.

En la baraja española, que así se llama al conjunto de cartas o naipes, existen cuatro palos: oros, copas, espadas y bastos. Estos símbolos se corresponden con las cuatro capas sociales que existían cuando se crearon y difundieron los naipes:

- Los oros representan a los comerciantes, que compran y venden con dinero.
- Las copas, al clero, es decir a la Iglesia, porque las utilizaban en sus ceremonias religiosas.
- Las espadas, al ejército, los soldados que luchaban con ellas en las batallas.
- Los bastos, al pueblo, los que cultivaban la tierra y trabajaban con los animales.

La baraja actual española consta de cuarenta y ocho cartas, doce por cada palo: uno (también llamado As), dos, tres, cuatro, cinco, seis, siete, ocho, nueve y después el diez (llamado también sota), el once (que es el caballo) y el doce (que es el rey). También hay barajas de sólo cuarenta cartas, porque muchas veces se juega sin los ochos y los nueves. La baraja española no tiene reina como la francesa, y la sota no se sabe bien si es un hombre o una mujer.

(5) En España todavía se juega mucho a las cartas. Normalmente es un juego familiar, tanto de adultos como de niños, porque hay juegos muy sencillos y otros más complicados. También se puede jugar con dinero, pero normalmente no se hace. En muchos bares españoles, sobre todo en los pueblos, se ve por la tarde, después de comer, a hombres (mucho más que a mujeres) jugando a las cartas mientras se toman el café.

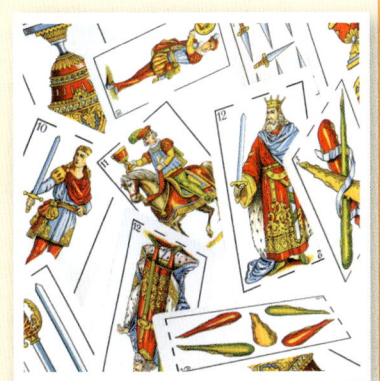

¡Qué novedad!

1. ¿De dónde proceden los naipes?
2. ¿Por qué estuvieron a veces prohibidos?
3. ¿Dónde está uno de los museos de naipes más famosos?
4. ¿Qué representan los cuatro palos de la baraja española?
5. ¿Cuántas cartas tiene una baraja española?
6. ¿Cómo se llaman los números diez, once y doce?
7. ¿En qué se diferencia la baraja española de la francesa?
8. ¿Dónde se sigue jugando a las cartas en España?
9. Describe las imágenes que acompañan al texto. ¿Cómo las relacionas con su contenido?
10. Este texto es un texto informativo en papel. ¿Qué enlaces pondrías de ser un texto en Internet, como por ejemplo de Wikipedia?

Criterio Bi

Criterio Bii

🔊 Escuchamos

j. Otro juego tradicional es el de la oca. Mira este video y contesta.

https://www.youtube.com/watch?v=O7qOkLchANM

Palabras de búsqueda:

Cómo hacer: Cómo jugar al "Juego de la Oca"

1. Escribe cómo se llaman estos objetos en español. Puedes mirar el video hasta el minuto 0:50 y escuchar los nombres.

Criterio Ai

2. Mira todo el video y trata de completar las instrucciones que aparecen en el siguiente texto.

¿Cómo jugar al juego de la oca?

El juego de la oca es un **(1)** .... que se juega con dos o más jugadores. Cada uno de ellos avanza su **(2)** .... por el tablero en forma de espiral con 63 casillas. Las casillas están numeradas del 1 al 63 y en cada una hay un **(3)** .... Dependiendo de la casilla en la que se caiga se puede lograr **(4)** .... o por el contrario retroceder y en algunas de ellas está indicado un castigo. En su turno, cada jugador tira el **(5)** .... que le indica el número de casillas que hay que avanzar. El objetivo del juego es ser el primero en llegar a la casilla central de la gran oca, saltando de posiciones según la tirada de los dados y sometido a unas **(6)** .... de juego establecidas por cada casilla.

Veamos los distintos tipos de casillas:

La oca: casillas 5, 9, 14, 18, 23, 27, 32, 36, 41, 45, 50, 54 y 59. Si se cae en una de estas casillas, se puede avanzar hasta la siguiente casilla en la que hay una oca y **(7)** ....

El puente: casillas 6 y 12. Si se cae en estas casillas se **(8)** .... a la casilla 19, la posada, y se pierde un turno.

La posada: casilla 19. Si se cae en esta casilla se pierde un turno.

El pozo: casilla 31. Si se cae en esta casilla no se puede **(9)** .... hasta que no pase otro jugador por esta casilla.

El laberinto: casilla 42. Si se cae en esta casilla, se está obligado a retroceder **(10)** .... la casilla 30.

La cárcel: casilla 56. Si se cae en esta casilla hay que permanecer dos turnos **(11)** ...... jugar.

Los dados: casillas 26 y 53. Si se cae en estas casillas avanza o retrocede hasta la siguiente o anterior con el mismo dibujo.

La calavera: casilla 58. Si se cae en esta casilla hay que **(12)** .... a la casilla 1.

Entrad al jardín de la oca. Es necesario sacar los **(13)** .... justos para entrar en la casilla 63. En caso de exceso, se retroceden tantas casillas como puntos sobrantes.

3. El texto que acabas de leer trata de unas instrucciones orales. ¿Crees que cambiarían mucho de formato si fueran instrucciones escritas? ¿Cuáles serían las diferencias? Completa esta tabla y añade más frases o explica si es necesario. Algunas pueden ir en las dos columnas.

Criterios Aii y Bii

Se pueden oír.

Se leen.

Se pueden añadir imágenes, dibujos…

Se encuentra en Internet.

Se pueden repetir si no se entienden.

Se puede parar e ir hacia atrás.

Se encuentran en papel o en la caja, junto al producto.

Se pueden buscar en el diccionario.

Se puede pedir ayuda.

Instrucciones orales	Instrucciones escritas

¡Qué novedad!

4. ¿A quién va dirigido el video?

Criterio **Aii**

5. ¿Cómo ayudan las imágenes del video a comprender el texto oral? Justifica tu respuesta.

Lengua

Recursos para instrucciones

Oraciones condicionales:

Si + presente, presente

Si se cae en esta casilla, se pierde un turno.

Perífrasis verbal:

Volver (to come back, to return)

Mi hermano vuelve de la clase de violín a las seis.

Volver + infinitivo (= hacer algo otra vez)

Puedes volver a tirar (= Puedes tirar otra vez.)

Voy a volver a escribir la carta (= Voy a escribirla otra vez.)

Cada/cada uno de… (each/each of…)

Cada jugador tiene una ficha de un color diferente.

Cada uno de los jugadores tiene una ficha de color diferente.

k. Ahora es tu turno. Busca a dos compañeros/as que conozcan un mismo juego que tú, que sea sencillo, similar al de la oca, y escriban las instrucciones juntos. También se pueden inventar un juego.

Escribimos

l. Pregunta en tu familia por algún juego tradicional. Complementa tu información en Internet y escribe un texto expositivo como el de los naipes de la unidad. Recuerda incluir:

1. El origen del juego, si se sabe.
2. Los países donde se practica.
3. Dónde y cuándo se juega.
4. En qué consiste el juego.
5. Si procede, cómo se juega.
6. Beneficios del juego.
7. Otras cosas que quieras añadir.

Mensaje

Criterios **C y D**

2.6 Proyecto

Van a crear un juego de mesa en grupos de cinco. De esta forma van a poner en práctica lo aprendido en la unidad:

A. Se puede aprender jugando.

B. La creatividad se fomenta con el trabajo en grupos.

C. Se puede crear el propio material.

> **Pregunta debatible**
>
> ¿Es importante el juego en el aprendizaje?

Instrucciones:

1. Dibujen un tablero grande con las casillas que quieran.

2. Pueden elegir el tema del juego (como el de la Oca).

3. Coloreen y dibujen en las casillas.

4. Confeccionen las tarjetas. Los contenidos de estas deben ser de las dos unidades que ya se han visto en el libro. Las tarjetas pueden ser de varios tipos:

    a. **con preguntas gramaticales:**

       ¿Cuál es el indefinido del verbo tener?

    b. **con preguntas sobre vocabulario:**

       ¿Cuál es el sustantivo de construir?

    c. **con preguntas sobre cultura:**

       ¿Cómo se llaman los números 10, 11 y 12 de la baraja española?

    d. **con preguntas sobre convenciones de textos:**

       ¿Cuál es la diferencia entre una biografía y una biodata?

    e. **con preguntas sobre enfoques de aprendizaje:**

       ¿Qué es el pensamiento creativo?

5. Escriban una lista con el número de las preguntas y todas las respuestas.

6. Creen las reglas del juego. Por ejemplo:

    a. Si caes en la casilla 12, toma una tarjeta y contesta.

    b. Si contestas de forma correcta, avanza dos casillas.

    c. Si caes en la casilla 23, pierdes un turno/tiras otra vez, etc.

7. Ahora intercambien su juego con otro grupo. Las respuestas correctas se ponen en el medio y tienen que crear una regla. Por ejemplo, si alguien no contesta, el compañero/a de la derecha puede intentarlo y avanza tres casillas si contesta bien o retrocede dos si contesta mal; si no contesta nadie, todos retroceden cinco casillas.

¡Qué novedad!

Evaluación sumativa

Criterio A

Mira el video y contesta las preguntas.

https://www.youtube.com/watch?v=1APqpleLCvk

Palabras de búsqueda:

Si todo se diseña, el Diseño lo es todo "Toulouse Lautrec"

Aspecto i

1. ¿Cómo se dice en el video que se ve normalmente el diseño?
2. En el video se dan muchas definiciones de lo que es el diseño. Anota cinco.
3. ¿Cuál es la comparación que se hace entre el diseño y el aire?
4. Describe cinco objetos que ves. ¿Qué relación tienen con lo que escuchas?
5. ¿Puedes resumir en una frase el mensaje del video? ¿Cuáles son tus conclusiones tras comprender este mensaje?

Aspecto ii

6. ¿A quién va dirigido este video?
7. ¿Cuál es el propósito del vídeo?
8. ¿Crees que este video es efectivo? ¿Por qué?
9. ¿Crees que el video mismo es un buen ejemplo de lo que se dice en él?

Aspecto iii

10. ¿Estás de acuerdo con el mensaje del texto? ¿Por qué?
11. ¿Cuándo usas tú el diseño? Elige ejemplos del video en el que tú usas el diseño.
12. ¿Crees que este video se puede usar en alguna de tus clases o asignaturas? ¿Por qué?

Criterio B

https://lamenteesmaravillosa.com/ser-creativo-por-que-

Ser creativo: ¿Por qué es tan importante?
Paula Díaz – 13 enero, 2015

"La inspiración existe, pero tiene que encontrarte trabajando."
Pablo Picasso

(1) La creatividad nos permite crear e inventar cosas nuevas a partir de lo que ya se encuentra presente en nuestras vidas. Por ello, ser creativo se convierte en una de las capacidades más importantes y necesarias del ser humano. Solemos pensar que está relacionada directamente con el acto de crear, empleándose únicamente en cuestiones artísticas como pintar un cuadro, componer música, escribir un libro… La realidad es que una persona creativa tiene cabida en cualquier faceta y campo que desee.

¿Y por qué es tan importante ser creativo?

(2) La creatividad nos aporta soluciones e ideas que permiten adaptarnos a un entorno en continuo cambio, mejorando también las relaciones sociales gracias al empleo de nuevos hábitos de comunicación. Además la creatividad nos permite salir de la rutina, nos empuja a salir de las zonas de confort y conformismo, educa a nuestra mente para comprender la realidad desde distintas perspectivas y facilita la tarea de resolver problemas. Por ello, es importante conseguir desarrollarla y mantenerla siempre despierta en nuestro día a día, permitiéndonos una mayor calidad de vida.

(3) Para conseguir ser más creativo, os facilitaré 5 consejos esenciales que darán más energía a nuestra creatividad:

- 1. ……………… El corazón no tiene fronteras, y la imaginación menos. Disfruta todo lo que puedas y descubre todo lo que quieras. Es muy bueno el uso de una libreta a mano para apuntar las ideas que nos vienen a la cabeza durante el día y materializarlas. La creatividad surge en cualquier momento. Cuanto más la aproveches más la estarás desarrollando.

- 2. ……………… La creatividad es una habilidad que puedes aprender y practicar. Para ello, descubre hábitos de profesionales que te puedan guiar. En este punto os recomiendo como actividad visitar diferentes exposiciones y eventos. Personalmente, en menos de un mes me volví mucho más creativa con la visita a dos grandes eventos innovadores actuales: la exposición de Ferran Adrià "Auditando el proceso creativo" y "Slide to unlock NYC" de Rodrigo Rivas.

- 3. ……………… Aprende a conocerte y descubrirte. Es lo que te permitirá saber en qué entornos puedes sentirte más cómodo y capacitado para dar lo mejor de tu persona sin cerrarte a nuevas oportunidades.

- 4. ……………… Es importante "no obligarnos" a crear nuevas ideas o soluciones constantemente. Si no lo tenemos en cuenta corremos el riesgo de bloquearnos interiormente. Intenta tener presente en esos momentos de poca inspiración la frase: "mañana será otro día". Descansa y permítete tiempo para pensar.

¡Qué novedad!

- 5. .... Juntarnos con personas activas y despiertas creativamente nos motiva. Podemos aprender de sus conocimientos, y si escuchamos atentamente descubrir señales que nos conduzcan a la idea de un gran proyecto personal. Disfrutar es un ejercicio "obligado" si quieres obtener grandes resultados creativos en tu vida.

(4) Es posible que seas una persona con muchísima imaginación pero no sepas cómo potenciarla y triunfar con tus grandes ideas. Si tienes en cuenta estos consejos, en semanas tu creatividad puede dar un giro de 180 grados.

(5) El talento de cada uno es algo innato, pero también puedes aprender a desarrollarlo aplicándolo en tu vida y creciendo cada día de forma diferente y plena.

Paula Díaz

Coach personal | coaching de vida. Escritora especializada en Inteligencia Emocional | YouTuber | Docente | Conferenciante motivacional. Psicología emocional | Haz realidad tus sueños y la vida que te mereces

Aspecto i

1. ¿Es la creatividad exclusiva del arte? Justifica tu respuesta.

2. Escribe tres beneficios que aporta la creatividad.

3. Algunas partes del texto se han omitido; relaciona estos títulos con cada uno de los consejos:

   - No te agobies.
   - No te pongas límites.
   - Busca cosas que te motiven.
   - Júntate con personas con inquietudes.
   - Aprende y lee de profesionales.

4. ¿Qué has aprendido después de leer este texto? ¿Cuáles son tus conclusiones?

5. ¿Cómo relacionas la imagen con el contenido del texto escrito?

Aspecto ii

6. ¿Cómo definirías el mensaje del texto: negativo, motivador, entusiasta, positivo, realista, optimista o engañoso? ¿Por qué?

7. ¿Crees que la información es objetiva o subjetiva? ¿Son datos u opiniones? ¿Por qué? Justifica con el texto escrito y visual.

8. ¿A quién crees que va dirigido?

9. ¿Por qué crees que se ha incluido la imagen?

Aspecto iii

10. ¿Crees que falta incluir algo importante? ¿Qué añadirías? ¿Por qué?

11. ¿Estás de acuerdo con todo lo que dice? ¿Por qué? Justifica con la información del texto escrito y visual.

12. ¿Haces ya algunas de las cosas que aconseja el texto? ¿Cuáles? Escribe sobre tus experiencias.

Criterios **C y D** (oral interactivo)

Mantén una conversación con tu profesor/a sobre cómo usas tu creatividad en tu tiempo libre (deportes u otras actividades físicas, actividades sociales con amigos y familia, intelectuales o artísticas). Habla de 3 a 4 minutos. Puedes prepararte durante 10 minutos y tomar notas. No puedes usar el diccionario ni ningún material de ayuda.

Criterios **C y D** (escrito)

Escribe una entrada de blog donde explicas el papel del juego en tu vida diaria o la de los adolescentes en general. Escribe entre 200 y 250 palabras.

En nuestras vidas el juego es esencial.

¡Qué novedad!

💭 Reflexión

Busca en la unidad las actividades donde has practicado los objetivos de la misma. Reflexiona sobre lo que has aprendido y completa.

	😀	😐	🙁
definir y reflexionar sobre el significado de la creatividad			
repasar algunos números y fechas			
reflexionar sobre lo que se necesita para la invención			
expresar la necesidad			
hablar de los inventos importantes en la historia			
relacionar sustantivos y verbos de la misma familia			
usar los pretéritos indefinidos irregulares			
escribir un resumen y un texto expositivo			
reflexionar sobre las cualidades de un diseñador			
practicar las frases de relativo			
trabajar las biodatas o pequeñas biografías			
hablar de las aficiones y los juegos			
reflexionar sobre la importancia de las reglas y las instrucciones			

Reflexiona sobre el Enunciado de indagación de la unidad

Mediante la creatividad innovamos, pensamos y expresamos mensajes desde nuestro punto de vista.

Through creativity, we innovate, think, and express messages from our point of view.

¿Puedes conectar este **Enunciado de indagación** con las tareas de esta unidad? Busca actividades donde

- reflexionas sobre los avances tecnológicos
- piensas de manera creativa
- usas la creatividad para comunicar mensajes
- expresas tu punto de vista.

Enfoques de aprendizaje

Busca en la unidad dónde has practicado las siguientes estrategias de aprendizaje. ¿Cómo crees que estos **Enfoques de aprendizaje** te ayudan a conseguir los atributos de perfil del estudiante del IB de esta unidad? ¿Y los otros atributos?

– Pensadores

– Audaces

– Reflexivos

¿Has usado estos **Enfoques de aprendizaje** para completar con éxito las tareas de la unidad? ¿Y las tareas sumativas?

- *Thinking – Creative-thinking skills*

    Generating novel ideas and considering new perspectives
    - *Use brainstorming and visual diagrams to generate new ideas and inquiries*
    - *Make unexpected or unusual connections between objects and/or ideas*
    - *Practise visible thinking strategies and techniques*

- *Self-management – Reflection skills*
    - *Consider personal learning strategies:*

    What can I do to become a more efficient and effective learner?

- *Self-management – Affective skills*
    - *Managing state of mind:*
    - *Perseverance*
        - *Demonstrate persistence and perseverance*
        - *Practise delaying gratification*
    - *Resilience*
        - *Practise "failing well"*

- *Social – Collaboration skills*
    - *Working effectively with others:*
        - *Build consensus*
        - *Make fair and equitable decisions*

Pregunta conceptual

¿Qué importancia tiene la creatividad en la sociedad?

Reflexión

In this second unit you have reflected on the importance of creativity, and what to do to improve your own creativity in order to incorporate it into your learning process. You have also reflected on inventions and how essential qualities such as perseverance and resilience are, because in order to carry out projects, we often have to confront problems and failures, and we need to learn to overcome them. In the second part, we have presented you with some games from the past and encouraged you to reflect on your own hobbies and games, explaining how important they are to the creative process and your wellbeing. You have even created your own game trying to link the two big parts of the unit: creativity and games. We are sure that little by little you will become a more creative and reflective person, and more of a risk taker!

3 El colegio es mi vida

Contexto global
Equidad y desarrollo

Conceptos relacionados
Destinatario, mensaje

Concepto clave
Comunicación

Perfil de la comunidad de aprendizaje
Íntegros, solidarios

Pregunta fáctica

¿Cuáles son los valores en la educación?

¿Qué características tiene mi colegio?

Pregunta conceptual

¿Cómo comunicamos buenos valores?

¿Cómo cambian los textos dependiendo del destinatario?

Pregunta debatible

¿Cómo se consigue una educación excelente?

¿Qué importancia tienen las lenguas en la educación?

Enunciado de indagación

Comunicamos mensajes a destinatarios específicos para conseguir una educación basada en los valores de solidaridad y tolerancia.

Al final de esta unidad, vas a poder…
✓ identificar las actividades que se hacen en el colegio
✓ reflexionar sobre la misión y visión del colegio
✓ describir los valores en la educación
✓ reconocer diferentes tipos de estudiantes
✓ dar recomendaciones
✓ escribir correos electrónicos informales
✓ comparar los colegios del pasado con los de ahora
✓ reconocer la forma y los usos del pretérito imperfecto
✓ realizar entrevistas de manera oral y por escrito
✓ escribir artículos para la revista del colegio
✓ reconocer y usar algunos conectores discursivos
✓ hablar del acoso escolar
✓ escribir diarios personales
✓ hacer una campaña para fomentar los valores en la educación

3.1 La visión y misión del colegio

Hablamos

a. **Mira las siguientes fotos de actividades escolares. ¿Cuáles haces tú en tu colegio? Habla con tus compañeros/as: ¿cuáles tienen en común?**

Servicio como Acción

Lenguas

Deportes

Arte

Teatro

Robótica

El colegio es mi vida

Laboratorio    Debate    Graduación

b. Mira la página web de tu colegio. ¿Encuentras la información de las fotos de la actividad anterior en la página web? ¿Hay alguna otra información? ¿Cuál? Busca y coméntalo; después en tu grupo dando ejemplos de lo que se hace.

Servicio como Acción ☐	Lenguas ☐	Deportes ☐
Arte ☐	Teatro ☐	Robótica ☐
Laboratorio ☐	Debate ☐	Graduación ☐

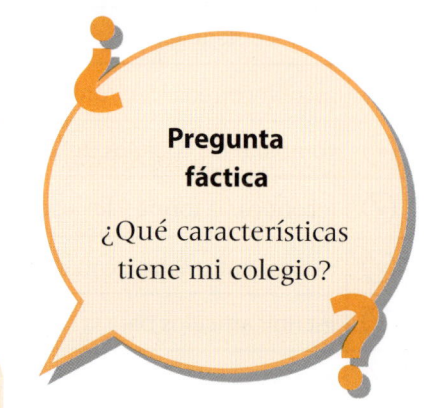

Pregunta fáctica

¿Qué características tiene mi colegio?

Ejemplo:
En nuestra página web también hay actividades extraescolares, por ejemplo, deportes.

📖 Leemos

c. Lee la descripción en la página web de este colegio y contesta las preguntas.

http://es.sis.ac/

Sotogrande INTERNATIONAL SCHOOL

INSPIRAMOS (1) .... POR EL APRENDIZAJE

LA EDUCACIÓN COMO FUERZA PARA EL BIEN

JUNTOS (2) ....

DESARROLLANDO LA CREATIVIDAD Y CONFIANZA

INSPIRAMOS A NUESTROS (3) .... A SACAR LO MEJOR DE SÍ MISMOS

TU CAMINO HACIA EL (4) ....

HACEMOS DE APRENDER ALGO (5) ....

Nuestra misión:

Somos una comunidad en continuo aprendizaje, apasionada de la Educación Internacional, que inspira y estimula el conocimiento y el entendimiento intercultural. Ayudamos a nuestros alumnos a que se conozcan mejor a sí mismos, descubran sus intereses, talentos y habilidades. Promovemos la acción social como una contribución positiva a nuestro mundo.

PROGRAMA DE AÑOS INTERMEDIOS (PAI)

Un programa de educación internacional diseñado para estudiantes de 11 a 16 años, un período que es una fase particularmente crítica para el desarrollo personal e intelectual.

Abrazamos un enfoque holístico para el aprendizaje que nutre al niño, anima a los estudiantes a convertirse en ciudadanos globales y los prepara para que profundicen en su estudio, ya que convierte a los niños en alumnos motivados y confiados.

1. Relaciona las palabras con las frases del principio.

   Criterio Bi

   DIVERTIDO   ÉXITO   INSPIRAMOS   ALUMNOS   PASIÓN

2. ¿Qué atributos del perfil del estudiante del IB ves en la descripción de la misión del colegio?

   - Indagadores
   - Informados e instruidos
   - Pensadores
   - Buenos comunicadores
   - Íntegros
   - De mentalidad abierta
   - Solidarios
   - Audaces
   - Equilibrados
   - Reflexivos

   Puedes mirar este video para comprender mejor los atributos.

   https://www.youtube.com/watch?v=k5zC68cIWUQ

   Palabras de búsqueda:

   Perfil del alumno IB

3. ¿Crees que la descripción del PAI de este colegio puede ser la misma para el tuyo? ¿Por qué? Busca ejemplos con tus compañeros/as de lo que ustedes hacen en su colegio.

   Criterio Biii

   - ¿Cuántos años tienen los alumnos en el PAI?
   - ¿Es también una fase crítica para el desarrollo? ¿Por qué?
   - ¿Hay en el colegio un enfoque holístico para el aprendizaje?
   - ¿Educa el colegio para ser ciudadanos globales?
   - ¿Motiva el colegio a los estudiantes?
   - ¿Tienen los alumnos confianza y son audaces?

d. **De todos estos valores, ¿cuáles crees que son los más importantes en tu colegio? ¿Por qué?**

   respeto   responsabilidad   confianza
   trabajo   sinceridad   compassion   justicia

Pregunta fáctica

¿Cuáles son los valores en la educación?

e. **Mira la descripción de la misión de tu colegio en la página web. ¿Puedes explicarla en español? ¿Qué cambiarías? ¿Qué otra información incluirías?**

Fase 4

El colegio es mi vida

f. En grupos, creen carteles para la clase con frases que motiven y reflejen el aprendizaje internacional.

- La visión y misión del colegio
- Los valores que se fomentan
- Las actividades que se ofrecen
- El perfil del alumno

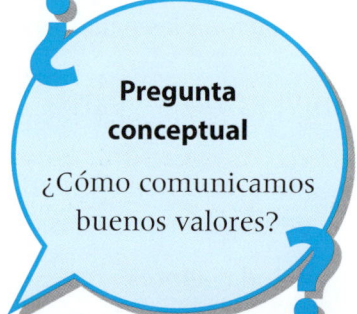

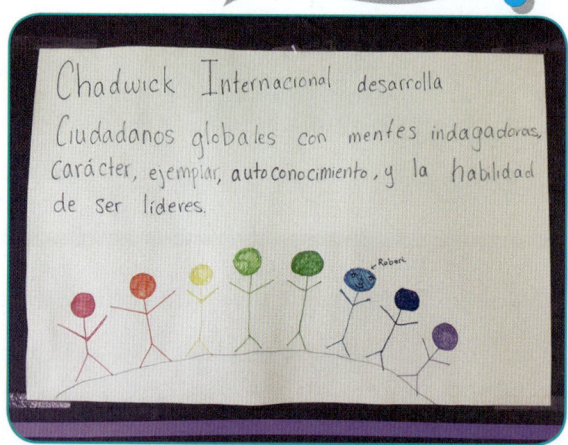

Pregunta conceptual

¿Cómo comunicamos buenos valores?

3.2 Diferentes personalidades

a. Relaciona las fotos de las personas con lo que dicen.

Oliver ☐

Lucía ☐

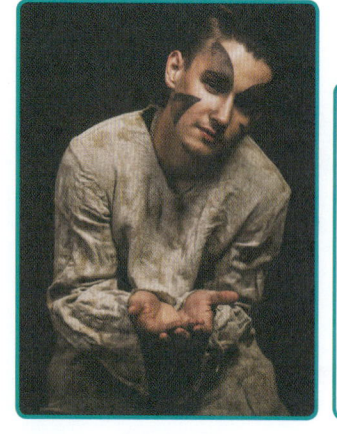

Pablo ☐

Verónica ☐

Almudena ☐

64

1. Antes también jugaba al voleibol y competía con otros colegios. Pero desde octavo, sólo nado, es que no tengo mucho tiempo para tantos deportes. Estoy en el equipo de natación de mi colegio. Me encanta cuando viajamos y competimos con otros colegios, ¡sobre todo cuando vamos al extranjero!

2. A mí me gusta mucho actuar, y desde pequeño me ha gustado el teatro. Tengo la asignatura de teatro, que es mi preferida. Por las tardes estoy en el grupo de teatro y ensayamos. Ahora nos estamos preparando para una obra de Federico García Lorca, *La Casa de Bernarda Alba*. Vamos a presentarla antes de las vacaciones de invierno.

3. Estoy involucrada en muchos proyectos para ayudar a personas que tienen problemas y lo necesitan. Soy la presidenta del grupo en defensa a la mujer. Realizamos proyectos para crear conciencia de los problemas que tienen las mujeres en el mundo. Hay muchos países donde las mujeres están en desventaja y no tienen las mismas oportunidades que los hombres para estudiar o conseguir un buen trabajo. En el colegio nos reunimos y preparamos proyectos para recaudar dinero que luego entregamos a las ONGs.

4. Soy la presidenta del consejo de estudiantes de mi colegio. Trabajamos para que los estudiantes tengan una voz y que sea escuchada. Tenemos reuniones dos veces a la semana y planificamos actividades. Con frecuencia tenemos reuniones con los profesores y la directora del colegio. Además, organizamos las asambleas que tienen lugar cada dos viernes por la tarde.

5. Yo realmente no estoy muy involucrado en ninguna actividad del colegio. Simplemente voy a clases y estudio para mis asignaturas. La verdad es que admiro a los compañeros que pueden hacer tantas cosas, pero yo no puedo. Con llevar adelante todas las asignaturas y sacar buenas notas, ya estoy contento.

b. ¿Quién dice qué? Escribe el nombre de la persona.

	Nombre
Lo mejor son las competiciones en el extranjero.	
Trabajamos por los derechos de los estudiantes en el colegio.	
Queremos ayudar a personas que tienen problemas o necesidades.	
Me centro exclusivamente en lo académico.	
Actuar es mi pasión.	
Es muy importante reunirnos con los profesores y con la dirección.	

El colegio es mi vida

✏️ Escribimos

c. ¿Qué actividades haces tú? Escribe un pequeño texto como los de el punto "a" y comparte después con tus compañeros/as. ¿Crees que estás en una clase involucrada en muchas actividades?

- ¿Qué actividad es? ¿De qué se trata?
- ¿Cuándo la haces?
- ¿Con quién la haces?
- ¿Desde cuándo la haces?
- ¿Por qué la haces?

d. ¿Cómo es tu personalidad? Elige tres adjetivos que te definen y justifica.

creativo	imitativo	vergonzoso	extrovertido
activo	receptivo	perfeccionista	descuidado
	tradicional	innovador	

> **ATL Autogestión – Habilidades de organización**
>
> Encontrar un equilibrio entre lo académico y lo extra académico no es siempre fácil. Entendemos que sacar buenas notas es importante, pero también es importante realizar tareas que realmente te gustan y que sabes hacer bien. Por eso, deberías hacer las actividades extraescolares que te apetezcan. Debes organizarte y desarrollar estrategias de autogestión, donde puedas planificar tu tiempo de manera realista.

📖 Leemos

e. ¿Estás de acuerdo en que hay muchas personalidades distintas en una clase? Lee el texto sobre las diferentes personalidades y contesta las preguntas después con tus compañeros/as.

Algunas personalidades parecen ser más apropiadas para el aprendizaje de una lengua que otras. Por ejemplo, un alumno extrovertido tiene ventajas ante un alumno tímido, porque al alumno extrovertido no le da vergüenza hablar en público, le gusta hablar en distintos grupos y no le importa cometer errores. El alumno tímido está preocupado por lo que piensan los demás, no le gusta hablar en grupos y se preocupa por cometer errores. No debemos cambiar las personalidades, hay que respetarlas pero debemos crear un ambiente de trabajo colaborativo. Estos son algunos rasgos de personalidad más influyentes en el aprendizaje de una lengua.

1. Creativo / imitativo

Es muy importante ser creativo en el aula y pensar *out of the box* (fuera de la caja, de forma diferente). Sin embargo, también es injusto hacer todos los proyectos creativos y obligar a todos los alumnos a ser creativos, porque no lo son. Debemos dar opciones para el mismo proyecto y, aunque hay que animar a los alumnos a hacer cosas nuevas, también hay que dejarles elegir, sobre todo cuando esos proyectos son evaluados de forma sumativa.

Debemos promover un trabajo colaborativo y mezclar las personalidades, porque así los alumnos pueden aprender unos de otros.

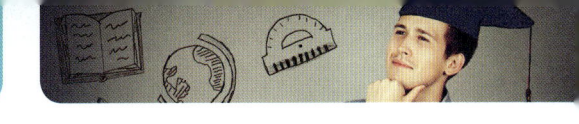

2. Vergonzoso / extrovertido

A los alumnos vergonzosos en general no les gustan las presentaciones, los debates o discusiones, ni los juegos de roles. Les cuesta mucho hablar en público porque no se sienten bien, pero el problema es que una lengua es hablada y a hablar se aprende hablando, por lo que deberían hablar. Pero hay que ir con mucha ayuda y con actividades muy pequeñas, y animándoles a ir hablando poco a poco en el grupo grande. Por su parte, los alumnos extrovertidos tienen que aprender que a otros compañeros les cuesta más participar, y deben acostumbrarse a respetar y animar a los que son más tímidos.

3. Activo / receptivo

Los alumnos activos son los que animan la clase. Normalmente son espontáneos, arriesgados y, en muchos casos, tienen habilidades de líder. El problema es que a veces son inquietos, monopolizan la clase y tienen poca tolerancia o paciencia con los compañeros que son más receptivos.

A los alumnos receptivos les cuesta más participar porque no lo necesitan (o creen que no lo necesitan), ni lo ven necesario para su aprendizaje. Hay que hablar con ellos y resaltar la importancia que tiene el participar en clase para aprender una lengua, y tener paciencia demostrándoselo.

4. Perfeccionista / descuidado

Los alumnos perfeccionistas pueden tener el problema de no acabar nunca los proyectos, porque siempre encuentran algo que pueden hacer mejor. Tampoco quieren hablar porque saben que no lo hacen perfecto.

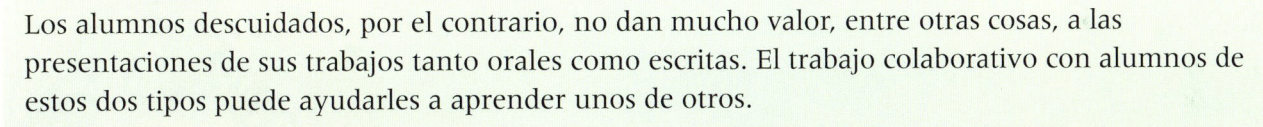

Los alumnos descuidados, por el contrario, no dan mucho valor, entre otras cosas, a las presentaciones de sus trabajos tanto orales como escritas. El trabajo colaborativo con alumnos de estos dos tipos puede ayudarles a aprender unos de otros.

5. Tradicional / innovador

Algunos alumnos han aprendido lenguas con una enseñanza muy tradicional, con clases magistrales y un estilo memorístico. Probablemente estos alumnos son escépticos con profesores que innovadores. Por otro lado, hay alumnos que no tienen mucho éxito con la forma tradicional de aprender, y están más abiertos a nuevas ideas y nuevas formas de aprender.

Si un grupo es muy diferente al profesor, el profesor debe empezar por adaptarse al grupo y, poco a poco, con mucha paciencia y perseverancia, intentar que entiendan lo que quiere hacer. Cuando ven que aprenden, seguro que les cuesta menos seguir al profesor.

Los alumnos no deben cambiar su personalidad, pero sí deben saber cómo son y ser abiertos a cambiar su actitud en la clase. Con un buen ambiente, el vergonzoso no tiene tanta vergüenza y se siente mejor, el activo es consciente de ello y respeta a los compañeros que son más tranquilos, el perfeccionista aprende a terminar los proyectos a tiempo, el descuidado es más cuidadoso, y el tradicional se atreve a probar cosas diferentes.

Fuente: Encina A. *Soy profesor/a. Aprender a enseñar: La diversidad en el aula*. Edelsa, 2016. (Texto adaptado)

El colegio es mi vida

1. ¿A qué tipo de personalidad crees que se refieren las siguientes frases? Completa la tabla con los adjetivos del punto "d" según las descripciones del texto anterior.

   Criterio Bi

No les gusta hablar en público.	
Aprenden de diferentes maneras y están abiertos a las novedades.	
Necesitan mucho tiempo para terminar los trabajos.	
No todos los alumnos pueden ser creativos en las tareas.	

2. ¿Qué personalidad crees que tienen los estudiantes representados en las fotos que acompañan al texto? ¿Por qué?

3. ¿Dónde crees que puedes encontrar este texto y a quién va dirigido? ¿Cómo lo sabes?

   Criterio Bii

4. ¿Qué tipo de personalidad crees que se debe tener para tener éxito en el aprendizaje? Justifica con la información del texto.

   Criterio Biii

5. ¿Qué tipo de personalidad tienes tú en clase? ¿Coincide con la descripción que escribiste antes de leer el texto?

f. ¿Qué significan las siguientes palabras? Relaciona.

   1. el vago   a. *the messy one*
   2. el rechazado   b. *the lazy one*
   3. el negativo desafiante   c. *the rejected one*
   4. el idealista sin término   d. *the negative and challenging one*
   5. el líder   e. *the idealist*
   6. el hiperactivo   f. *the one who doesn't care*
   7. el desordenado   g. *the one who sucks up*
   8. el vergonzoso   h. *the hyperactive one*
   9. el pelota   i. *the shy one*
   10. el que pasa de todo   j. *the nerd*
   11. el empollón   k. *the leader*

g. Lee ahora las descripciones y relaciónalas con un tipo de persona 1–11 del punto "f". Hay más de una posibilidad. Ponte de acuerdo con un compañero/a y justifica. Escribe el número en la casilla.

   Fase 4

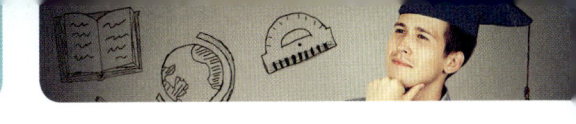

El profesor le dedica mucha atención y a sus compañeros no les gusta esto.	
Lucha por los derechos de sus compañeros.	
No participa mucho en clase.	
Tiene algunos enfrentamientos con su profesor.	
Normalmente está callado.	
En grupos, no sigue el ritmo de sus compañeros, y siempre aporta ideas que no llevan a nada concreto.	
En trabajos en grupo, nadie quiere trabajar con él/ella.	
No quiere participar en clase por su timidez.	
Cuando trabaja en grupos, tiene problemas porque no se esfuerza mucho.	
Suele molestar por su actitud y comentarios negativos.	
A algunos profesores les gusta, y algunos compañeros se ponen celosos.	
No encuentra los materiales y se le olvidan cosas importantes.	
Está siempre detrás del profesor y puede ser agotador; a sus compañeros no les gusta esto.	
Hace ruido y no se queda quieto, lo que pone nerviosos a los compañeros y al profesor/a.	
Suele ser rechazado por sus compañeros por sus buenas notas y, a veces, porque es egoísta.	

h. Tu profesor/a nombra a un tipo de persona. Toda la clase se pone de pie y lo representa con mímica.

i. ¿Qué recomendaciones le das a un estudiante con una actitud negativa ante el aprendizaje? Escribe cinco frases.

✱ Mensaje

Lengua

Dar consejos y recomendaciones

Tienes que + infinitivo:
Tienes que prestar más atención.

Deberías + infinitivo:
Deberías organizar mejor tus materiales.

Es importante / necesario / conveniente + infinitivo:
Es necesario participar más activamente en clase.

¿Por qué no…?
¿Por qué no hablas más con los compañeros?

El colegio es mi vida

✏️ Escribimos

Destinatario

Criterios C y D

j. Estás haciendo un intercambio en un colegio IB de otro país. Escribe un correo electrónico a un compañero/a de tu otro colegio donde explicas cómo es tu nuevo grupo y qué tipos de personalidades hay (elige al menos tres). Describe tu horario y las actividades extra académicas que se pueden hacer (fuera del aula). Escribe de 200 a 250 palabras.

Lengua

Los correos electrónicos informales

No te olvides de las convenciones de un correo electrónico informal:

Al principio:

Querido / querida…

Al final:

Recuerdos a… / Un abrazo / Un beso / Besos / Besitos / Saludos

Además debes hacer referencia al destinatario, en este caso tu "amigo/a". Puedes usar frases como:

¿Qué tal tu familia?

Espero que te vaya todo bien.

Te extraño. Os/les extraño.

No te olvides de que el pronombre personal "vosotros" se usa exclusivamente en España y el pronombre formal es "ustedes". En los países de Latinoamérica el pronombre "ustedes" se usa de manera informal (en Latinoamérica no se usa el pronombre "vosotros").

> **Pregunta conceptual**
>
> ¿Cómo cambian los textos dependiendo del destinatario?

3.3 Colegios de antes y de ahora

a. ¿Qué diferencias ves en las dos aulas? Escribe frases con un compañero/a y después habla con el resto de la clase.

Ejemplo:

Antes las pizarras eran negras, ahora son blancas.
Antes el profesor era el centro, ahora…

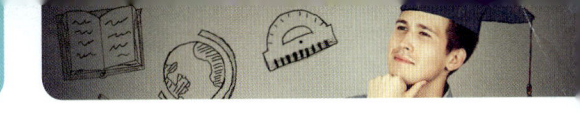

Lengua

Para comparar / contrastar

Mientras que en el pasado..., ahora...

Por una parte..., por otra...

Sin embargo...

No obstante...

🔊 Escuchamos

b. **En grupos pequeños, trabajen con uno de los siguientes videos, tomen nota y describan cómo eran las escuelas antes. Después hablen de las diferencias de los videos.**

Fíjense en:

- la duración
- la música
- las imágenes
- el destinatario
- el contenido: ¿cómo eran las escuelas antes? ¿Cómo son ahora?

Video 1 (comprensión de texto oral y visual): **Fase 4**

https://www.youtube.com/watch?v=RKGJLu9JJK0

🔍 **Palabras de búsqueda:**

La escuela de mis abuelos

Video 2 (comprensión de texto visual con texto escrito):

https://www.youtube.com/watch?v=uIRocMKzW3Q

🔍 **Palabras de búsqueda:**

La educación de ayer y hoy

✳️ Mensaje

71

El colegio es mi vida

Lengua

El pretérito imperfecto

¿Recuerdas las formas del pretérito imperfecto?

Formas regulares

	estudiar
yo	estudiaba
tú	estudiabas
él/ella, usted	estudiaba
nosotros/as	estudiábamos
vosotros/as	estudiabais
ellos/as, ustedes	estudiaban

	leer
yo	leía
tú	leías
él/ella, usted	leía
nosotros/as	leíamos
vosotros/as	leíais
ellos/as, ustedes	leían

Las terminaciones de la segunda conjugación (-er) son las mismas que para la tercera (-ir). ¿Puedes completar las formas que faltan en el paradigma? Colorea también las terminaciones.

	escribir
yo	escribía
tú	
él/ella, usted	
nosotros/as	escribíamos
vosotros/as	escribíais
ellos/as, ustedes	

Formas irregulares

Sólo existen estos tres verbos con formas irregulares:

	ser	ir	ver
yo	era	iba	veía
tú	eras	ibas	veías
él/ella, usted	era	iba	veía
nosotros/as	éramos	íbamos	veíamos
vosotros/as	erais	ibais	veíais
ellos/as, ustedes	eran	iban	veían

¡No te olvides! Usamos el pretérito imperfecto para describir en el pasado y para describir acciones habituales en el pasado.

✏️ Escribimos

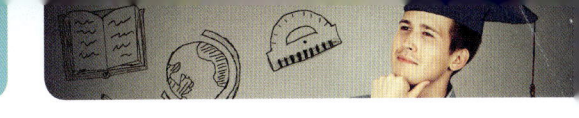

c. Vas a realizar una entrevista a uno de tus padres o abuelos sobre su escuela y su educación. Pregunta sobre los siguientes temas:

- Material escolar
- Instalaciones
- Asignaturas
- Relación con el maestro

Después escribe un artículo para la revista de tu colegio donde comparas la educación de tus padres o abuelos con la tuya.

Lengua

Conectores discursivos

Como sabes, debes usar conectores para organizar tu texto. Estos son algunos conectores que puedes usar para estructurarlo:

Organizar ideas:

En primer lugar,…
En segundo / tercer lugar,…
Como conclusión…
Finalmente…

Comparar / contrastar:

Mientras que en el pasado…, ahora…
Por una parte…, por otra…
Sin embargo…
No obstante…

Introducir nueva información e ideas:

Hay que mencionar que…
Tenemos que tener en cuenta que…

ATL Comunicación – Habilidades de comunicación

Obtenemos información de diferentes fuentes, por ejemplo, de libros, material de Internet o personas. En esta actividad, estás reuniendo información de tus padres o abuelos para después poder escribir un texto. Debes practicar cómo obtener conclusiones partiendo de la información que has reunido.

El colegio es mi vida

3.4 El acoso escolar

a. **Mira las siguientes imágenes y con un compañero/a contesta las preguntas.**

1. ¿Cómo se sienten los protagonistas?
2. ¿Qué les pasa?
3. ¿Por qué crees que se sienten así?

b. **Clasifica las siguientes palabras y expresiones en dos grupos. ¿Cuáles son positivas y cuáles son negativas?**

la pelea	humillar	meterse con alguien
la amistad	aceptar	sentirse mal / triste
el acoso psicológico	amenazar	sentirse bien / feliz
la comprensión	comprender	sentirse solo/a / aislado/a
menospreciar	ignorar	sentirse acompañado/a / aceptado/a
el cariño	el insulto	
la presión	defenderse	

c. **Ahora completa la tabla con palabras de la misma familia.**

Sustantivo	Verbo
la pelea	*pelear(se)*
la amistad	-----
el acoso	
la comprensión	
	menospreciar
el cariño	-----
la presión	
	aceptar
	ignorar
	humillar
	defenderse
	amenazar
el insulto	

74

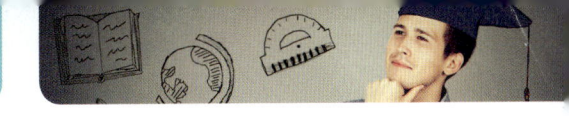

d. ¿A quién cuenta un chico o chica que tiene problemas de acoso escolar? ¿Qué te parece la idea de escribir un diario? ¿Crees que ayuda para algo?

📖 Leemos

e. Lee el diario de Iván y contesta.

Querido diario:

Hoy escribo en tus páginas porque realmente tengo la necesidad de expresar todos mis sentimientos. Creo que puedo contarte todo lo que siento y por lo que estoy pasando últimamente.

Me siento muy solo y triste. En el colegio no tengo muchos amigos. El único con el que puedo hablar de vez en cuando es Max, pero claro, él siempre tiene cosas que hacer y no lo quiero molestar. Yo he hablado con él de mis problemas y él me escucha, me dice que hable con los profesores, pero no es tan fácil para mí.

En mi clase hay un grupo de chicos que se ríen de mí y siempre buscan algún error mío en público para dejarme en ridículo. Saben que soy débil y se aprovechan de eso.

El problema más grande es Tomás. Él es el líder del grupo y todos hacen lo que él dice y han tomado como costumbre reírse de mí y, por supuesto, ignorarme. Yo no sé cómo me puedo defender. No me gustan las peleas, yo no soy fuerte.

Todo está influyendo en mis notas y en mi estado de ánimo. Esto no puede seguir así. Quizás al escribir esto en tus páginas puedo tener una idea de cómo actuar. Por ahora me siento deprimido y muy triste. No tengo ganas de estudiar, ni de ir al cole. Mis padres me notan raro, pero sé disimular y creo que no le dan importancia.

Querido diario, por ahora eres el único que me comprende. Espero poder encontrar una solución pronto.

Hasta mañana,

Iván

---

1. ¿Cómo es la personalidad de Iván? *Criterio Bi*
2. ¿Cuál es el problema de Iván?
3. ¿Es Iván un buen estudiante? ¿Por qué?
4. ¿Son sus padres conscientes de su problema?
5. ¿Crees que este problema tiene una solución? ¿Qué puede hacer Iván? *Criterio Biii*
6. ¿Es el caso de Iván común en tu colegio? ¿Puedes dar algún ejemplo?
7. ¿Qué tipo de texto es? ¿Por qué? *Criterio Bii*
8. ¿Quién es el destinatario del texto? ¿Cómo lo sabes? ¿Qué referencias se hacen para el destinatario?

El colegio es mi vida

Lengua

El diario personal

Hoy en día no mucha gente escribe diarios personales. Hay muchas similitudes entre el diario personal y un blog personal. La gran diferencia es que el diario personal no se publica, con lo que tiene un tono más íntimo, donde el autor puede expresar sus sentimientos.

El registro suele ser informal y hay referencias al diario, que es el destinatario. Se trata al diario como a un amigo al que le contamos los problemas o aspectos personales.
Normalmente podemos usar las siguientes frases:

Querido diario:
Buenas noches, me voy a dormir ya…
Hasta mañana, hasta pronto…
Espero escribirte pronto.

Subraya en el texto todas las referencias que hace Iván a su destinatario, es decir, el mismo diario personal.

> Destinatario

🔊 Escuchamos

f. Mira el video sobre el acoso escolar a una chica española.

https://www.youtube.com/watch?v=kD6EXuraxgI

🔍 **Palabras de búsqueda:**

Jasmine, víctima de acoso escolar: "Ahora no puedo entrar sola a un baño público"

1. ¿Por qué crees que se ha realizado este video?
2. Analiza el rol de la música de fondo para el mensaje.
3. ¿Cómo califica Jasmine esa etapa de su vida?
4. Da dos ejemplos de lo que Jasmine hacía como resultado del acoso que recibía.
5. ¿Cómo trataba Jasmine a su hermana? ¿Por qué?
6. ¿Crees que el caso de Jasmine puede pasar en tu colegio? ¿Por qué?

Criterio Aii

Criterio Ai

Criterio Aiii

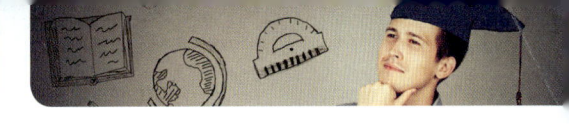

g. Mira ahora este video y contesta.

https://www.youtube.com/watch?v=1GV8K6CscBU

Palabras de búsqueda:

Campaña de la Policía Nacional: TODOS CONTRA EL ACOSO ESCOLAR #Noalacosoescolar

1. ¿Cuál es la intención de este video?
2. ¿A quién crees que va dirigido principalmente? ¿Por qué?
3. ¿Qué función crees que tiene la música en el video?
4. Describe qué le pasa a la niña usando las palabras del punto "b".

Criterio Aii

Criterio Ai

Escribimos

h. Imagínate que eres la niña del video. Escribe el texto que ella envía a la policía.

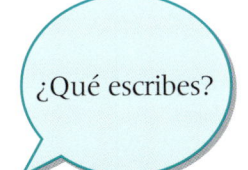

¿Qué tipo de texto escribes?

¿Qué escribes?

¿Haces referencias al destinatario, la policía?

i. ¿Hay algún/a consejero/a en tu colegio? ¿Cómo se llama? ¿Cuál es su función? ¿Has estado alguna vez en su despacho? ¿Por qué? Habla con tus compañeros/as.

Leemos

j. Lee la entrevista al consejero publicada en la revista del colegio.

Hemos tenido la oportunidad de hablar con el consejero de nuestro colegio de un tema bastante conflictivo. Como siempre, el Señor Martínez nos ha abierto las puertas de su despacho.

La Revista: Muchas gracias por concedernos su tiempo para hablar con nosotros sobre este tema tan importante.

Señor Martínez: Muchas gracias a ustedes por considerar entrevistarme. El placer es mío.

77

El colegio es mi vida

LR: Señor Martínez, en nuestro colegio no hay muchos casos de peleas o enfrentamientos físicos entre los estudiantes, pero ¿cree usted que hay otros casos de acoso escolar en la escuela?

SM: Tienen razón de que en este colegio no hay casos de violencia física. Si hay, a veces es en la escuela primaria o media, pero no en secundaria o bachillerato. Pero lamentablemente sí que hay casos de personas que de alguna manera se sienten menospreciadas o discriminadas por compañeros, y esto es un problema. No podemos aceptar que una persona se sienta aislada por ningún motivo. Esto está en contra de nuestros valores y la filosofía del colegio. Debemos ser un colegio que incluya a todo tipo de personas, sin importar nacionalidad, color, religión u orientación sexual.

LR: Nos sorprende mucho esto, porque en realidad no sabíamos que había casos de acoso en nuestro colegio.

SM: Tienes razón, no son muchos los casos, pero a veces vienen estudiantes a mi despacho llenos de tristeza, que sienten solos e ignorados. Debemos crear una comunidad de estudiantes que acepte a todas las personas. Muchas veces esto se debe al uso de la lengua. Debemos hablar la lengua de inclusión de nuestro colegio, que es el español. Evidentemente debemos hablar también nuestra lengua materna, pero si hay compañeros a nuestro lado que no la entienden, tenemos que incluirlos en la conversación, y para ello debemos hablar en una lengua común para todos.

LR: A veces eso es difícil debido a los grupos que se crean en el colegio. A los americanos les gusta estar con los americanos, a los argentinos les gusta estar con los argentinos, a los coreanos les gusta estar con los coreanos… ¿Qué se puede hacer contra esto?

SM: Es normal que nos guste estar con gente de nuestra cultura y nacionalidad. Pero no debemos olvidar que estamos en un colegio internacional y, como tal, debemos comportarnos según los atributos del estudiante del Bachillerato Internacional: solidarios, buenos comunicadores y de mentalidad abierta. Lo peor que puede pasar es no tener respeto hacia una persona, y eso no se puede tolerar.

LR: Muchísimas gracias por su tiempo, Señor Martínez. Es siempre un placer hablar con usted.

SM: Gracias a ustedes por su interés. Ya saben dónde encontrarme. Mis puertas están siempre abiertas al que lo necesite.

1. ¿Qué tipos de acoso escolar existen según el texto? ¿Cuál de ellos es el más común?

2. Según el señor Martínez, ¿qué factores influyen en la exclusión de las personas?

3. ¿Cómo se sienten los estudiantes que sufren acoso?

4. Según el texto, ¿es necesario hablar la lengua de inclusión en el colegio? ¿Por qué?

Criterio **Bi**

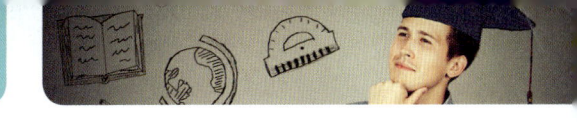

5. ¿Verdadero o falso? Justifica tus respuestas.

	V	F
En el colegio se crean grupos dependiendo de la nacionalidad de los estudiantes.		
En el colegio está prohibido el uso de la lengua materna.		
Según el señor Martínez, el valor más importante es el respeto.		

Lengua

La entrevista

Una entrevista tiene preguntas y respuestas. El texto debe ser interesante para el lector, el destinatario. A diferencia de una entrevista oral, la entrevista escrita tiene características típicas de un texto escrito. Por ejemplo, normalmente hay:

- una entrada o introducción al tema de la entrevista, o una presentación de la persona entrevistada
- fotos
- preguntas y respuestas
- alguna conclusión.

¿Puedes encontrar estas partes en la entrevista al consejero?

Destinatario

6. ¿A quién va dirigido este texto? ¿Por qué lo sabes?

   `Criterio Bii`

7. ¿En qué país crees que está el colegio? ¿Por qué lo sabes? Fíjate en el uso del registro.

8. Compara el caso de la lengua de inclusión con tu colegio. ¿Cuál es la lengua común del colegio? ¿Qué otras lenguas se hablan? ¿Está permitido el uso de lenguas maternas?

   `Criterio Biii`

9. ¿Existen casos en tu colegio como el que se describe en este texto? ¿Crees que se le puede llamar "acoso"? ¿Por qué?

10. ¿Qué atributos del perfil del estudiante del IB crees que no se están teniendo en cuenta con estos casos? ¿Por qué?

El colegio es mi vida

🔗 Conexión interdisciplinaria: Lengua y Literatura

Junto con la asignatura de Lengua y Literatura, se puede hacer un proyecto interdisciplinario en el que se crea conciencia de la diversidad lingüística del colegio. ¿Qué lenguas se ofrecen en la asignatura de Lengua y Literatura? ¿Qué lenguas se ofrecen en la asignatura de Adquisición de Lenguas? ¿Qué otras lenguas maternas se estudian? ¿Hay algún coordinador de lenguas maternas? ¿Cuál es la política lingüística del colegio? ¿Cuál es la lengua de instrucción e inclusión?

Se pueden crear carteles que representen las lenguas del colegio, así como realizar una jornada o día de las lenguas para crear conciencia de la diversidad.

Pregunta debatible

¿Qué importancia tienen las lenguas en la educación?

3.5 Una campaña para el colegio (Servicio como Acción)

Vamos a crear una campaña para crear conciencia de los valores de nuestro colegio. ¿Cuáles son los valores de tu colegio? Si no tiene valores explícitos, pueden crear los valores que consideren importantes inspirados en los atributos del perfil del estudiante del IB.

Dividimos la clase en grupos pequeños. Cada grupo se ocupa de un valor. Pueden elegir entre las siguientes tareas:

1. Creación de un video que represente el valor. Pueden usar sus celulares o el portátil para grabarse.
   - ¿Quiénes son los personajes? ¿Estudiantes, profesores, padres, el/la director/a?
   - ¿Qué pasa?
   - ¿Dónde tiene lugar la historia?
   - ¿Hay algún problema? ¿Cuáles son las soluciones?

2. Escribir una entrevista para la revista del colegio con un compañero, profesor o director, sobre el valor representado.

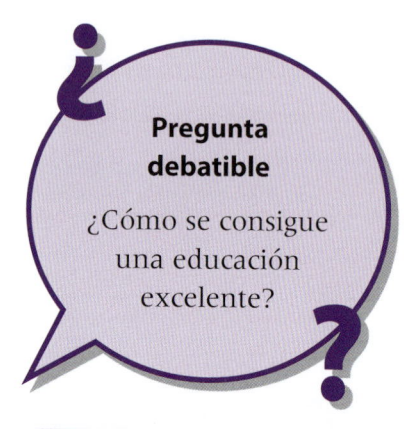

   Fase 4

3. Crear un anuncio para invitar a los compañeros a que se comporten teniendo en cuenta el valor elegido. Este anuncio se puede presentar en la asamblea del colegio y en algún monitor o pantalla si hay uno disponible.

Pregunta debatible

¿Cómo se consigue una educación excelente?

🔑 **Concepto clave**
Comunicación

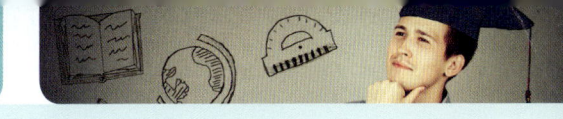

Evaluación sumativa

Criterio A

Mira el video y contesta las preguntas.

https://www.youtube.com/watch?v=UmyRLoGaNBw

Palabras de búsqueda:

El cambio de Sara

Aspecto i

1. Clasifica las personas que se nombran y escribe cómo son para Sara.

	Carlos	Susi	José
¿Cómo lo/la describe Sara?			
¿Qué cosas hace según Sara?			

2. ¿Cómo es la protagonista al principio? ¿Cómo es al final del video?

3. ¿Cuál crees que es el mensaje principal del video? ¿A qué conclusiones llegas después de ver el video?

Aspecto ii

4. ¿Por qué crees que se ha realizado este video? ¿Cuál es su intención?

5. ¿A quién va dirigido?

6. ¿Qué características de un cortometraje tiene este video?

Aspecto iii

7. ¿Qué personaje del video crees que tiene una mejor vida? ¿Por qué?

8. ¿Qué te parece la actitud de Sara al final? ¿Crees que estos valores son importantes? ¿Por qué?

9. Imagínate que eres Carlos, Susi o José. ¿Qué puedes hacer para ser más feliz? ¿Por qué? Contesta por cada uno de los personajes.

El colegio es mi vida

Criterio B

Texto 1

Di no al acoso escolar

Varias fundaciones están realizando talleres en las escuelas madrileñas para evitar el *bullying*. **Los alumnos de entre 11 a 14 años conocen algún ejemplo de acoso escolar en sus clases.**

Luis Alberto Gómez

San Fernando de Henares, 21 mayo

(1) "Siempre he sido algo diferente a mis compañeros de clase. Muchas veces pasaba el recreo solo. Un día los chicos de mi clase se rieron de mí y empezaron a insultarme. Ese problema se convirtió en una rutina y me hacían la vida imposible. Mi vida era un horror, no quería ir al colegio, tenía miedo. Tuve que contárselo a mis padres y ellos me ayudaron".

(2) Esta es la experiencia de Luis, de 14 años. Luis cuenta su historia delante de un grupo de estudiantes en uno de los talleres realizados por la fundación NACE contra el acoso escolar en el IES Rey Fernando VI, en San Fernando de Henares. Según la ONG, el caso de Luis es uno de tantos casos comunes de acoso escolar: la mitad de los estudiantes de entre 11 y 14 años conoce algún caso de *bullying*, y cada vez son más comunes los casos de *ciberbullying*, es decir, acoso a través de las redes sociales.

(3) Para buscar una solución a este problema, las fundaciones en contra del acoso escolar organizan talleres en los centros escolares de la región madrileña. Según la psicóloga Carmen Ramos, "lo más importante es que los compañeros que han visto un caso de acoso no sean cómplices y no se callen. Ellos deben comunicar los incidentes a los profesores o al director del centro para buscar una solución. Ser cómplice del acoso es lo peor que puede pasar".

(4) La fundación NACE también ha creado una serie de vídeos para crear conciencia del problema. En el vídeo se ve un partido de fútbol donde algunos jóvenes están jugando; uno de los jugadores se mete con otro jugador y lo ridiculiza; el resto de los jugadores empieza a reír y se ve cómo se les cambia la cara para convertirse en lobos. "No seas cómplice", es el mensaje que se quiere transmitir con esta serie de vídeos. "Es verdad", dice Nuria de 13 años, "yo vi cómo unos compañeros se metían y se reían de otro, y no hice nada porque no me quería meter en problemas. Yo pensaba que era raro decir algo y que era normal no hacer nada". Borja, de 12 años, añade, "yo también he tenido problemas en el colegio con mis compañeros. Se reían siempre de mí y me sentía bastante solo. Un día, cuando ya estaba bastante harto y no podía más, hablé con mis padres, que contactaron con mi tutor y el problema se solucionó.

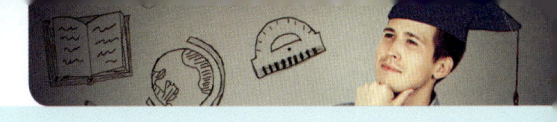

Texto 2

Los conflictos en el colegio. Una entrevista con nuestra consejera

Bruno Torres

Hablamos con la señora Avilés sobre este tema tan conflictivo y actual en nuestras clases.

Bruno Torres: *¿Cuáles son los conflictos más frecuentes?*

Señora Avilés: A veces hay conflictos físicos como una pelea o cuando se rompe algo, pero normalmente son conflictos verbales con amenazas o disputas. También son frecuentes los conflictos por excluir o ignorar a algún miembro del grupo.

BT: *¿Dónde tienen lugar los conflictos?*

SA: A veces en el aula pero con frecuencia tienen lugar en el patio, durante el recreo, y a la salida o entrada del colegio. También tienen lugar en los pasillos y en los aseos.

BT: *¿Cuáles son las causas de estos conflictos?*

SA: Las causas a veces son personales, alumnos con actitudes egoístas, con problemas de autoestima o falta de habilidades para trabajar en grupos. En la mayoría de los casos, una buena gestión del conflicto que acaba de surgir es lo más importante, porque hay falta de comunicación tanto entre los alumnos como entre los alumnos y los profesores, e ignorancia sobre las habilidades necesarias para la resolución de conflictos.

BT: *¿Cómo se pueden resolver?*

SA: Lo más importante es siempre el diálogo. Se debe tener una clase abierta donde no haya miedo, donde el hablar de problemas sea un hábito. También contribuye una educación en valores y un trabajo colaborativo. Los conflictos se deben negociar, las dos partes tienen que realizar compromisos y una mediación es casi esencial.

BT: *¿Qué persona o personas son las más adecuadas para ayudar a resolver los conflictos?*

SA: Lo mejor casi siempre es tener un mediador, que puede ser el profesor o profesora, y también el consejero del colegio, aunque en algunos casos se puede utilizara un compañero de clase. En casos graves, y dependiendo de la naturaleza del conflicto, se puede hablar con el director e incluso invitar a los padres.

Aspecto i

1. En el texto 1 aparecen diferentes jóvenes relacionados con casos de acoso escolar. Explica con tus palabras cuál es su relación con el acoso escolar.

    Luis   Nuria   Borja

2. Según los textos, ¿qué se debe hacer cuando se conoce un caso de acoso escolar? Identifica tres soluciones.

3. Según el texto 2, ¿cuántos tipos de conflictos hay? ¿Cuáles son?

4. ¿Qué importancia tienen los padres ante un caso de acoso escolar? Compara el rol que tienen los padres en los dos textos.

5. ¿Qué papel tiene la comunicación en casos de acoso escolar? Justifica con ejemplos tomados de los textos.

El colegio es mi vida

Aspecto ii

6. ¿Qué diferencias hay en las convenciones entre los dos textos? Considera:

    a. el tipo de texto

    b. dónde puedes encontrar los textos

    c. el destinatario

    d. la intención de los textos

7. ¿Qué función tienen las imágenes que acompañan al texto escrito?

Aspecto iii

8. ¿Crees tú que los colegios deben estar informados del problema del acoso? ¿Cómo es la situación en tu colegio? Justifica comparando con la información que se ofrece en el texto.

9. ¿Qué valores crees tú que no hay o faltan en el problema que tratan los textos? ¿Por qué?

10. ¿Estás de acuerdo con las soluciones que da la señora Avilés al problema? ¿Por qué? Da ejemplos concretos de lo que hay que hacer para solucionar el problema.

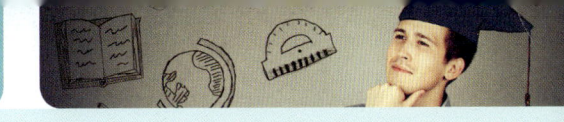

Criterios **C y D** (oral interactivo)

Mantén una entrevista con tu profesor/a sobre las características que tiene tu colegio para ser un colegio del IB. Debes hablar durante 3-4 minutos. Puedes prepararte durante 10 minutos y tomar notas. No puedes usar el diccionario ni ningún material de ayuda.

Indagadores   Informados e instruidos

Pensadores   Buenos comunicadores   Íntegros

De mentalidad abierta   Solidarios   Audaces

Equilibrados   Reflexivos

Criterios **C y D** (escrito)

Escribe un artículo para la revista de tu colegio donde explicas por qué es necesaria la educación en valores y cómo está reflejada en tu colegio. Escribe entre 200 y 250 palabras.

El colegio es mi vida

💭 Reflexión

Busca en la unidad las actividades donde has practicado los objetivos de la misma. Reflexiona sobre lo que has aprendido y completa la tabla:

	😊	😕	😟
identificar las actividades que se hacen en el colegio			
reflexionar sobre la misión y visión del colegio			
describir los valores en la educación			
reconocer diferentes tipos de estudiantes			
dar recomendaciones			
escribir correos electrónicos informales			
comparar los colegios del pasado con los de ahora			
reconocer la forma y los usos del pretérito imperfecto			
realizar entrevistas de manera oral y por escrito			
escribir artículos para la revista del colegio			
reconocer y usar algunos conectores discursivos			
hablar del acoso escolar			
escribir diarios personales			
hacer una campaña para fomentar los valores en la educación			

Reflexiona sobre el Enunciado de indagación de la unidad

Comunicamos mensajes a destinatarios específicos para conseguir una educación basada en valores de solidaridad y tolerancia.

We communicate messages to a specific audience to achieve an education based on values of solidarity and tolerance.

¿Puedes relacionar este **Enunciado de indagación** con las tareas de esta unidad? Busca actividades donde

- comunicamos mensajes a diferentes destinatarios
- tratamos temas de la educación en valores
- conseguimos más solidaridad y tolerancia.

Enfoques de aprendizaje

Busca en la unidad dónde has practicado las siguientes estrategias de aprendizaje.

¿Cómo crees que estos **Enfoques de aprendizaje** te ayudan a conseguir los atributos del perfil del estudiante del IB de esta unidad? ¿Y los otros atributos?

- Íntegros
- Solidarios

¿Has usado estos **Enfoques de aprendizaje** para completar con éxito las tareas de la unidad? ¿Y las tareas sumativas?

- *Self-management – Organizational skills*

Managing time and tasks effectively
- Set goals that are challenging and realistic
- Plan strategies and take action to achieve personal and academic goals

- *Communication – Communication skills*

Reading, writing and using language to gather and communicate information
- Make inferences and draw conclusions
- Find information for disciplinary and interdisciplinary inquiries, using a variety of media

Reflexión

This unit summarizes the importance of values in education. As an IB student, you are lucky to have such a great education. Every school has its mission statement and the IBO has another one, which is: "to develop inquiring, knowledgeable and caring young people who help to create a better and more peaceful world through intercultural understanding and respect." And this is what we have been trying to teach you in this unit at the same time that you were learning Spanish; in other words, we are encouraging you to be a better person who takes care of the future, because you are the future of this world!

4 Mi casa es tu casa

Contexto global
Identidades y relaciones

Conceptos relacionados
Forma, convenciones

Concepto clave
Comunicación

Perfil de la comunidad de aprendizaje
Buenos comunicadores, solidarios

Pregunta fáctica
¿Qué tipos de familia existen?
¿Cómo puedo expresar los cambios en mi vida?
¿Qué tareas hacemos en nuestra vida diaria?

Pregunta conceptual
¿Cómo influyen las convenciones socioculturales en lo que entendemos por convivencia?
¿Cómo ayuda la comunicación en la convivencia?

Pregunta debatible
¿Qué es lo más importante en la convivencia?
¿Cómo se pueden solucionar los conflictos?

Enunciado de indagación

Comunicamos cómo se puede conseguir una mejor convivencia en la familia y en el aula a través de convenciones textuales y formas lingüísticas determinadas.

Al final de esta unidad, vas a poder…
⊘ hablar de los miembros de una familia y de los tipos de familia que existen
⊘ dar sugerencias y expresar obligación
⊘ usar el presente de subjuntivo de los verbos regulares
⊘ expresar opinión, acuerdo y desacuerdo
⊘ hablar de los cambios en diferentes etapas de la vida
⊘ usar el pretérito perfecto
⊘ aprender sobre el cerebro del adolescente
⊘ identificar los electrodomésticos, las partes de una casa y los muebles
⊘ hablar sobre las tareas de la casa
⊘ reflexionar sobre la responsabilidad ante las mascotas

4.1 Familia

a. **Mira la foto de esta familia. ¿Cuál crees que es la relación entre las personas? ¿Puedes dibujar un pequeño árbol genealógico? ¿Coincide con el de tu compañero/a?**

b. **¿Qué significa "familia"? Con un compañero/a traten de dar una definición.**

FAMILIA

Mi casa es tu casa

📖 Leemos

c. Ahora lee estas preguntas y el artículo. Después contéstalas.

1. ¿Qué te parece el título del artículo? ¿Qué crees que quiere decir?
2. Según el texto, ¿cuántos tipos de familia existen? ¿Añadirías alguno más?
3. Encuentra tres razones en el texto, que explican que el concepto de familia tradicional ha cambiado.
4. Además de los padres, hermanos y abuelos, ¿de qué otros miembros de la familia se habla? ¿Qué relación tienen entre ellos?
5. ¿Cuántos miembros hay en cada familia que se describe? Haz un pequeño gráfico.
6. ¿Qué características del texto lo definen como un artículo? Analiza las convenciones textuales.
7. ¿Coincide alguna de las descripciones de la familia con la tuya?
8. ¿Cuál es el tipo de familia más común en tu cultura? Haz referencias al texto.
9. ¿Ha cambiado tu concepto de familia, tu definición, después de leer el texto? ¿Cómo la definirías tú ahora?
10. ¿Qué piensas de este artículo? ¿Crees que describe la realidad actual? ¿Crees que el autor es objetivo al definir los tipos de familia?

Criterio Bi
Criterio Bii
Criterio Biii

Pregunta fáctica

¿Qué tipos de familia existen?

www.vidafamiliar.com

La familia, núcleo de la sociedad

A la familia se la puede definir como una unión de personas por parentesco o relaciones de afecto. El concepto de familia está cambiando en los últimos años, sobre todo en el mundo occidental, por eso es cada vez más difícil definirla. Las familias también han cambiado desde la incorporación de la mujer al mundo del trabajo, aunque todavía existen familias donde la madre no trabaja fuera de casa y cuida de todos y de la casa. En muchas culturas, la familia continúa como se ha concebido tradicionalmente. En algunas culturas es normal que los abuelos vivan en la casa también. Otras veces viven muchos juntos por razones económicas. La crisis económica ha provocado que muchos padres vuelvan a vivir con los abuelos o con los hijos. Desde que el divorcio está legalizado y los matrimonios homosexuales han sido aprobados, han surgido otros tipos de familia. Actualmente hay familias muy numerosas y familias muy reducidas, de sólo dos personas. También hay familias con vidas diferentes los días de semana o fines de semana. En fin, que hay muchas formas diferentes de vivir en la familia. Pero dejemos hablar a los protagonistas…

Familia tradicional

Esta es una foto de mi familia; bueno, falto yo, que he hecho la foto. Mi familia se compone de mis padres, mis dos hermanos y mis abuelos, los padres de mi madre, que desde hace cuatro años viven con nosotros. Mi padre trabaja para una empresa como consultor y tiene que viajar mucho, y mi madre es ama de casa. Estudió decoración de interiores pero no trabaja porque mis hermanos son pequeños; además, con mis abuelos en casa tiene demasiado trabajo y la familia la necesita.

Familia monoparental

Yo vivo sólo con mi madre. Mis padres se divorciaron cuando yo tenía 10 años. Mi padre vive en otra ciudad, a dos horas, y yo voy a verlo dos fines de semana al mes. También pasamos las vacaciones juntos, o al menos una parte de ellas. Mi madre trabaja como profesora en el mismo instituto en el que yo estudio, así que vamos y volvemos juntos en el coche. No tengo hermanos pero sí muchos primos con los que nos juntamos los fines de semana. Mis abuelos viven cerca de mi casa.

Familia de adopción

Esta es una foto de mi familia de hace ocho años. Mi padre es alemán, mi madre española, y yo nací en China; me adoptaron cuando tenía unos meses. Siempre he sabido que soy adoptada y para mí es natural. Sé que no son mis padres biológicos pero son definitivamente mis padres. Los quiero muchísimo. Con ellos ya he viajado a China dos veces. Ellos quieren que conozca la cultura de la que provengo. No tengo hermanos pero mi madre tiene cuatro y tengo muchos primos que viven todos en la misma ciudad. Las vacaciones las pasamos siempre en la casa de la playa que tienen mis abuelos.

Familia ensamblada

Mi familia es fenomenal. Somos tres hermanos, bueno, en realidad tengo dos hermanastros. Mis padres habían estado los dos casados antes y tuvieron hijos con sus respectivas familias. Normalmente Ana vive con su madre, pero en las vacaciones vive con nosotros. En la foto estamos todos juntos cuando fuimos de vacaciones a esquiar. Mi otra hermanastra, Laura, es hija de mi madre y su anterior marido, pero vive casi siempre con nosotros.

Familia homoparental

Somos una familia poco convencional. Mi hermano y yo tenemos dos padres y somos adoptados. Mi otro padre es el que hizo la foto. A nosotros nos parece normal pero sabemos que en muchas culturas este tipo de familia no está aceptado y que algunas religiones no lo reconocen.

Mi casa es tu casa

d. ¿Crees que las familias son diferentes dependiendo de la cultura? ¿Qué diferencias hay? En grupos, busquen ejemplos y hagan una infografía. Pueden buscar ejemplos de familias de los siguientes países:

Fase 4

| India | España | Tailandia | Namibia | Corea |
| Holanda | Canadá | Bolivia | Egipto | Turquía |

🔗 Conexión interdisciplinaria: Individuos y Sociedades

El rol y el concepto de la familia han cambiado en las últimas generaciones. Sería interesante estudiar este tema con una perspectiva histórica, para ver en qué momento empiezan a cambiar las familias, las razones del cambio y las diferencias entre una cultura y otra, entre las diferentes clases sociales e incluso entre el campo y la ciudad.

4.2 Convivencia

💬 Hablamos

a. Convivir no es tan fácil. Responde de forma individual a esta encuesta y después compara tus respuestas en un grupo pequeño. ¿Cuántas tienen en común?

> **Pregunta conceptual**
>
> ¿Cómo influyen las convenciones socioculturales en lo que entendemos por convivencia?

1. ¿Cuántas horas al día pasas con tu familia durante la semana?
2. ¿Cuántas horas los fines de semana?
3. ¿Conoces todas las aficiones de los miembros de tu familia?
4. ¿Cuántas comidas realizan juntos al día?
5. ¿Ayudas en las tareas de la casa?
6. ¿Qué aficiones tienes en común con tu familia?
7. ¿Cocinas alguna vez con tu familia?
8. ¿Tienes más familia en la ciudad en que vives? ¿Los visitas con frecuencia?
9. ¿Cuál es el juego favorito de tu familia?
10. ¿Cuál fue la última película que vieron juntos?

b. Te ofrecemos unas sugerencias sobre la convivencia. ¿Haces las siguientes actividades con tu familia? ¿Estás de acuerdo con ellas? ¿Cómo las modificarías? Discutan en pequeños grupos.

Pregunta debatible

¿Qué es lo más importante en la convivencia?

Sugerencias para la convivencia

1. Se debería emplear el tiempo para los otros. Apoya a tus hermanos y padres en sus actividades, juegos y aficiones.
2. Se debería tratar de comer o cenar juntos la mayor parte de la semana. Si se tienen agendas complicadas, se debe programar al menos un día para comer juntos.
3. Se debería dedicar un día a la semana a hacer algo como visitar a los abuelos, dar un paseo, jugar, etc.
4. Se debería buscar tiempo libre para cocinar y jugar juntos.
6. Se debería dedicar tiempo para platicar. La comunicación es vital para fortalecer los vínculos afectivos de la familia.
7. Se deberían celebrar los logros, tanto familiares como individuales.
8. Se deberían evitar las discusiones y las malas palabras. El respeto es un pilar fundamental para una sana convivencia familiar.

Lengua

Para sugerir usamos:

Deberías/Se debería…+ infinitivo

Deberías buscar tiempo para tu familia.
Se debería buscar tiempo para la familia.

Para expresar obligación usamos:

Debes/se debe/tienes que/hay que…+ infinitivo

Debes llamar a la puerta antes de entrar.
Se debe llamar a la puerta antes de entrar.
Tienes que llamar a la puerta antes de entrar.
Hay que llamar a la puerta antes de entrar.

Mi casa es tu casa

c. **Escribe cuatro reglas para colgar en la puerta de tu habitación. Debes escribir lo más importante para ti en la convivencia con tu familia. Recuerda utilizar el lenguaje de obligación.**

Ejemplo:

Hay que respetar si quiero estar solo.

> **ATL Sociales – Habilidades de colaboración**
>
> La convivencia también existe en el aula. No es tan fácil aprender todos juntos y trabajar en grupos. Para ello debemos atender a los conflictos que puedan ocurrir. El principio de todo buen trabajo en grupo es la comunicación, hablar, expresar cómo te sientes, escuchar a los demás, desarrollar la empatía y tratar de buscar compromisos democráticos con el grupo. ¿Cómo ha sido el trabajo en grupo en las actividades anteriores? ¿Ha habido algún conflicto? ¿Cómo se ha solucionado?

4.3 Conflictos

📖 Leemos

> Ser un rollo – *to be really boring (here: sorry for telling you this boring stuff)*
>
> Desahogarse – *to pour one's heart out / get it off your chest*

a. **Lee el correo electrónico que Sara escribe a su mejor amiga que se fue a vivir a otra ciudad. ¿Qué problemas tiene? ¿Cómo es la relación con su hermano? Subraya las frases en las que expresa sus sentimientos hacia su hermano.**

Querida Lily:

Espero que todo te vaya bien. Yo estoy pasando una mala temporada porque tenemos muchos exámenes y proyectos que terminar para finales de mes. Además, el tiempo es malísimo y nos están cancelando todos los partidos. Y encima en casa la situación con mi hermano es cada vez peor. De verdad, está inaguantable. Es que creo que me molesta todo lo que hace. Ahora ya no usa auriculares porque tiene problemas con los oídos y pone la música súper alta. No lo soporto. Me molesta muchísimo cuando se mete en el cuarto de baño y está ¡¡¡horas!!! Y lo que más rabia me da es que entra y sale de casa sin saludar, sin pedir permiso y mis padres lo ignoran. Es tan injusto, sólo porque soy chica tengo que tener más cuidado y pedir permiso para todo. Nunca me ha gustado cómo viste, pero es que ahora está horroroso. Es verdad que a mí no me gusta hacer las tareas en casa pero es que él… ¡no hace nada! No soporto cuando dice "lo siento, mamá, es que tengo que estudiar", y se va a su habitación; luego yo lo escucho charlar con sus amigos. En fin, un año más y se va a la universidad.

A ver si podemos hacer un skype este fin de semana y me cuentas qué tal en la fiesta. Perdona el rollo, pero es que tenía que desahogarme.

Besitos

Sara

b. Lee las frases. ¿Tienes estos problemas también en tu casa? Marca las frases con las que te identificas.

1. A mí molesta mucho que mi hermano **pase** tanto tiempo en el cuarto de baño.
2. Yo no soporto tener que limpiar la mesa después de cenar.
3. Yo no soporto que mi hijo **coma** con el celular encima de la mesa.
4. A mí no me gusta cuando mi hermana se pone mi ropa.
5. A mí me molesta que mi madre me **exija** ordenar mi habitación.
6. A mí me da rabia si mi hija está mucho tiempo en su habitación.
7. A mí no me gusta tener que llegar tan pronto a casa los fines de semana.

c. Ahora escribe cuatro frases con las diferentes estructuras del punto "b" con cosas que te molestan en la convivencia.

Lengua

El presente de subjuntivo

Mira las frases anteriores y clasifícalas en las siguientes estructuras. ¿Qué expresan los verbos en las oraciones principales? El verbo que le sigue a la oración está en un nuevo tiempo, el presente de subjuntivo. ¿Por qué crees que se utiliza el subjuntivo en algunas?

Verbo + que + verbo en subjuntivo:
Me molesta que mi padre **haga** tanto ruido por las mañanas.
Verbo + infinitivo:
Me molesta levantarme pronto por la mañana.
Verbo + una conjunción + verbo:
A mí me da rabia si/cuando mi hija pasa demasiado tiempo en su habitación.

El subjuntivo se forma:

	-ar pasar	-er comer	-ir vivir
yo	pase	coma	viva
tú	pases	comas	vivas
él/ella, usted	pase	coma	viva
nosotros/as	pasemos	comamos	vivamos
vosotros/as	paséis	comáis	viváis
ellos/as, ustedes	pasen	coman	vivan

Forma

We add the subjunctive endings to the yo form of the present indicative:

yo teng**o** → yo teng**a**
yo pid**o** → yo pid**a**
yo exij**o** → yo exij**a**
yo jueg**o** → yo jueg**ue**

There are some completely irregular:

ser: sea, seas, sea, seamos, seáis, sean
ir: vaya, vayas, vaya, vayamos, vayáis, vayan
haber: haya, hayas, haya, hayamos, hayáis, hayan

Mi casa es tu casa

4.4 Resolución de conflictos

🔊 Escuchamos

Criterio Ai-Aiii

Fase 4

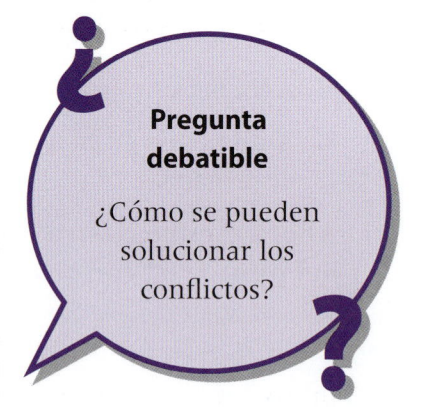

a. Mira este video; luego copia y completa la tabla. Recuerda utilizar algunas de las expresiones de abajo.

https://www.youtube.com/watch?v=SjUEc6y0kFM

🔍 Palabras de búsqueda:
Cápsula Taller 3 Resolución de conflictos en la familia

Pregunta debatible

¿Cómo se pueden solucionar los conflictos?

Lengua

Dar tu opinión

Yo creo que…

A mí me parece que…

Expresar acuerdo y desacuerdo

Yo estoy de acuerdo con…

Yo estoy en parte de acuerdo pero…

Yo no estoy de acuerdo porque…

	¿Cuál es el problema?	¿Cuál es la solución?	¿Cuál es tu opinión de cómo se ha resuelto el conflicto?
Caso 1	Las dos hermanas quieren ponerse la misma blusa.	Una hermana se pone la blusa ese día y al siguiente la otra, que también le deja la bufanda.	Yo estoy en parte de acuerdo porque creo que la madre debería hacer más preguntas.
Caso 2			
Caso 3			
Caso 4			
Caso 5			

b. En un pequeño grupo comenta estas preguntas:

- ¿Por qué crees que se ha creado este video?
- ¿A quién va dirigido?
- ¿Cuál es la intención?
- ¿Dónde lo puedes encontrar?
- ¿Te parece efectivo?
- ¿Qué cambiarías?

Criterio Aii

Convenciones

c. Lee estos dos diálogos. El primero termina bien y el segundo en un conflicto. ¿Qué diferencias hay entre el primero y el segundo?

Diálogo 1

Alba: ¡Me molesta que uses mi portátil sin preguntar!

Juan: Pero si tú no lo necesitas…

Alba: ¿Cómo lo sabes? ¿Me lo has preguntado?

Juan: No, pero si está en el salón y tú estás en el cuarto de baño…

Alba: Es igual, es mío y me tienes que preguntar.

Juan: ¡¡¡Pero si sólo quería ver un momento una cosa en Internet!!!

Diálogo 2

Alba: ¡Me molesta que uses mi portátil sin preguntar!

Juan: ¡Ay!, perdón, solo quería mirar una cosa en Internet.

Alba: Ya, pero el portátil es mío.

Juan: Sí, lo sé, perdona, es que el mío no tiene batería. Toma.

Alba: Vale, pero la próxima vez me preguntas.

Juan: Sí, sí, de acuerdo.

Mi casa es tu casa

d. Ahora tienes dos diálogos que terminan mal. Con un compañero/a, cámbienlos como el modelo anterior para solucionar los conflictos.

> **Pregunta conceptual**
>
> ¿Cómo ayuda la comunicación en la convivencia?

Diálogo 3

Madre: Juan, limpia la mesa.

Juan: Pero mamá, es que tengo un examen mañana y tengo que estudiar. Que la limpie Alba.

Alba: Yo ya la limpié ayer, lo del examen es solo una excusa…

Diálogo 4

Padre: ¡Alba, haz el favor de apagar el celular!

Alba: Pero papá, es sólo un momento; es que quiero quedar con mis amigas por la tarde.

Padre: ¡Me da igual! ¡He dicho que lo apagues!

Alba: Pero es que entonces hacen planes sin mí.

Padre: ¡He dicho que no hay celular y ya está!

Hablamos

e. Representen los diálogos prestando atención a la correcta entonación y a la empatía.

> **ATL Comunicación – Habilidades de comunicación**
>
> Es importante darnos cuenta de la importancia que tiene la expresión oral, las palabras que utilizamos y la entonación que les damos en la comunicación. Todo depende de la intención con que decimos las cosas y los diversos destinatarios con los que nos comunicamos. ¿No has tenido nunca un malentendido debido a una entonación errónea? ¿Te has dirigido alguna vez a alguien de manera inapropiada?

4.5 Cambios

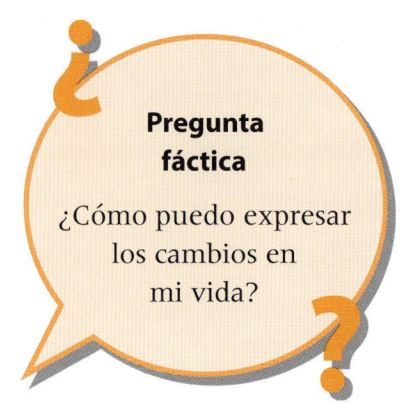

> **Pregunta fáctica**
>
> ¿Cómo puedo expresar los cambios en mi vida?

a. **¿Qué ha cambiado en la vida de David en los últimos cinco años? Lee lo que dice y subraya la información falsa.**

He crecido mucho. Ahora soy más alto.

He cambiado mis aficiones. Ahora juego al baloncesto y toco la guitarra.

Ha cambiado mi color de pelo. Ahora soy más moreno.

Hemos comprado un perro. Siempre he querido tener una mascota.

Lengua

Repaso del pretérito perfecto

	cambiar	crecer	vivir
yo	he cambiado	he crecido	he vivido
tú	has cambiado	has crecido	has vivido
él/ella, usted	ha cambiado	ha crecido	ha vivido
nosotros/as	hemos cambiado	hemos crecido	hemos vivido
vosotros/as	habéis cambiado	habéis crecido	habéis vivido
ellos/as, ustedes	han cambiado	han crecido	han vivido

Forma

b. **¿Recuerdas cómo se forman los participios pasados? Haz una clasificación con estos y añade algunos más.**

hecho   comido   salido   comprado   escrito   perdido   roto
ganado   dicho   visto   ido   vuelto   hablado   bebido   vivido

Infinitivos en -ar	Infinitivos en -er	Infinitivos en -ir	Irregulares

99

> Mi casa es tu casa

c. **¿Cómo has cambiado tú en los últimos cinco años? Habla con tus compañeros/as.**

- Físico
- Personalidad
- Amigos
- Aficiones
- Familia
- Casa
- Colegio

Escribimos

d. **Haz una entrevista a dos miembros de tu familia (padre y abuela, por ejemplo), y pregunta por tres cosas que han cambiado en sus vidas.**

Conexión interdisciplinaria: Ciencias

Durante la adolescencia se producen muchos cambios en tu cuerpo. Dejas de ser niño para convertirte en adulto; creces, tu voz cambia, comienzas a tener más pelo por el cuerpo, te salen granos en la cara… También tu cerebro cambia. ¿Sabías que el cerebro es el órgano más complejo de tu cuerpo?

Se podría hacer una relación con tu clase de Ciencias para ver los cambios físicos o del cerebro que ocurren durante estos años de la adolescencia.

e. **¿Qué sabes de tu cerebro? Contesta si crees que estas frases son verdaderas o falsas. Después lee el texto de la página siguiente y compara tus respuestas. ¿Qué has aprendido?**

Fase 4

Criterio Bi, Biii

	Antes de leer el texto		Después de leer el texto	
	V	F	V	F
1. El cerebro termina de desarrollarse en la infancia.				
2. La parte del cerebro que tarda más en desarrollarse es la corteza prefrontal.				
3. Durante la adolescencia, se crean muchas más sinapsis (conexiones entre las neuronas) que durante otras etapas de la vida.				
4. En la amígdala y en el hipocampo residen las emociones.				
5. La etapa de la adolescencia es cada vez más corta.				
6. El cerebro de los chicos y las chicas se desarrolla por igual.				

📖 Leemos

El cerebro de los adolescentes

(1) Los últimos avances en neurociencia nos están demostrando que el cerebro del adolescente está sin terminar de desarrollar, principalmente en la corteza prefrontal. De este modo se están empezando a explicar muchas de las actuaciones de los adolescentes que hasta ahora nos eran completamente desconocidas.

(2) Durante la adolescencia, tiene lugar una etapa de "poda" (igual que ocurre en la primavera o el otoño cuando cortamos las ramas de los árboles para que crezcan más fuertes) determinada por los estímulos que se reciben, o mejor dicho, por los que NO se reciben. Hasta ese momento las sinapsis, que son las conexiones entre las neuronas, han ido multiplicándose, pero a partir de ahora, comienzan a desaparecer aquellas conexiones que son débiles, porque han sido utilizadas para fortalecer las que quedan.

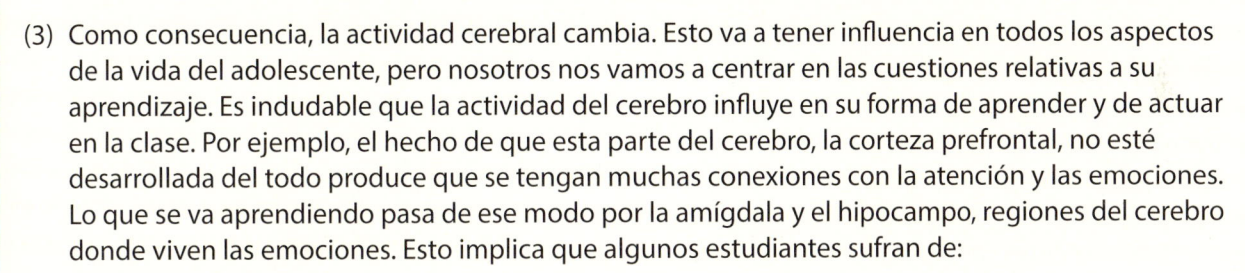

(3) Como consecuencia, la actividad cerebral cambia. Esto va a tener influencia en todos los aspectos de la vida del adolescente, pero nosotros nos vamos a centrar en las cuestiones relativas a su aprendizaje. Es indudable que la actividad del cerebro influye en su forma de aprender y de actuar en la clase. Por ejemplo, el hecho de que esta parte del cerebro, la corteza prefrontal, no esté desarrollada del todo produce que se tengan muchas conexiones con la atención y las emociones. Lo que se va aprendiendo pasa de ese modo por la amígdala y el hipocampo, regiones del cerebro donde viven las emociones. Esto implica que algunos estudiantes sufran de:

1. **Falta de control social.** Esto causa que los adolescentes sean muy impulsivos.
2. **Escasez de juicio.** Los adolescentes tienen dificultades a la hora de diferenciar entre el bien y el mal, les cuesta más ver los peligros y crear límites a sus actuaciones.
3. **Dificultad del pensamiento abstracto y razonamiento hipotético deductivo.** Esto quiere decir que para un adolescente es casi imposible ver las consecuencias hipotéticas de sus actos en un futuro, porque no pueden deducir de forma abstracta.
4. **Descontrol de las emociones.** Si se cree que los adolescentes sienten más que piensan, es cierto; las emociones juegan un papel tan importante que muchas veces ganan al razonamiento lógico.
5. **Capacidad para planificar.** Los adolescentes tienen dificultades al planificar porque les cuesta "ver" en el futuro.

(4) Es verdad que la edad de la adolescencia se va extendiendo cada vez más. La niñez también termina antes que en anteriores generaciones y los años de la adolescencia duran mucho más. Antes, por ejemplo, era normal tener novio a los dieciséis o diecisiete y casarse ya a los veinte. Ahora muchos jóvenes, por razones tanto económicas como por estudios, están en casa hasta por encima de los veinticinco años y es raro que se casen, al menos en las sociedades occidentales, antes de los veinticinco. Por lo tanto, se afirma que la adolescencia dura más años.

(5) Al mismo tiempo, tenemos que decir que estas ideas son generalizaciones, que hay adolescentes que no entran en estos cuadros y que su cerebro se desarrolla bastante antes. Sin intentar ser sexistas, se puede afirmar que por lo general las chicas son más maduras y que su cerebro se desarrolla antes.

Mi casa es tu casa

f. Lee de nuevo los cinco aspectos que, según el texto, sufren los estudiantes. ¿Crees que tú sufres de alguno de estos? ¿Cuál? ¿Puedes dar ejemplos? Elabora una lista con tus compañeros/as.

Criterio Biii

Fase 4

4.6 Los quehaceres

a. Una parte importante de la convivencia en el hogar es la distribución de los quehaceres domésticos. ¿Sabes qué son estos electrodomésticos? Relaciona las definiciones con las palabras.

Electrodomésticos	Sirve para…
1. el frigorífico/refrigerador	a. …lavar la ropa.
2. la lavadora	b. …hacer la comida muy pequeña.
3. la aspiradora	c. …lavar la vajilla (los platos, las cazuelas, etc.) y los cubiertos.
4. el lavavajillas	d. …quitar el polvo de la casa.
5. el congelador	e. …hacer café.
6. el microondas	f. …calentar la comida de forma rápida.
7. la cafeteria	g. …conservar los alimentos en frío.
8. la batidora	h. …conservar los alimentos congelados.

b. En pequeños grupos, describan el uso de un mueble o electrodoméstico y los otros tienen que adivinar qué es.

Ejemplo:

Sirve para…
Está hecho de…

🔊 Escuchamos

c. Mira los videos y escribe qué aparatos y electrodomésticos se ven.

https://www.youtube.com/watch?v=pO4HHNL0nD4
https://www.youtube.com/watch?v=Qfg2OAgV6_I

🔍 **Palabras de búsqueda:**

Anuncios En Tv Años 1957 Al 67 Tema Aparatos En General
Anuncios españoles para electrodomesticos 1950–1960

d. Mira esta habitación y completa con los nombres de los muebles.

cama

🗨 Hablamos

e. Comenta con tus compañeros/as: ¿qué te gusta y qué no (muebles, colores, distribución)? ¿Se parece esta habitación a la tuya?

> *Ejemplo:*
> *Me gusta la cama pero no me gusta la alfombra…*
> *En mi habitación, mi cama es más grande y no tengo nada en azul.*

f. Siéntense espalda con espalda con un compañero/a. Uno describe su habitación y el otro la dibuja. Después miran y comparan los resultados.

ATL Autogestión – Habilidades de organización

Es importante comprender y usar las preferencias sensoriales en el aprendizaje, y descubrir el estilo de aprendizaje personal de cada uno. Por ejemplo, para practicar el vocabulario de los muebles, objetos en concreto, escribe las palabras en unos *post-its* y pégalas en los muebles alrededor de la casa. De esta forma, las puedes ir viendo durante unos días hasta que las aprendas.

103

Mi casa es tu casa

g. ¿Cuál de estas tareas te parece más apropiada para tu edad? Enumera por orden las que haces con más frecuencia (1) y las que menos (13). Compara después con tus compañeros/as.

Pregunta fáctica

¿Qué tareas hacemos en nuestra vida diaria?

- poner/limpiar la mesa
- pasar el aspirador 
- hacer la compra 
- hacer la comida 
- limpiar el cuarto de baño 
- pasear al perro 
- cuidar a los hermanos 
- vaciar el lavavajillas 
- sacar la basura 
- dar de comer a las mascotas 
- lavar la ropa 
- ordenar tu habitación 
- hacer la cama 

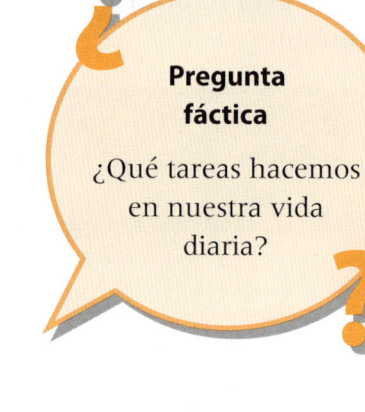

📖 Leemos

h. Lee esta carta que ha escrito una madre a sus hijos y elige las respuestas correctas. A veces pueden ser dos, pero tienes que justificar tu elección.

Queridos David y Lea:

Son las dos de la mañana y he comprobado que todos están durmiendo. En estos momentos termina mi jornada de madre y sí, estoy muy cansada. Pero he decidido escribirles esta carta y meterla en sus mochilas para que mañana la encuentren, la lean despacio e intenten entenderme. Necesito ayuda.

Les voy a contar cómo es un día normal en mi vida, porque creo que no son conscientes de ello. Me levanto a las seis y media de la mañana para ducharme y arreglarme yo, y así dejar el baño libre para ustedes. Después preparo el desayuno de todos y los bocadillos que se llevan al colegio. Y que quede muy claro: odio despertarme tan pronto y siempre estoy cansada. Su papá ya se fue al banco, habiendo puesto antes la lavadora, cuando ustedes se levantan y ven a mamá arreglada y con todo preparado. No hay un hada mágica que lo hizo: fui yo. No espero que me den las gracias todos los días, pero sí que no se quejen de lo cansados que están al levantarse. Los entiendo muy bien. Sé que tienen un día largo en el colegio, con sus tareas y problemas, pero yo también tengo un día muy largo en el hospital, con mucho trabajo y problemas que intento no contarles.

Cuando volvemos a casa, TODOS estamos cansados, pero ustedes esperan su almuerzo y se van a su habitación a hacer las tareas. Yo entonces tengo que recoger la ropa, vaciar el lavavajillas y hacer la cena. Y gracias a que papá hace la compra y se ocupa del perro. Sí, ese perro que compramos para ustedes y que prometieron sacar a pasear y dar de comer.

Después, a la hora de la cena, no sólo no hablo de mi trabajo, sino que tengo que oír sus quejas porque no les gusta lo que cocino, o porque no les dejamos tener el celular en la mesa. Y ya se vuelven a sus habitaciones a seguir haciendo tareas o a chatear con sus amigos. Yo entonces me voy a la computadora a planear nuestras vacaciones, a llamar a los abuelos para ver si necesitan algo, a planchar, a limpiar, a pensar y a organizar el día siguiente.

Quiero que piensen que, puesto que ya son adolescentes y quieren sus derechos, también tienen que pensar en sus deberes. Y estos son, en primer lugar, ayudar en casa, porque la casa es de todos; y sobre todo, intentar comprender a sus padres, que también tienen un trabajo, sus problemas y obligaciones.

Piensen en todo lo que les dije y espero que este fin de semana podamos hablar como cuatro personas maduras y hacer un plan del trabajo de casa. Me gustaría oír un "gracias" de vez en cuando, que hay algo que hago bien, que la comida está rica o que qué gusto encontrar la ropa planchada encima de la cama.

Los quiero mucho, pero estoy muy cansada.
Mamá

1. ¿Cuál es la idea principal del texto?

    a. La madre quiere decir buenas noches a los hijos.

    b. La madre se despide porque se va de viaje.

    c. La madre quiere hacer pensar a los hijos antes de tener una reunión.

Criterio Bi

Mi casa es tu casa

2. ¿Cuántos miembros hay en la familia?

   a. cuatro

   b. cinco

   c. seis

3. ¿Por qué cuenta la madre su rutina diaria a los hijos?

   a. Porque sus hijos no la conocen.

   b. Porque cree que sus hijos no se dan cuenta de todo lo que hace.

   c. Porque quiere cambiar la rutina.

4. ¿Dónde trabajan los padres?

   a. La madre en un hospital y el padre en una escuela.

   b. La madre en una escuela y el padre en un banco.

   c. La madre en un hospital y el padre en un banco.

5. Los niños hacen las tareas…

   a. … antes de cenar.

   b. … después de cenar.

   c. … antes y después de cenar.

6. ¿Cuál de estas tareas no hace normalmente el padre?

   a. Poner la lavadora.

   b. Preparar el desayuno.

   c. Pasear al perro.

7. ¿Cuál de estas tareas no hace normalmente la madre?

   a. Preparar los bocadillos para el recreo.

   b. Hacer la compra.

   c. Hacer la cena.

8. ¿Cuál es la intención de la madre con esta carta?

   a. El perdón de sus hijos.

   b. Las gracias de sus hijos.

   c. El respeto de sus hijos.

i. **Analicemos las convenciones de esta carta:**   Criterio Bii

   - ¿Es esta carta formal o informal? Busca las características en el texto que prueben este registro.

   - ¿De dónde crees que es esta familia? ¿Crees que es de España o de un país de Latinoamérica? ¿Por qué? Busca características en el lenguaje de la madre que te hacen pensar eso.

Fase 4

j. ¿Qué te parece a ti la carta? ¿Crees que algo así es necesario? ¿No es mejor hacerlo oral que por escrito? ¿Hay algo que te gusta o no te gusta especialmente de la carta?

Criterio **Biii**

Escribimos y hablamos

k. Imagínate que eres el hijo o la hija de esta madre. Elige una tarea:

1. Una carta de respuesta a la madre.
2. Un diálogo con la madre.

Criterios **C y D**

Fase 4

4.7 Las mascotas, un miembro familiar más

a. Con un compañero/a y sin ayuda de diccionarios, escriban nombres de animales que se pueden tener en casa.

b. ¿Tener mascota o no? La elección de una mascota debe hacerse de forma concienciada. Lee estas frases y clasifícalas en ventajas e inconvenientes.

1. Se tienen menos alergias.
2. Se aprende a respetar a los animales.
3. Puede haber olores desagradables.
4. Se rompen o estropean cosas.
5. Se aprende a ser más responsable.
6. Ayuda a tratar el estrés.
7. Se gasta dinero en comida y veterinario.
8. Se tiene menos libertad para las vacaciones y el tiempo libre.
9. Si se adopta, se contribuye a salvar a un animal.
10. Se suele hacer más ejercicio físico.
11. En algunos casos puede haber un peligro.
12. Se desarrolla la autoestima, la empatía e incluso se hace más sociable.
13. Es motivo de conflictos familiares.
14. En algunos casos se puede favorecer el maltrato a los animales.

Ventajas	Inconvenientes

Mi casa es tu casa

c. ¿Adoptarías un perro? ¿Alguno de tus amigos o alguien en tu familia lo ha hecho? Lee este artículo y relaciona los títulos con su apartado correspondiente.

1. Hábitos de vida
2. Adopción en lugar de compra
3. Mantenimiento y gastos
4. Espacio y lugar para vivir
5. Responsabilidad ante la adopción
6. Tiempo y dedicación

http://www.elcampitorefugio.org/adoptar.php

¡QUIERO ADOPTAR UN CAMPERITO!

A. ....

Porque adoptando estás salvando la vida de un animal rescatado. Cada perro adoptado deja su lugar para que ingrese otro y pueda ser recuperado en el refugio. Adoptar es un acto de amor y de responsabilidad, por eso es necesario estar completamente seguros de que estamos capacitados y listos para tener un perro.

B. ....

Un animal de compañía dependerá toda su vida de nosotros. Recordá que un perro puede vivir entre 15 y 20 años y estás asumiendo un compromiso serio por todo ese tiempo. Integrar un perro a la familia sólo porque los niños piden un cachorrito para jugar es un gran error. Los animales no son un juguete. ¿Qué pasará cuando tus hijos crezcan, o cuando se aburran de él? ¿Quién lo bañará? ¿Quién lo sacará a pasear? El perro es parte de la familia y todos tienen que estar de acuerdo con la adopción.

Consideraciones a tener en cuenta antes de tomar la decisión de adoptar.

C. ....

No todos los perros necesitan un parque para correr, pero sí espacio para moverse cómodamente por la casa y un lugar diferenciado para dormir y descansar. Si hay espacios al aire libre deben estar cercados para evitar que el animal pueda escaparse. Si vivís en un apartamento deberás considerar el tamaño del animal a la hora de elegirlo, y sobre todo su nivel de actividad. La falta de grandes ambientes puede compensarse con ejercicio diario para que el animal desgaste energía. Corroborá que en tu edificio esté permitido tener animales de compañía. Si elegís un cachorro, averiguá antes qué tamaño tendrá cuando crezca.

D. ....

Es necesario que tengas tiempo para compartir con ellos. Los perros necesitan interactuar con sus dueños, no pueden ser ignorados sólo porque estés ocupado o cansado. Pensá antes de adoptar si tendrás momentos de juego con tu perro, si pasarás tiempo a su lado y si saldrás a caminar con él (incluso en días de lluvia o frío), aún cuando vuelvas cansado del trabajo; él te estará esperando ansioso y querrá salir después de estar varias horas sólo.

E. ....

Los perros tienen un calendario de vacunación anual que cumplir, más pipetas y desparasitaciones periódicas. También necesitan un alimento de buena calidad para preservar su salud, pelaje y dentadura. Y hay que considerar que la atención veterinaria tiene un costo elevado.

F. ....

Evaluá si tendrás paciencia con el animal, si soportarás los pelos en las alfombras, los hoyos en el jardín y algún mueble o prenda rota por el perro. Si hay niños pequeños o personas muy mayores, no es conveniente incorporar un perro de gran porte y muy enérgico, ya que podría tirarlos accidentalmente jugando. Si estás muchas horas fuera, tendrás que buscar un perro tranquilo acostumbrado a quedarse sólo. Si no estás seguro si es preferible un cachorro o un adulto, tené en cuenta que un cachorro requiere bastante dedicación para educarlo: deberá aprender dónde hacer sus necesidades y cuáles son las cosas que no debe morder y romper. Adoptar un perro adulto es una ventaja ya que la mayoría vivió antes en un hogar.

También tené en cuenta si viajás por trabajo o vacaciones, qué posibilidades tendrás de llevarlo con vos o si alguien podrá cuidarlo en tu ausencia.

Quizás te parezcan demasiadas preguntas para hacerse, pero muchos animales en los refugios están allí porque sus dueños no pensaron realmente cuánto tiempo y dinero llevaba cuidar de ellos.

d. Contesta las preguntas.

1. ¿Cuántos años, según el texto, vive normalmente un perro?
2. ¿Qué requisito existe cuando los perros están al aire libre?
3. ¿Qué cuidados básicos necesita un perro del veterinario?
4. ¿Qué cosas suelen estropear los perros en las casas?
5. ¿Qué diferencias hay entre un cachorro y un perro adulto?
6. ¿Qué te parecen estos puntos sobre la adopción? ¿Te parecen justos, lógicos, adecuados? ¿Añadirías tú alguno más?

Criterio **Bi**

Criterio **Biii**

Lengua

El español de Argentina

Este texto está publicado en Argentina. Las formas de los imperativos (*command forms*) son especiales en el español de Argentina.

Recordá
Corroborá
Averiguá

¿Puedes encontrar más formas en el texto? ¿Cuál es la otra forma del imperativo?

Recordá → recuerda
Corroborá → corrobora
Averiguá → averigua

¿Puedes encontrar una lógica a este patrón (*pattern*)?

Mi casa es tu casa

4.8 Proyecto: Servicio como Acción

Van a crear una campaña para prevenir el abandono de los animales y crear conciencia sobre el tema.

Para la campaña necesitan:

1. confeccionar un póster
2. preparar una presentación oral de entre tres y cinco minutos

Fase 4

Si lo consideran oportuno, también se puede traducir la presentación a la lengua del colegio para poder presentarla a otros grupos.

Fuentes

Fuentes: puedes consultar el siguiente enlace para extraer ideas.

http://www.diarioinformacion.com/alicante/2016/07/16/campana-abandono-mascotas/1786121.html

Videos:

https://www.youtube.com/watch?v=vQZUIB53PBw
https://www.youtube.com/watch?v=oO6eCvxngOQ

Palabras de búsqueda:

Maltrato animal campaña
Perro abandona familia

ATL Investigación – Habilidades de alfabetización mediática

La información en Internet puede ser muy subjetiva e incluso estar llena de prejuicios. Es necesario buscar una variedad de perspectivas procedentes de diversas fuentes antes de crear las propias para contrastar opiniones y puntos de vista. También te debes familiarizar con las fuentes más fiables, las que se sabe que te dan una garantía.

Evaluación sumativa

Criterio A

Mira este video (a partir del minuto 0:55) y contesta las preguntas.

https://www.youtube.com/watch?v=sSysUv1Urco

🔍 **Palabras de búsqueda:**
Convivencia familiar

Aspecto i

1. Completa la tabla de la derecha con una frase que entiendas sobre cada uno de los puntos.

2. Di si estas frases son verdaderas o falsas según el video. Justifica tu respuesta si la información es falsa.

	V	F
Es tarea de los padres poner límites a los hijos.		
Los niños pequeños no tienen obligaciones.		
Los impulsos violentos a veces son positivos.		
La cena es un buen momento para charlar y compartir en familia.		
Justificar siempre a los hijos está bien.		
Darles estímulos a los hijos es fundamental.		

Límites	
Derechos y obligaciones	
Respeto	
Tiempo	
Sobreprotección	
Delegar funciones	
Afecto	

Aspecto ii

3. ¿Cuál es el propósito de este video?

4. ¿A quién va dirigido?

5. ¿Qué te parece el uso de la música? ¿y las imágenes?

Aspecto iii

6. ¿Qué cambiarías tú del video? ¿Por qué?

7. Si los pones por orden, ¿cuáles serían los tres puntos más importantes? Justifica.

8. ¿Crees que este video se aplica en tu comunidad? ¿Por qué?

Mi casa es tu casa

Criterio B

www.mejorconsalud.com

••••••••••••••••••

La convivencia en familia nunca es fácil y a menudo se generan situaciones difíciles que se pueden repetir con frecuencia y que, si no se solucionan, pueden terminar rompiendo el vínculo familiar. En este artículo explicamos las 8 claves fundamentales para una convivencia familiar saludable, para aprender a superar las crisis inevitables y para disfrutar también todos juntos de los éxitos de cada uno.

1. ……………………………………………………………..

La base de todo entendimiento está en la comunicación, y los problemas que no se hablan, sino que se dejan simplemente ahí, sin resolver, suelen acumularse y causar grandes conflictos más adelante. Si un miembro de la familia tiene un problema, hay que animarle a compartirlo, sobre todo si es un problema estrictamente familiar, para buscar soluciones juntos. Pero cuidado, eso tampoco quiere decir que no debamos respetar las emociones de cada uno cuando el problema es en realidad una cuestión privada que quiere resolver uno mismo.

2. ……………………………………………………………..

A veces los horarios laborales son complicados y dificultan los momentos en común, pero hay que buscar siempre la manera de encontrarlos. No sólamente en horarios de comida, sino también para hacer actividades, ver una película, escuchar música, bailar, hacer ejercicio, etc.

3. ……………………………………………………………..

Tan importante como buscar momentos de convivencia es saber respetar la intimidad de cada miembro de la familia. Una de las cuestiones que más conflictos causa es la de no dejar que cada persona tenga su espacio privado y su propia manera de hacer las cosas. Una vez se establecen unas pautas generales, cada cual debe tener la libertad de hacerlas a su manera. También hay que respetar que alguno tenga momentos o días de más necesidad de aislamiento.

4. ……………………………………………………………..

Llevar una familia implica numerosas tareas que desde bien pequeños los niños ya pueden aprender. Todo depende de la edad y disponibilidad, pero todos deberían poder colaborar en las tareas domésticas, sin necesidad de tener que recibir ningún premio o recompensa por ello. Sí que se pueden buscar maneras de que para los pequeños de la casa sea algo divertido, para que se acostumbren a no verlo como una carga.

5. ……………………………………………………………..

¡Cuánto nos cuesta pedir perdón muchas veces! En ocasiones sabemos que nos hemos equivocado, pero pedir perdón no es fácil, y sin embargo es imprescindible para una convivencia sana. Dice el refrán que equivocarse es humano, pero que rectificar es de sabios, y aunque haya que vencer el orgullo, lo cierto es que la recompensa es una gran alegría por parte de las personas implicadas. El que pide perdón, porque le causa satisfacción y le quita un peso de encima, y el que perdona, porque tiene la posibilidad de hacerlo.

6. ....

Cada éxito de un miembro de la familia, aunque sea por algo poco importante, es una alegría para todos. No deberíamos dejar pasar la oportunidad de celebrar cada pequeño logro. No es necesario preparar una fiesta, pero se puede preparar una comida especial, sorprender con un detalle, o simplemente compartir la alegría todos juntos. La felicidad de los buenos momentos también dará la fuerza para sobrellevar mejor lo malo.

7. ....

El respeto es fundamental en todas las familias, sobre todo a las personas mayores y a los padres, pero de hecho entre todos debe haber un respeto. Y el respeto se enseña con el ejemplo. No se puede pedir respeto a los hijos si entre el padre y la madre se está faltando continuamente. Aunque haya enfados o discusiones, la falta de respeto no se debe permitir nunca.

8. ....

Aunque siempre surgen problemas, una cosa es hablar para intentar resolverlos y otra muy distinta es discutir. Desde luego ya no nos referimos a discusiones a gritos, las cuales son muy dañinas para la convivencia. Las discusiones afectan a todos los miembros de la familia, incluso a los niños más pequeños, aunque a veces pensemos que ellos no comprenden lo que pasa. Si notamos que estamos nerviosos nos tomamos un rato hasta que notemos que nos relajamos, y entonces encaramos el problema. Las cosas nunca se ven tan terribles al día siguiente.

Aspecto i

1. ¿Cuál de estos tres títulos es más apropiado para el artículo?
   ¿Por qué? Justifica tu respuesta.

   a. Problemas de la convivencia

   b. Claves para una convivencia mejor

   c. La comunicación en la convivencia

2. Coloca los títulos a cada apartado.

   | A. Repartir las tareas |
   | B. Saber pedir perdón |
   | C. Respetar la intimidad |
   | D. Evitar las discusiones |
   | E. No perder nunca el respeto |
   | F. Establecer momentos de convivencia |
   | G. Ante todo hablar |
   | H. Celebrar juntos los éxitos |

Mi casa es tu casa

3. Contesta si estas frases son verdaderas o falsas de acuerdo con el texto, y justifica tu respuesta.

	V	F
La unión familiar puede romperse si no se solucionan las situaciones difíciles.		
Hay que encontrar un equilibrio entre respetar las emociones de los individuos y animar a compartir problemas.		
Para que los niños ayuden hay que emplear recompensas y castigos.		
El respeto se enseña con el ejemplo.		
Aunque discutamos a gritos lo importante es decir lo que se piensa y siente.		

4. Describe qué ves en la foto. ¿Es coherente con lo que dice en el texto? ¿Por qué?

Aspecto ii

5. ¿Qué tipo de texto es? ¿Dónde lo puedes encontrar?

6. ¿A quién va dirigido este texto?

7. ¿Cuál es la intención principal de este texto?

Aspecto iii

8. ¿Crees que las sugerencias sobre la convivencia son buenas? ¿Por qué? Contesta tomando las ideas y la información del texto.

9. ¿Alguna vez has tenido algún problema de convivencia de los que se explican en el texto? ¿Cuál? ¿Por qué? Si no has tenido problemas, ¿por qué crees que no los has tenido?

10. ¿Qué haces tú para conseguir una mejor convivencia? Contesta comparando con las ideas del texto.

Criterios **C y D** (oral interactivo)

Lee la cita y mantén una conversación con tu profesor/a sobre el tema. Puedes prepararte durante 10 minutos y tomar notas. No puedes usar el diccionario ni ningún material de ayuda.

> **Los adolescentes tienen derechos, pero también tienen sus deberes y obligaciones.**

Criterios **C y D** (escrito)

Estás de visita en una casa de un país hispano. Escribe un correo electrónico/una carta a tus abuelos donde hablas de cómo es la convivencia en la casa comparándola con tu casa en tu país de origen. ¿Qué hacen diferente? ¿Qué estás aprendiendo? ¿Qué te gusta y no te gusta? Escribe de 200 a 250 palabras.

Mi casa es tu casa

💭 Reflexión

Busca en la unidad las actividades donde has practicado los objetivos de la misma. Reflexiona sobre lo que has aprendido y completa la tabla:

	😊	😐	😟
hablar de los miembros de una familia y de los tipos de familia que existen			
dar sugerencias y expresar obligación			
usar el presente de subjuntivo de los verbos regulares			
expresar opinión, acuerdo y desacuerdo			
hablar de los cambios en diferentes etapas de la vida			
usar el pretérito perfecto			
aprender sobre el cerebro del adolescente			
identificar los electrodomésticos, las partes de una casa y los muebles			
hablar sobre las tareas de la casa			
reflexionar sobre la responsabilidad ante las mascotas			

Reflexiona sobre el Enunciado de indagación de la unidad

Comunicamos cómo se puede conseguir una mejor convivencia a través de convenciones textuales y formas lingüísticas determinadas.

We communicate how to achieve a better coexistence through textual conventions and specific linguistic forms.

¿Puedes conectar este **Enunciado de indagación** con las tareas de esta unidad? Busca actividades donde

- comunicas sobre una mejor convivencia.
- aprendes algunas convenciones sobre los tipos de textos.
- practicas nuevas estructuras lingüísticas.

Enfoques de aprendizaje

Busca en la unidad dónde has practicado las siguientes estrategias de aprendizaje.

¿Cómo crees que estos **Enfoques de aprendizaje** te ayudan a conseguir los atributos del perfil del estudiante del IB de esta unidad? ¿Y los otros atributos?

- Buenos comunicadores
- Solidarios

¿Has usado estos **Enfoques de aprendizaje** para completar con éxito las tareas de la unidad? ¿Y las tareas sumativas?

- *Social – Collaboration skills*
  - *Manage and resolve conflict, and work collaboratively in teams*
  - *Listen actively to other perspectives and ideas*
  - *Negotiate effectively*
  - *Advocate for one's own rights and needs*
- *Communication – Communication skills*

  Exchanging thoughts, messages and information effectively through interaction
  - *Use intercultural understanding to interpret communication*
  - *Use a variety of speaking techniques to communicate with different audiences*
- *Self-management – Organizational skills*

  Managing time and tasks effectively
  - *Plan strategies and take action to achieve personal and academic goals*
  - *Understand and use sensory learning preferences (learning styles)*

Reflexión

In this unit you have reflected on the different types of families and the rules and strategies for conflict resolution you can apply when living with others. You have also studied the changes produced in the body and brain from childhood to adolescence. Being older means having more rights, but also more duties, such as household chores or the care of pets that all the members of the family should share.

Hopefully in this unit you have got to know yourself and your family better. This should make you a better communicator and a more caring person!

5 Hábitos saludables

Contexto global
Identidades y relaciones

Conceptos relacionados
Propósito, punto de vista

Concepto clave
Comunicación

Perfil de la comunidad de aprendizaje
Equilibrados, solidarios, reflexivos

Pregunta fáctica

¿Qué puedo hacer para llevar una vida sana?

¿Qué hábitos no saludables debemos evitar?

Pregunta conceptual

¿Cómo justificamos nuestra perspectiva sobre hábitos saludables?

¿Cuál es el propósito de comunicarnos sobre la salud?

Pregunta debatible

¿Dónde está el límite entre la moderación y la adicción?

¿Son las nuevas tecnologías perjudiciales para la salud?

Enunciado de indagación

Comprendemos, creamos textos y damos nuestro punto de vista sobre la vida sana con el propósito de mantener una vida más feliz y equilibrada.

Al final de esta unidad, vas a poder...
✓ comunicar información sobre hábitos saludables
✓ dar consejos y recomendaciones
✓ ofrecer datos y cantidades numéricas
✓ usar el condicional simple
✓ reflexionar sobre las ventajas de la actividad física
✓ comprender y usar las convenciones textuales de artículos y discursos orales
✓ usar verbos de deseo *(wishing)* y esperanza *(hoping)* seguidos del subjuntivo
✓ dar tu opinión sobre el uso de las nuevas tecnologías y su adicción

5.1 Llevamos una vida sana

a. ¿Qué relacionas con la vida sana? Elabora un asociograma con tus compañeros/as.

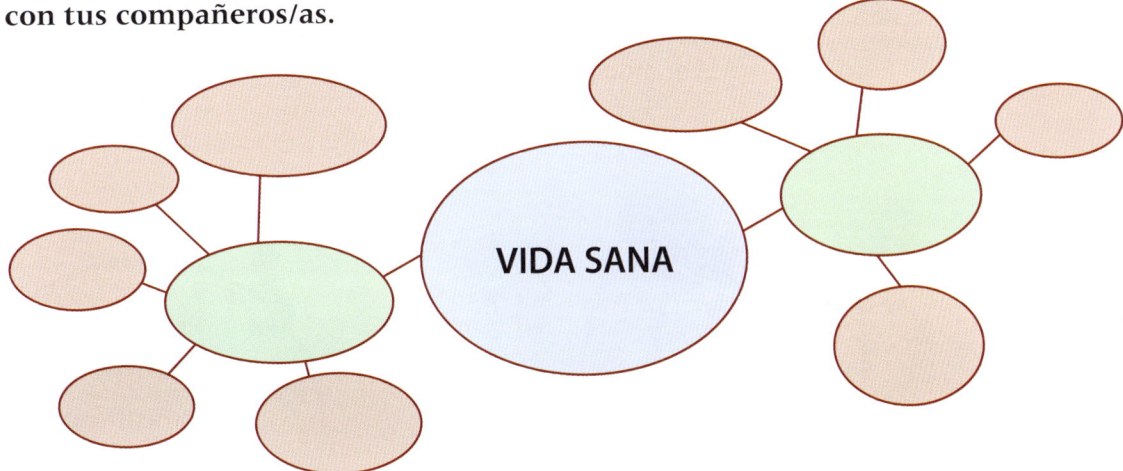

VIDA SANA

🗨 Hablamos

b. ¿Cuáles de estas actividades te parecen buenas o malas para llevar una vida sana? ¿Por qué? Habla con un compañero/a sobre las ventajas o desventajas para la salud de las actividades que muestran las fotos.

Hacer deporte con frecuencia

Comer comida rápida vegana

119

Hábitos saludables

Tomar bebidas energéticas

Jugar a videojuegos

Montar en bicicleta

Leer mucho

Comer barritas nutritivas

Pregunta conceptual

¿Cómo justificamos nuestra perspectiva sobre hábitos saludables?

c. De una escala del 1 (menos) al 5 (más), ¿qué puntuación te das sobre los siguientes aspectos? Completa y compara después con tu compañero/a. ¿Piensan que llevan una vida sana?

	1	2	3	4	5
Cuando voy al supermercado, compro alimentos naturales.					
Tomo comida cocinada en casa.					
Bebo mucha agua.					
Como mucha fruta y verdura.					
Hago mucho deporte.					
Llevo una vida sedentaria.					
Duermo alrededor de ocho horas diarias.					
Como productos con azúcar.					
Consumo mucha sal.					

📖 Leemos

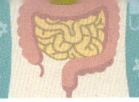

d. Lee el texto sobre la vida sana y compara tus respuestas del punto "c" con la información del texto.

---

www.vidasana.com

¿Qué debes hacer para llevar una vida sana?

Existen tres elementos básicos que son necesarios para llevar una vida sana: mantener una alimentación sana, hacer ejercicio físico y descansar. Somos conscientes de que a veces no llevamos una vida muy sana, pero lo único que hay que hacer es proponérselo. No es tan difícil; si cambiamos algunos hábitos, podremos llevar una vida más saludable.

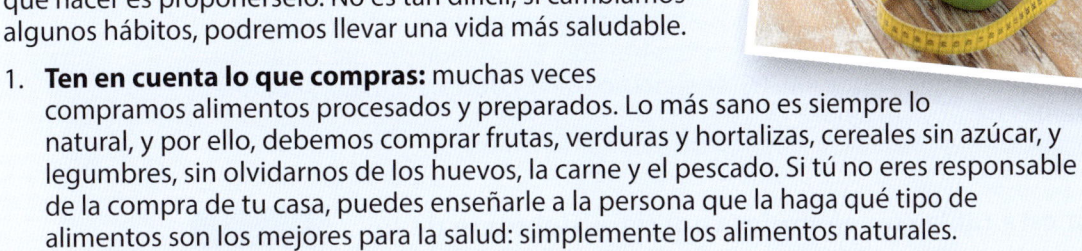

1. **Ten en cuenta lo que compras:** muchas veces compramos alimentos procesados y preparados. Lo más sano es siempre lo natural, y por ello, debemos comprar frutas, verduras y hortalizas, cereales sin azúcar, y legumbres, sin olvidarnos de los huevos, la carne y el pescado. Si tú no eres responsable de la compra de tu casa, puedes enseñarle a la persona que la haga qué tipo de alimentos son los mejores para la salud: simplemente los alimentos naturales.

2. **Cocina tú mismo:** no es tan difícil; es siempre mejor cocinar lo que compramos, que tomar comida congelada o preparada. Cuando cocinas, eres consciente de los ingredientes que usas, y no es tan difícil cocinar al vapor, cocer, hacer algo a la plancha o usar el horno. Si no tienes imaginación para cocinar, puedes usar alguna receta. Las posibilidades sanas son miles.

3. **Agua, agua y más agua:** es lo mejor para la salud. Debemos estar hidratados y el agua es el elemento básico del cuerpo humano. Evita beber refrescos y por supuesto alcohol. Estos contienen mucho azúcar que no aporta nada bueno a nuestra salud. Existen bebidas isotónicas y energéticas que, aunque te aportan energía e hidratación, no son naturales. Así que volvemos al mensaje del principio: lo natural es lo mejor.

4. **Abusa de las frutas, las verduras y las hortalizas:** todos los días debemos comer fruta y verdura. Es recomendable comer tres piezas de fruta diarias. Las frutas, verduras y hortalizas nos aportan los minerales, las vitaminas y la fibra necesarios para nuestro organismo.

5. **Haz deporte:** el ejercicio físico es uno de los elementos básicos para nuestra salud. Elige un deporte que te guste y te motive: cualquier deporte es bueno. Lo importante es mover nuestro cuerpo al menos treinta minutos al día. Si no puedes, también quince minutos es suficiente, y no tienes por qué salir de casa: existen muchos ejercicios que puedes hacer desde casa. ¿Has mirado todos los ejercicios que se ofrecen online?

6. **Mueve tu cuerpo:** más de lo mismo, usa cualquier posibilidad para no llevar una vida sedentaria. Sube y baja las escaleras, ve en bici o a pie al colegio o al trabajo, no estés en el sofá más de treinta minutos, da paseos después de un largo período de estudio, sal a la calle … en definitiva, ¡muévete!

Hábitos saludables

7. **Duerme bien:** es muy importante tener buenos hábitos de descanso. Tu cuerpo necesita descansar, sobre todo en la adolescencia. Lo normal es dormir de 8 a 9 horas cuando eres un adolescente, y de 7 a 8 cuando eres adulto. Es importante tener un buen colchón en tu cama y tener un ambiente agradable para dormir. Evita quedarte dormido mirando tu celular o mirando la tele, son estímulos que hacen que empeoren tu sueño.

8. **Evita tomar mucha sal o azúcar y toma fibra:** eres lo que comes y la OMS ha limitado el uso recomendado de sal y azúcar de nuestras dietas. Mucho azúcar puede causar obesidad y diabetes a largo plazo. La sal influye en la tensión alta de nuestro cuerpo. La fibra es la gran olvidada de nuestra dieta y es fundamental para un correcto funcionamiento de nuestro organismo. Las frutas y las verduras tienen mucha fibra, de ahí la importancia que tiene su consumo.

Somos conscientes de que no es siempre fácil mantener estos hábitos a la perfección, pero debemos mantenerlos en nuestra mente si lo que queremos es llevar una vida más sana. Es fácil caer en la tentación. En general debemos cambiar nuestros hábitos de alimentación, hacer ejercicio físico y descansar bien. ¿Por qué no lo intentas hacer ya mismo?

e. Completa esta tabla con ejemplos concretos del texto de lo que hay que hacer para llevar una vida sana.

Criterio Bi

Alimentación	Ejercicio físico	Descanso

f. Contesta las siguientes preguntas.

1. ¿Cuál de la siguiente información *no* se menciona en el texto? Elige dos frases.

    ☐ Debemos evitar comprar y comer alimentos procesados.
    ☐ Hay deportes no recomendados para la salud porque son arriesgados.
    ☐ Si te quedas dormido mirando una pantalla, no vas a dormir muy bien.
    ☐ Quedarse encerrado en casa causa depresión.
    ☐ No es sano tomar muchos productos azucarados.

2. Relaciona las frases según la información del texto.

1. Los alimentos procesados…	a. … es fundamental para nuestro organismo.
2. Para estar sano…	b. … empeora nuestro sueño.
3. Estar bien hidratado…	c. … causa obesidad y diabetes.
4. Debemos consumir mucha fruta y verdura…	d. … no son muy buenos para nuestra salud.
5. No dormir en un buen colchón…	e. … es la clave para nuestra salud.
6. Comer mucho azúcar…	f. … debemos llevar una vida activa.
7. Mantener buenos hábitos…	g. … porque nos aportan minerales, vitaminas y fibra.

3. ¿Qué tipo de texto es? ¿Dónde lo puedes encontrar?   `Criterio Bii`

4. ¿Por qué está el texto dividido en párrafos?

5. ¿Cuál es la función de las fotos que acompañan al texto?

6. Según las recomendaciones del texto, ¿tú crees que llevas una vida sana? ¿Por qué? Justifica usando la información del texto.   `Criterio Biii`

g. Mira ahora este video sobre la historia de **Sedentario** y **Vida Sana** y contesta las preguntas.   `Criterio Ai`

https://www.youtube.com/watch?v=2qFDfppksG8

🔍 **Palabras de búsqueda:**
Sencillos consejos para una vida sana

1. ¿Qué mensaje se quiere transmitir en este video? Explica la relación que tiene el nombre de los personajes con el mensaje.

2. ¿Qué consejos o recomendaciones para llevar una vida sana se dan en el video? Compara estos consejos con los consejos del texto escrito y visual del punto "d". Escribe cinco frases y compara después con tu compañero/a.

Hábitos saludables

Lengua

Dar consejos y recomendaciones

1. **Tener que / deber**

Tienes que + infinitivo
Debes + infinitivo

Tienes que hacer más deporte.
Debes cuidar tu alimentación.

2. **Estructuras con subjuntivo**

Te aconsejo que + subjuntivo
Te recomiendo que + subjuntivo

Te recomiendo que practiques algún deporte.
Te aconsejo que duermas más.

3. **Oraciones impersonales con subjuntivo**

Es importante que
Es necesario que   + subjuntivo
Es conveniente que
Es recomendable que

Es importante que no comas tanto azúcar.
Es conveniente que te muevas más.

Propósito

Pregunta fáctica

¿Qué puedo hacer para llevar una vida sana?

h. **Reacciona a las frases y da consejos a estas personas.**

1. Me gusta comer muchos dulces.
2. Llevo una vida bastante sedentaria.
3. En clase estoy siempre muy cansado.
4. Me gustaría perder un poco de peso.
5. Cuando tengo sed, suelo beber refrescos.

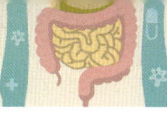

⭕ Hablamos

i. Teniendo en cuenta la información de los textos de arriba y sus respuestas en el punto "c", escribe recomendaciones para tu compañero/a. Después, hablen e intercambien sus recomendaciones.

5.2 Eres lo que comes

a. ¿Son sanos estos alimentos? En grupos, clasifiquen los siguientes alimentos en saludables, más o menos saludables y no saludables.

- una hamburguesa casera *(home made)*
- una pizza casera
- pollo frito *(fried)*
- pescado frito
- patatas fritas
- ensaladas
- sushi
- un aliño *(dressing)* de nata y queso para la ensalada
- caramelos de goma veganos
- una tortilla de patatas congelada *(frozen)*
- refrescos biológicos
- batidos de proteínas
- barritas energéticas de frutos secos
- chocolate negro
- cereales integrales para desayunar
- helados de fruta
- palomitas de maíz

Alimentos saludables	Más o menos saludables	Alimentos no saludables

b. ¿Qué comidas del punto "a" se consideran "comida rápida", "chatarra" o "basura"? ¿Piensas que toda esta comida no es saludable? ¿Por qué? Con un compañero/a busca argumentos para decidir si la comida es saludable o no y después compara con el resto de la clase.

✚ Punto de vista

c. ¿Sabes el significado de estas palabras relacionadas con la alimentación? Escribe frases usando las siguientes palabras.

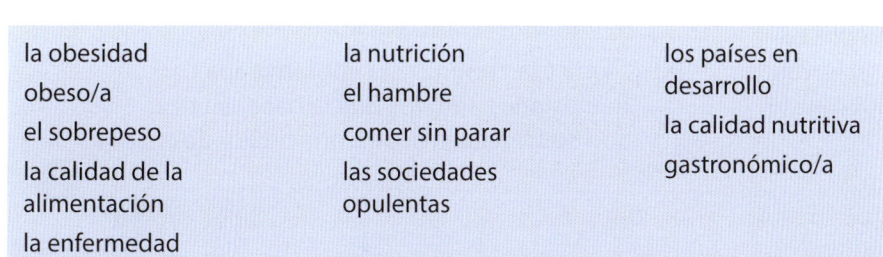

la obesidad	la nutrición	los países en desarrollo
obeso/a	el hambre	la calidad nutritiva
el sobrepeso	comer sin parar	gastronómico/a
la calidad de la alimentación	las sociedades opulentas	
la enfermedad		

Ejemplo:

Por lo general, las personas obesas comen sin parar.

125

Hábitos saludables

📖 Leemos

d. Lee ahora el texto y contesta las preguntas.

http://www.lanueva.com/salud/881243/la-comida-chatarra-causa-estragos-en-los-

DESTACAN EL VALOR DE LA COMIDA SANA
La comida chatarra causa estragos en los jóvenes

08/10/2016 | 08:19 | Según la Organización Mundial de la Salud, hay una "epidemia de obesidad". Existen mil millones de adultos y 42 millones de menores de cinco años con sobrepeso.

(1) En medio de las alarmas por lo que la Organización Mundial de la Salud (OMS) definió como "epidemia de obesidad", los especialistas vuelven a colocar el foco en la baja calidad de la alimentación y en particular en la llamada comida chatarra o comida rápida y en los estragos que produce en la salud, especialmente en la de los más jóvenes.

(2) Según el organismo internacional, hay actualmente 1.000 millones de adultos y 42 millones de menores de cinco años con sobrepeso y cada año mueren al menos 2,6 millones de personas a causa de esa enfermedad.

(3) Ante este oscuro panorama, los especialistas en nutrición destacan los valores de la comida sana y la actividad física como vías para revertir los efectos de la obesidad. En su combate a la obesidad, señalan a la "comida chatarra" como el enemigo número uno, según publicó Diario Popular.

(4) "La comida chatarra es el resultado del impulso de la ingeniería de alimentos para hacer irresistible el comer y al mismo tiempo producir hambre. Esto genera gente gorda que come sin parar, impulsada por un hambre emocional que estimula en el cerebro el placer más primario", señaló Máximo Ravenna, médico psicoterapeuta y especialista en nutrición.

(5) Lo que se concibió en un principio como una enfermedad de las sociedades opulentas se vio más tarde que afectaba también a los países en desarrollo.

(6) El acceso rápido y barato a comidas de baja calidad nutritiva se da en todo el mundo y sólo los países con fuertes tradiciones gastronómicas (Italia, Francia, España) han intentado resistir la invasión de la cultura de la hamburguesa.

(7) Hoy, la comida chatarra domina en prácticamente todos los países del mundo a través de sus presentaciones más habituales como las hamburguesas, los panchos o la comida al paso, pero también en mucha de la comida procesada o semiprocesada que compramos en los supermercados.

(8) "Toda esa comida está contaminada con demasiados aditivos que la hace tan rica. Son sustancias casi desconocidas y que

están muy presentes en los productos llamados light que reemplazan a la comida natural y empeoran la calidad de los alimentos", explicó Ravenna.

(9) El especialista señaló que entre los principales saborizantes está el jarabe de maíz de alta fructosa, presente en el 60 por ciento de los alimentos envasados.

(10) "Es un carbohidrato químicamente obtenido, que tiene la particularidad que alienta la adicción a la comida azucarada, las harinas, las grasas y la sal", advirtió.

(11) Los alimentos y bebidas supuestamente light esconden conservantes y saborizantes. La Organización Panamericana de la Salud elaboró un informe lapidario en relación a los trastornos alimentarios que producen estos aditivos y conservantes en los alimentos tanto "light" como procesados y semiprocesados.

(12) Para el organismo, es una de las causas de la epidemia de obesidad que vive el mundo porque al tiempo que produce el cambio de la saborización, alienta el consumo de edulcorantes, azúcares y fructosa. Por su parte, la Sociedad Americana de Pediatría mostró cómo ciertas comidas actúan en la zona de recompensa de nuestro cerebro generando movimientos similares a los que provoca el consumo de cocaína.

(13) Según Ravenna no hay conciencia para moderar el consumo de azúcares, harinas, grasas y sal.

1. Según el texto, ¿cuál es la causa de la "epidemia de obesidad"? Criterio Bi

2. Completa la información con las cifras correctas que ofrece el texto.

   a. _____ de adultos padecen de sobrepeso.
      (diez millones / cien millones / mil millones / cien mil millones)

   b. También existen _____ de menores de cinco años con sobrepeso.
      (menos de cuarenta millones / cuarenta y dos millones / más de cuarenta millones)

   c. Al menos _____ de personas mueren cada año a causa de la obesidad.
      (dos millones y medio / dos millones seiscientas mil / veintiséis millones)

3. ¿Cuáles son las soluciones que se mencionan en el texto para reducir la obesidad?

4. Corrige las frases con la información correcta según el texto.

   a. Solamente las sociedades ricas tienen acceso rápido y barato a la comida rápida.

   b. En Italia, Francia y España se introdujo la hamburguesa fácilmente.

   c. Los aditivos, que reemplazan la comida natural y empeoran la calidad de los alimentos, sólo se encuentran en los restaurantes de comida rápida.

   d. Es posible controlar el consumo de azúcares, harinas, grasas y sal.

Hábitos saludables

5. ¿Crees que la foto muestra un ejemplo de comida saludable? ¿Por qué? Justifica con la información del texto.

6. ¿Cuál es la intención de este texto?

7. ¿Crees que la comida chatarra es un problema también para tu país o comunidad? ¿Por qué? Justifica usando la información escrita y visual del texto.

Criterio Bii

Criterio Biii

e. Si no se tiene una actitud apropiada hacia la comida, se puede caer en las siguientes enfermedades. Escribe su significado en español usando tus propias palabras.

la anorexia   la bulimia   la ortorexia

f. En grupos, tienen un minuto para buscar alimentos que tengan los siguientes componentes. ¿Qué grupo tiene más alimentos?

- grasa animal
- harinas blancas
- azúcares y edulcorantes
- hidratos de carbono
- sal
- aditivos
- conservantes

🔊 Escuchamos

g. Mira el video y contesta las preguntas.

https://www.youtube.com/watch?v=2jN5O7vK_Lw

🔍 **Palabras de búsqueda:**

Vivir Mejor: la obsesión por la comida sana - América TeVé

Fase 4

1. ¿Dónde puedes ver este video? ¿Por qué lo sabes?
2. ¿De qué trata este video?
3. ¿Qué relación tiene ser consumidor de productos orgánicos y ser vegetariano con el mensaje de este video?
4. Marca los alimentos que se mencionan en el video que controlan a las personas con esta enfermedad.

Criterio Aii

Criterio Ai

- ☐ grasa animal
- ☐ harinas blancas
- ☐ azúcares y edulcorantes
- ☐ hidratos de carbono
- ☐ sal
- ☐ aditivos
- ☐ conservantes

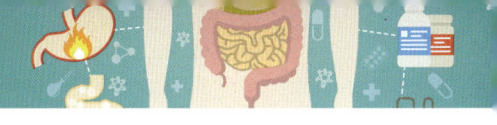

5. ¿Cuáles son los riesgos para la salud de padecer ortorexia?

6. Según los expertos, ¿cómo podemos llevar una alimentación sana?

7. ¿Conoces a alguien que tenga obsesión por la alimentación sana? ¿Padece los mismos síntomas que se mencionan en el video?

Criterio Aiii

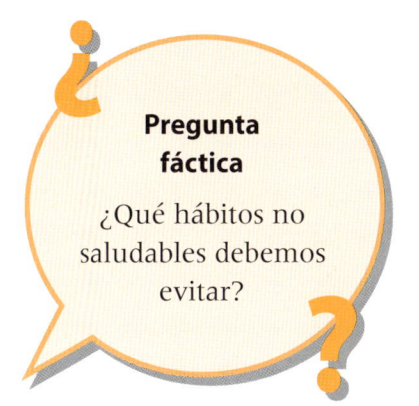

Pregunta fáctica

¿Qué hábitos no saludables debemos evitar?

ATL Autogestión – Habilidades afectivas

Hay estudiantes que cuando tienen estrés comen mucho, sobre todo dulces y comidas poco saludables, y beben además bebidas azucaradas o energéticas. Esto no sólo es malo para la salud, sino que también provoca más estrés. Debemos practicar estrategias para controlar los impulsos a comer comida poco saludable y estrategias para reducir el estrés y la ansiedad. En esta unidad, te daremos algunos consejos para ello.

🔗 Conexión interdisciplinaria: Ciencias

Junto con la asignatura de Ciencias, se puede hacer un proyecto interdisciplinario donde estudiamos el funcionamiento de nuestro cuerpo humano, concretamente el sistema digestivo y las enfermedades que se pueden tener a causa de una mala alimentación. Las ideas que aprendes en la clase de Ciencias las puedes usar para tu clase de Adquisición de Lenguas. Seguro que el contenido de tus textos escritos y orales se ve influido por lo que aprendes en la clase de Ciencias.

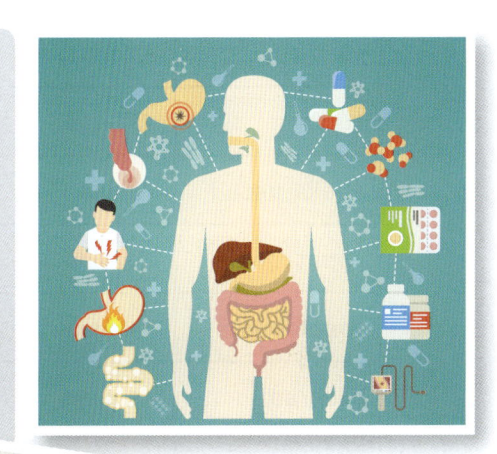

h. **Mira la siguiente imagen y en grupos contesten las preguntas.**

1. ¿Qué ves? Describe la imagen.
2. ¿Qué piensas de la imagen?
3. ¿Qué te preguntas?

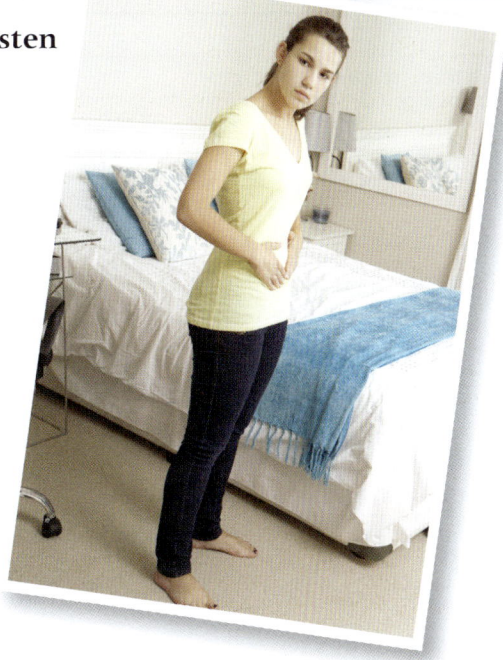

129

Hábitos saludables

Lengua

El condicional

Usamos el condicional normalmente para hablar de situaciones hipotéticas, probabilidades y en peticiones de cortesía.

En inglés suele ser *would + infinitive*.
Me **gustaría** ir al cine este fin de semana.
→ I would like to go to the cinema this weekend.
Comería un helado ahora mismo, pero no sé dónde comprarlo.
→ I would eat an ice cream right now, but I don't know where to buy it.

Las terminaciones del condicional son las mismas para las tres conjugaciones. Estas terminaciones se añaden al infinitivo del verbo (en –ar, –er, –ir).

	Viajar	Conocer	Escribir
yo	viajar**ía**	conocer**ía**	escribir**ía**
tú	viajar**ías**	conocer**ías**	escribir**ías**
él/ella, usted	viajar**ía**	conocer**ía**	escribir**ía**
nosotros/as	viajar**íamos**	conocer**íamos**	escribir**íamos**
vosotros/as	viajar**íais**	conocer**íais**	escribir**íais**
ellos/as, ustedes	viajar**ían**	conocer**ían**	escribir**ían**

Algunas formas irregulares son:
Tener: tendría   Poner: pondría   Salir: saldría   Venir: vendría

¡Fíjate! ¿A qué otro tiempo verbal que has aprendido se parecen las formas del condicional? Claro, al futuro imperfecto. Los verbos que son irregulares en el futuro imperfecto, también son irregulares en el condicional. ¿Puedes escribir las formas del condicional de estos verbos?
poder   haber   querer   saber   decir   hacer

Cuando damos un consejo se puede usar el condicional. Por ejemplo:
Deberías comer menos dulces y más comida saludable.
Yo **hablaría** con tus padres o con un especialista.

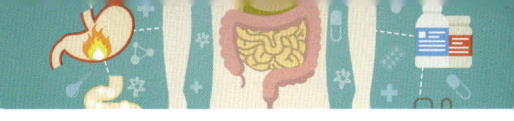

i. **Completa las frases con uno de los verbos en el condicional.**

hacer	querer	deber	poner	tomar	gustar	ayudar

1. Me _____ comer ahora mismo un helado de chocolate.
2. Creo que tú _____ ir a hablar con el consejero.
3. _____ un refresco de naranja, pero prefiero un jugo que no tiene tanto azúcar.
4. _____ un paquete de patatas fritas, por favor.
5. ¿_____ a tu mejor amigo si tuviera (*if he had*) problemas?
6. ¿Qué _____ tú en mi lugar?
7. ¿Te _____ una chaqueta hoy? Es que no sé si ponérmela o no.

Escribimos

j. Imagínate que la chica de la foto del punto "h" es una amiga tuya. Sabes que tiene problemas con su alimentación y quieres ayudar. Escríbele una carta o correo electrónico donde le das consejos para su problema de alimentación. Escribe entre 200 y 250 palabras.

Criterios C y D

Pregunta conceptual

¿Cuál es el propósito de comunicarnos sobre la salud?

5.3 Mi vida es el deporte

a. ¿Qué deportes practican tus compañeros y tú? Escribe una lista.

b. ¿Recuerdas los órganos y partes del cuerpo? ¿Cómo se dicen estas palabras en inglés? Busca su significado.

el corazón	las articulaciones	el sistema nervioso
la circulación sanguínea	(brazos y piernas)	(los nervios)
(la sangre)	la espalda	los riñones
los músculos	la piel	los pulmones
el estómago	la mente	la respiración
	el cerebro	el hígado

c. Señala con mímica las palabras de "b". Tus compañeros/as tienen que decir qué es.

d. Escribe para qué son buenos los deportes que practican en la clase.

Ejemplo:

Jugar al tenis es bueno para los brazos y las piernas: ayuda a aumentar el tamaño de los músculos.

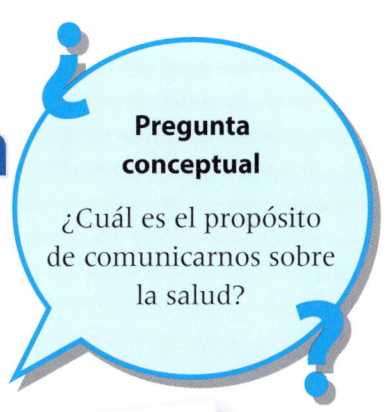

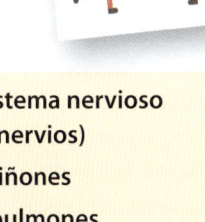

Hábitos saludables

📖 Leemos

e. **Lee el texto y contesta las preguntas.**

`http://laprensa.peru.com/deportes/noticia-salud-discapacidad-terapia-fisica-deporte-upn-teleton-64357`

Practicar deporte ayuda mucho a las personas con alguna discapacidad

(1) Practicar un deporte como terapia física mejora la salud de las personas con discapacidad, logra una mayor autonomía y ayuda a reducir el riesgo de enfermedades crónicas.

(2) La disciplina a practicar depende de cada paciente. Aquellas personas con alguna discapacidad (motora, intelectual o sensorial) se pueden beneficiar con la práctica de deportes.

(3) "El deporte ayuda a mantener y mejorar las habilidades motoras, previene malas posturas, fortalece la autoestima y, en términos generales, mejora la calidad de vida. Es fundamental practicar un deporte como terapia física para personas con discapacidad", afirma la especialista Rosmy Gagliuffi, coordinadora de la carrera de Terapia Física de la Universidad Privada del Norte (UPN).

¿Qué deportes practicar?

(4) "La natación, por ejemplo, permite al paciente movilizarse de manera rápida y cómoda en el agua, y desarrollar mejor capacidad ventilatoria y física", dijo Gagliuffi, quien recomendó otros deportes como el básquetbol en silla de ruedas, atletismo, vóleibol sentado, fútbol, y ciclismo.

(5) Asimismo, recalcó que es importante realizar toda terapia deportiva bajo la supervisión y evaluación de un profesional en fisioterapia, pues es la persona más indicada para brindar todas las indicaciones previas y determinará qué deporte es más efectivo en cada caso.

'Ponte en mi lugar'

(6) La UPN y la Fundación Teletón San Juan de Dios realizaron la campaña **Ponte en mi lugar**, con el objetivo de sensibilizar a los universitarios sobre niños y jóvenes en situación de discapacidad.

(7) El evento, que se desarrolló en los campus de Breña y Los Olivos, tuvo diversas dinámicas, como recorrer un circuito adaptado para que los participantes experimenten las barreras que afrontan las personas con discapacidad física.

1. Elige el título más adecuado para el texto.

   a. Las olimpiadas paralímpicas, todas las personas tienen derecho a hacer un deporte.

   b. Terapia alternativa: ¿cómo el deporte ayuda a personas con discapacidad?

   c. Qué deporte hacer según tu personalidad.

2. ¿Qué tipos de discapacidades se nombran en el texto? ¿Qué deportes se pueden practicar según estas discapacidades?

3. Según el texto, ¿por qué es importante que un profesional en fisioterapia supervise y evalúe las terapias deportivas?

4. ¿Por qué se realizó la campaña "Ponte en mi lugar"?

5. ¿Dónde puedes encontrar este texto?

6. ¿Qué tipo de texto es? ¿Cuáles son sus características?

7. ¿Qué función tiene la imagen que acompaña al texto escrito?

8. ¿Qué deportes de los que se nombran en el texto practican tus compañeros/as y tú? Compara con los deportes del punto "a".

9. ¿Te gustaría participar en la campaña "Ponte en mi lugar"? ¿Por qué?

Criterio Bi

Criterio Bii

Criterio Biii

🔊 Escuchamos

f. Mira ahora este video.

https://www.youtube.com/watch?v=Qn16vjIz3EY

🔍 **Palabras de búsqueda:**

Un niño sin una pierna conmueve a las redes sociales | Un Nuevo Día | Telemundo

1. ¿Qué valores crees que representa lo que hizo Santiago?

2. Además del fútbol, ¿qué otros deportes hace Santiago?

3. ¿Qué función tiene el discurso de la mujer que sale al final del video?

4. ¿Qué te sorprende a ti de este caso? ¿Conoces otros casos de deportistas con discapacidades? ¿Qué deportes hacen?

Fase 4

Criterio Ai

Criterio Aii

Criterio Aiii

Hábitos saludables

> **ATL** **Autogestión – Habilidades afectivas**
>
> Los objetivos deben ser realistas y claros si queremos conseguirlos. A veces nos encontramos con problemas o nos cansamos de las cosas, pero es importante continuar hasta conseguir lo que nos hemos propuesto. Esto es lo que llamamos persistencia y perseverancia, una destreza que debes aplicar en tu aprendizaje en el colegio y, por supuesto, en las actividades que te gusta hacer en tu tiempo libre y en tu futuro.
>
> Este cortometraje de dibujos animados tiene este mensaje:
>
> https://www.youtube.com/watch?v=XEXyMWJf7Do
>
> 🔍 **Palabras de búsqueda:**
>
> Tamara

g. Las siguientes personas tienen algunos problemas. ¿Qué crees que deben hacer? Lee los textos, elige a una de las personas y después realiza con un compañero/a un juego de roles donde le das consejos a la persona.

✴ Propósito

> A mí me encanta bailar. Pero tengo un problema: soy muy tímida. Mi familia me conoce y me dice que debería hacer cursos de danza. Incluso me han dicho que debería apuntarme a un cásting para un programa de la tele que busca a personas con talento, y que debería probar porque seguro que me llamarían y triunfaría. Pero es que soy muy vergonzosa. No puedo hablar en público y mucho menos ¡bailar en público!

> A mí me gustaría hacer algún deporte, pero no soy muy bueno en ninguno. He intentado jugar al fútbol con mis amigos, pero me canso muy rápido y al final dejo de jugar. Me pasa en todos los deportes en equipo. Así que no hago mucho deporte y no estoy en forma. Prefiero hacer deporte solo, como correr o nadar, pero siempre lo dejo. Como resultado estoy un poco gordito.

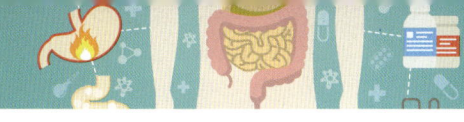

5.4 ¿Adictos a Internet?

a. Completa la siguiente encuesta y después compara con tu compañero/a.

1. ¿Cuánto tiempo pasas diariamente delante de una pantalla?
   - a) Menos de una hora al día
   - b) De una a tres horas al día
   - c) Más de tres horas al día
   - d) Nunca uso una pantalla

2. ¿Cuánto tiempo pasas delante de una pantalla para hacer las tareas del colegio?
   - a) Menos de una hora al día
   - b) De una a tres horas al día
   - c) Más de tres horas al día
   - d) Nunca uso una pantalla

3. ¿Cuánto tiempo pasas delante de una pantalla para hacer cosas no relacionadas con el colegio?
   - a) Menos de una hora al día
   - b) De una a tres horas al día
   - c) Más de tres horas al día
   - d) Nunca uso una pantalla

4. ¿Con qué frecuencia usas las redes sociales?
   - a) Menos de una hora al día
   - b) De una a tres horas al día
   - c) Más de tres horas al día
   - d) Nunca uso las redes sociales

5. ¿Con qué frecuencia juegas a juegos online?
   - a) Menos de una hora al día
   - b) De una a tres horas al día
   - c) Más de tres horas al día
   - d) Nunca juego a juegos online

b. ¿Cuáles son los resultados de la clase? ¿Piensan que existe algún problema de adicción a Internet? ¿Por qué?

Hábitos saludables

📖 Leemos

c. Ahora lee el siguiente artículo y contesta las preguntas.

http://www.webconsultas.com/mente-y-emociones/adicciones/por-que-somos-adictos-a-internet

ANÁLISIS | 3/24/2018 7:00:00 AM

Adicción a Internet y las tecnologías

(1) Te contamos cómo podemos identificar si nuestros hijos, amigos o nosotros mismos estamos enganchados a la red, el teléfono móvil o las nuevas tecnologías y cómo podemos prevenir la adicción a Internet.

Escrito por Maite Nicuesa Guelbenzu, Doctora en Filosofía y experta en coaching

¿Por qué somos adictos a Internet?

(2) Las nuevas tecnologías son excelentes porque mejoran la vida de las personas. El problema surge a partir del uso nocivo que puede hacerse de Internet, un empleo negativo ante el que los más jóvenes son los más vulnerables, ya que se encuentran en pleno proceso de formación de la personalidad adulta y porque, para los adolescentes de hoy en día, el terreno virtual tiene tanta realidad como las relaciones presenciales.

(3) La Organización Mundial de la Salud (OMS) señala que una de cada cuatro personas sufre trastornos de conducta vinculados con las nuevas tecnologías. En España, se calcula que entre un 6 y un 9 por ciento de los usuarios habituales de Internet podría haber desarrollado algún comportamiento adictivo.

Causas de adicción a las tecnologías

(4) Las nuevas tecnologías representan para el adolescente una posibilidad de perderse en un mundo de fantasía para huir de la rutina cotidiana. De esta forma, se produce una paradoja: a través de las redes sociales y de Internet, los adolescentes no se muestran tal y como son en realidad, sino que muestran una imagen artificial de sí mismos (lo que muestra una baja autoestima).

La revolución tecnológica afecta de lleno a todos aquellos jóvenes que han nacido en la era virtual. Los adolescentes son los más vulnerables ante la adicción a las tecnologías.

(5) Los cambios físicos y psicológicos que se viven en la adolescencia convierten al joven en una persona más vulnerable a nivel emocional. Por esta razón, el adolescente puede buscar en ciertos momentos la seguridad que le falta dentro de sí mismo en las tecnologías.

El entorno familiar también influye en los hábitos que adquiere un niño. Existen padres que olvidan que la televisión no es una niñera inofensiva que cuida de los niños, sino un entretenimiento que tiene que ser puntual y controlado por un adulto.

Por otra parte, en algunos casos, la adicción a las tecnologías puede estar causada por un problema previo que tiene que ser detectado. Por ejemplo, la falta de amigos y la soledad pueden llevar al joven a refugiarse en las tecnologías.

www.webconsultas.com

1. Busca en los párrafos 1 y 2 la palabra o expresión que tiene el mismo significado que una de las siguientes palabras.

    - ser adicto
    - perjudicial
    - desprotegido
    - desarrollo

    Criterio Bi

    Fase 4

2. Elige la frase correcta según la información del texto.

    ☐ Un tercio de la población sufre trastornos de conducta vinculados con las nuevas tecnologías.

    ☐ Un cuarto de la población sufre trastornos de conducta vinculados con las nuevas tecnologías.

    ☐ La mitad de la población sufre trastornos de conducta vinculados con las nuevas tecnologías.

3. Según el texto (párrafo 4), ¿por qué usan los adolescentes las nuevas tecnologías?

4. Completa las frases con palabras tomadas del texto (párrafo 5).

    a. Los jóvenes son personas vulnerables a nivel emocional debido a …

    b. Los hábitos adquiridos por los niños son influidos también por …

    c. La televisión es un medio de diversión que …

5. ¿Qué ejemplo ofrece el texto como problema que causa también la adicción a las tecnologías?

6. El texto es un artículo. ¿Qué convenciones textuales están presentes?

    Criterio Bii

7. ¿Dónde puedes encontrar este texto? ¿Cómo lo sabes?

8. ¿Cuál es tu actitud ante la información del texto? Compara esta información con tu propia experiencia ante el uso de las nuevas tecnologías.

    Criterio Biii

---

d. **Mira ahora el siguiente cortometraje y contesta las preguntas.**

https://www.youtube.com/watch?v=mGpIBTvIicE

Palabras de búsqueda:

Glued – Adicto a los videojuegos

137

Hábitos saludables

1. ¿Crees que el problema representado en el video es muy común en tu comunidad? ¿Por qué?

2. ¿Qué te parece la actitud de la madre? ¿Crees que está educando bien a su hijo? ¿Qué podría haber hecho para solucionar el problema? Discute con tus compañeros/as y compara con el resto de la clase.

3. Realiza un diálogo entre la madre y el hijo donde hablan del problema que tiene el hijo.

e. **Un estudiante ha realizado este discurso oral. Léelo, busca y marca las siguientes características.**

El discurso
- El lenguaje es formal y tiene un tono elevado para atraer la atención del destinatario.
- Hay saludos al principio donde se presenta el tema y un agradecimiento al final del texto.
- El lenguaje es persuasivo. Hay estructuras para convencer o persuadir al destinatario. Se usan, por ejemplo, los imperativos (*command forms*).

Estimados profesores, compañeras y compañeros,

(1) Es para mí todo un orgullo haber sido elegido representante para hablarles de un tema tan importante y actual que nos concierne a todos nosotros: el abuso y adicción a las nuevas tecnologías, especialmente a las redes sociales y a los juegos en línea.

(2) Somos una generación que ha crecido con la tecnología y no podemos entender nuestras vidas sin estar conectados a Internet. De pequeños nos compraron una tableta electrónica para el colegio, con diez años ya teníamos nuestro celular y ahora estamos todo el día delante del portátil y los celulares. Es parte de nuestra vida y no vamos a cambiar. Nuestros futuros trabajos van a estar relacionados con las tecnologías y es muy importante que tengamos acceso a ellas. Pero hay un problema: nos olvidamos de las interacciones reales con las personas. Nos olvidamos de que podemos hablar directamente con nuestros amigos y familiares, de que no todo debe ser comunicado a través de un celular o portátil.

(3) En el momento en que no podamos vivir sin las nuevas tecnologías, entonces hay un problema. Podemos hablar de "adicción". Sí, los celulares pueden ser considerados una droga. Pasamos mucho tiempo con él, es nuestro mejor amigo y es parte de nosotros.

Propósito

(4) Nuestro grupo quiere que:

- usemos las nuevas tecnologías con moderación
- mantengamos conversaciones "reales" con familiares y amigos
- sepamos diferenciar entre la realidad y la ficción
- nos relacionemos con las personas cara a cara
- seamos más felices y humanos.

(5) No estamos en contra del uso de las nuevas tecnologías. Como dije, es parte de nuestras vidas. Sólo queremos que no se nos olviden las relaciones humanas y que vivamos equilibradamente, sin necesidad de sentirnos perdidos si no usamos los aparatos electrónicos.

(6) ¡Prueben vivir un día sin el celular! ¡Moderen su uso! Seguro que todos seremos un poco más felices.

Muchas gracias.

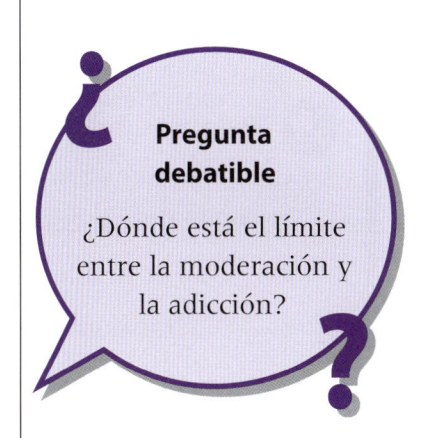

Pregunta debatible

¿Dónde está el límite entre la moderación y la adicción?

Lengua

Verbos de deseo (*wishing*) y esperanza (*hoping*)

Los verbos que indican un deseo o esperanza van seguidos de un subjuntivo cuando el sujeto de la oración subordinada es diferente al de la oración principal.

(Yo) Quiero que (tú) **vengas**.

Mi padre quiere que (yo) **vuelva** pronto.

(Yo) Espero que (tú) **llegues** pronto.

(Yo) Le deseo que (él) **tenga** mucha suerte en el futuro.

Lo mismo ocurre con la estructura "ojalá + subjuntivo" (I wish..)

Ojalá **vengas** pronto. (I wish /hope you'll come soon).

f. Busca y subraya en el discurso todas las expresiones donde se usa "querer que" seguidas de un infinitivo.

g. Imagínense que son sus padres. Escriban cinco frases para sus hijos sobre lo que quieren que hagan para evitar algún tipo de adicción. Usen verbos diferentes en la oración subordinada (con subjuntivo).

Ejemplo:

Quiero que dejes de jugar a los videojuegos ahora mismo.
Quiero que …

Hábitos saludables

h. Mira el siguiente video y contesta las preguntas.

https://www.youtube.com/watch?v=fB2IS4AIpnk

Palabras de búsqueda:

Campaña Contra la Ciberadicción - Spot de TV

1. ¿Qué tipo de texto es y dónde lo puedes ver?
2. ¿Cuál es su intención?
3. ¿Qué función crees que tiene la música de fondo?

Criterio **Aii**

i. Mira el video otra vez y anota las actividades que se muestran. ¿Qué te parece el mensaje del texto visual?

📖 Hablamos

Fase 4

j. El director de tu colegio ha prohibido el uso de las tecnologías durante los recreos y durante la comida. Dividan la clase en dos grupos. Un grupo está a favor del uso de las nuevas tecnologías durante los recreos y otro grupo está en contra. Busquen argumentos a favor y en contra.

Punto de vista

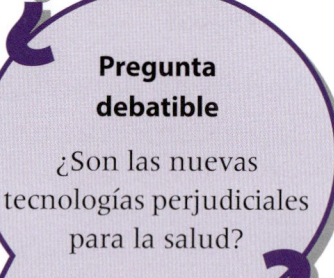

k. Realicen un debate en clase. Las siguientes preguntas les pueden servir de guía.

- ¿Deben tener los adolescentes libertad para usar las nuevas tecnologías cuando ellos quieran?
- ¿Para qué es bueno el uso de las tecnologías?
- ¿Dónde están los límites entre un uso adecuado y exagerado de las nuevas tecnologías?
- ¿Son las redes sociales un buen medio de comunicación?
- ¿Son los juegos online perjudiciales para la salud? ¿Cuándo? ¿Por qué?

Pregunta debatible

¿Son las nuevas tecnologías perjudiciales para la salud?

5.5 Una campaña para la vida sana

Criterios **C y D**

Van a realizar una campaña en su colegio para llevar una vida sana. Elijan una de las siguientes tareas.

a. Una presentación oral con consejos para mantener una vida sana. La presentación se realizará en la asamblea del colegio o en la hora de tutoría. Después de la presentación habrá una serie de preguntas.

b. Un juego de roles entre un compañero/a que tiene problemas de salud (por ejemplo, mala alimentación, vida sedentaria, adicción a Internet) y un amigo/a. Se le debe dar una serie de consejos para mantener una vida más sana.

c. Escribir una carta al director del colegio dando una serie de recomendaciones de cómo puede el colegio ayudar a que los estudiantes mantengan una vida más sana y no tengan tanto estrés escolar. Escribe entre 200 y 250 palabras.

Fase 4

> ### 🔗 Conexión interdisciplinaria: Educación Física y para la Salud
>
> Seguramente en la clase de Educación Física y para la Salud, tendrás unidades sobre uno de los temas tratados en esta unidad. Esos son una oportunidad excelente para hacer una unidad interdisciplinaria con esta asignatura. ¿Qué haces tú para mantener una vida sana? ¿Cómo lo aplicas a los objetivos de la asignatura? ¿Por qué no reflexionas sobre estos temas en español?

141

Hábitos saludables

Evaluación sumativa

Criterio A

Mira este video y contesta las preguntas.

https://www.youtube.com/watch?v=dwBejw4l0Ys

🔍 **Palabras de búsqueda:**
Talking Angela - Vida Sana

Aspecto i

1. Marca las actividades que se mencionan para llevar una vida sana.

   - [ ] Comer bien por la mañana
   - [ ] Comer frutas y verduras, pescado y carne e hidratos
   - [ ] Ir al cine con los amigos
   - [ ] Pasear por el parque
   - [ ] Bailar, no solo en clubs, sino en otros lugares
   - [ ] Hacer deportes en equipo
   - [ ] Dormir suficientes horas

2. ¿Toma Angela siempre el mismo tipo de comida por las mañanas? ¿Por qué? Argumenta con la información del texto oral y visual.

3. ¿Es necesario gastarse mucho dinero para hacer deporte? ¿Por qué? Argumenta con ejemplos tomados del texto oral y visual.

4. ¿Te parece que Angela está contenta con su vida? ¿Por qué? Da tres razones.

Aspecto ii

5. ¿Qué función tienen la música y las imágenes?

6. ¿Por qué el creador de este video ha elegido a un animal como protagonista? ¿Y por qué una gata?

7. ¿Qué propósito tienen las imágenes y el mensaje al final del video?

Aspecto iii

8. ¿Qué actividades mencionadas en el texto para llevar una vida sana haces tú también?

9. ¿Crees que es difícil para ti llevar la vida que lleva Angela? ¿Por qué? Justifica con ejemplos del texto oral y visual.

10. ¿Te gustaría mirar más videos como este? ¿Por qué? Justifica con la información del texto oral y visual.

Criterio B

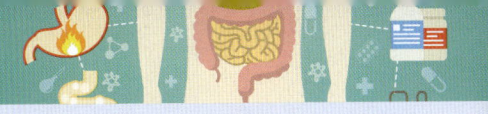

Texto 1

Consejos para una vida saludable para adolescentes

Escrito por Elle Paula

(1) Los años de la adolescencia son un periodo de crecimiento y transición que pueden presentar desafíos únicos. [...] Afortunadamente, puedes reducir el riesgo de daño innecesario haciendo elecciones de vida saludables.

Come bien

(2) La comida provee los nutrientes necesarios para el crecimiento, la producción de energía y otros procesos corporales. La nutrición apropiada es especialmente importante durante tus años de adolescencia cuando tu mente y tu cuerpo se están desarrollando rápidamente. Los adolescentes deben comer una variedad de alimentos como frutas frescas y vegetales, granos enteros y proteínas magras, mientras que reservan los azúcares y los alimentos altos en grasas como refrigerios ocasionales. Diariamente consumir suplementos multivitamínicos (no un sustituto para la alimentación saludable) te puede ayudar a cumplir con los requisitos nutricionales, cuando se hace junto con una dieta bien balanceada.

Ejercicio

(3) El ejercicio es esencial para el manejo del peso, el bienestar físico y la salud general. Aunque está bien en moderación, las actividades sedentarias como ver la televisión y jugar videojuegos contribuyen a la obesidad cuando toman el lugar de pasatiempos más activos. Una combinación de entrenamiento cardiovascular, entrenamiento de fuerza y ejercicios de flexibilidad se requieren para un bienestar óptimo. Lleva a cabo al menos 60 minutos de ejercicio cada día. Elige actividades que disfrutes, como ciclismo de montaña o deportes en equipo, para que el ejercicio sea un placer en lugar de una carga, y para incrementar la probabilidad de que te mantengas ejercitándote.

[...]

Sueño

(4) El sueño es vital para una salud emocional, física y mental. Un descanso inadecuado puede interferir con tu desempeño académico e incrementar tu riesgo de accidentes automovilísticos y otros tipos de daños. La National Sleep Foundation recomienda que los adolescentes tengan de ocho a nueve horas de sueño cada noche. Adherirse a un horario regular de sueño y hacer tiempo para actividades relajantes antes de dormir pueden ayudar a mejorar tu calidad de sueño.

Hábitos saludables

Texto 2

(1) Son muchos los padres y chavales que se preguntan si están enganchados a la red y si eso les puede acarrear problemas de diversa índole. Estos son los síntomas o señales de alarma que os ayudarán a identificar si tú mismo o alguien de vuestro alrededor está sufriendo adicción a Internet, y qué soluciones puedes emplear para atajar el problema:

(2) El joven se termina aislando de la familia, se encierra en sí mismo porque piensa constantemente en conectarse a Internet. Para solucionar este tema es positivo poner el ordenador en una zona común de la casa, por ejemplo, el cuarto de estar. Muchos padres cometen el error de ponerlo en la habitación del hijo, de esta forma, es más difícil que puedan saber qué hacen sus hijos en la red.

(3) La rutina del joven cambia de tal forma que todo lo demás pasa a un segundo plano y su interés por Internet se convierte en el centro de su vida. Es importante ofrecer a los jóvenes valores pedagógicos en relación con el uso constructivo de Internet. Por ello, informa a tus hijos sobre lo importante que es proteger su vida privada evitando la publicación de fotografías personales en las redes sociales.

(4) El carácter del afectado cambia, se vuelve irascible y sufre cambios bruscos de humor. Muestra menos interés por las relaciones sociales y se muestra ausente y distante en eventos de grupo. En estos casos, los padres tienen que hablar con el joven sobre esta situación para ayudarle a tomar conciencia de que algo no va bien. La comunicación mejora las relaciones familiares y la salud emocional de sus miembros.

(5) Sufre ansiedad en caso de no poder conectarse a Internet y se comporta como si fuese una tragedia. El bajo rendimiento en los estudios es habitual en alguien que tiene adicción a Internet. Para prevenir este punto, es positivo eliminar Internet de casa y potenciar el uso de la enciclopedia como herramienta de consulta en los estudios. También es adecuado contar con un profesor particular para que apoye al adolescente en la asignatura en la que tiene dificultades.

Aspecto i

1. Marca si son verdaderas o falsas las siguientes frases y justifica con la información del texto 1.

	V	F
Los suplementos multivitamínicos son un buen sustituto de la dieta equilibrada.		
Los pasatiempos activos contribuyen a la obesidad.		
Debemos realizar actividades físicas que nos gustan.		
Para dormir bien, es aconsejable mantener rutinas.		

2. Relaciona la imagen que acompaña al texto 1 con el contenido del mismo.

3. Elige un título para el texto 2.

    a. ¿Por qué somos adictos a Internet?

    b. Adicción a Internet, síntomas y soluciones

    c. Cómo prevenir la adicción a las tecnologías

4. Elige tres frases cuya información aparece en el texto 2.

    a. Es aconsejable que el ordenador esté presente en un lugar visible de la casa. ☐

    b. Cuando Internet es lo más importante en la vida del joven, debemos enseñarle a valorar una buena utilización del mismo. ☐

    c. Comunicarse por Internet es un buen método para mejorar las relaciones familiares. ☐

    d. Es común que los adictos a Internet tengan malas notas en el colegio. ☐

    e. Los métodos tradicionales de aprendizaje causan estrés emocional y ansiedad entre los jóvenes. ☐

Aspecto ii

5. Nombra tres características formales del texto típicas de un artículo online.

6. ¿Quiénes son los destinatarios de estos textos? ¿Por qué lo sabes?

7. ¿Qué función tiene el componente visual? Fíjate en las imágenes, en los iconos y el tipo de letra.

Hábitos saludables

Aspecto iii

8. Completa la tabla comparando la información del texto 1 para mantener una vida saludable con lo que tú haces.

	El texto dice…	Yo…
Comida		
Ejercicio		
Sueño		

9. ¿Crees que los textos reflejan la realidad de los hábitos saludables de los jóvenes de tu comunidad? ¿Por qué? Da ejemplos sobre tus experiencias personales.

10. Después de leer los textos, ¿cuál es tu actitud ante los hábitos saludables? Haz referencia a la información mencionada en los textos.

Criterios C y D (oral interactivo)

Realiza una conversación con tu profesor/a sobre cómo las actividades en el colegio te ayudan a mantener una vida sana. Habla de tres a cuatro minutos. Puedes prepararte durante 10 minutos y tomar notas. No puedes usar el diccionario ni ningún material de ayuda.

Criterios **C y D (escrito)**

Escribe un artículo para la revista de tu colegio sobre cómo mantener una vida sana y equilibrada entre los estudiantes. Escribe entre 200 y 250 palabras.

Hábitos saludables

💭 Reflexión

Busca en la unidad las actividades donde has practicado los objetivos de la misma. Reflexiona sobre lo que has aprendido y completa la tabla:

	😊	😕	🙁
comunicar información sobre hábitos saludables			
dar consejos y recomendaciones			
ofrecer datos y cantidades numéricas			
usar el condicional simple			
reflexionar sobre las ventajas de la actividad física			
comprender y usar las convenciones textuales de artículos y discursos orales			
usar verbos de deseo *(wishing)* y esperanza *(hoping)* seguidos del subjuntivo			
dar tu opinión sobre el uso de las nuevas tecnologías y su adicción			

Reflexiona sobre el Enunciado de indagación de la unidad

Comprendemos, creamos textos y damos nuestro punto de vista sobre la vida sana con el propósito de mantener una vida más feliz y equilibrada.

We understand, create texts and give our point of view about healthy living with the aim of leading a happier and more balanced life.

¿Puedes conectar este **Enunciado de indagación** con las tareas de esta unidad? Busca actividades donde

- creas textos y das tu punto de vista sobre la salud
- te comunicas con el propósito de mantener una vida más sana
- creas conciencia para mantener una vida más equilibrada.

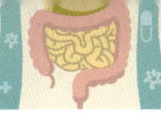

Enfoques de aprendizaje

Busca en la unidad dónde has practicado las siguientes estrategias de aprendizaje.

¿Cómo crees que estos **Enfoques de aprendizaje** te ayudan a conseguir los atributos del perfil del estudiante del IB de esta unidad? ¿Y los otros atributos?

- Equilibrados
- Solidarios
- Reflexivos

¿Has usado estos **Enfoques de aprendizaje** para completar con éxito las tareas de la unidad? ¿Y las tareas sumativas?

- *Self-management – Affective skills*

    Managing state of mind: Emotional management
    - *Practise strategies to overcome impulsiveness and anger*
    - *Practise strategies to reduce stress and anxiety*

    Managing state of mind: Perseverance
    - *Demonstrate persistence and perseverance*

Reflexión

In this unit you have read and listened to texts related to healthy living. This is not a new topic for you. You know what you have to do to maintain a healthy lifestyle. Sometimes we eat fast food and have drinks that are not very healthy. We can also spend too much time using computers, watching YouTube videos or just on social media, and as a result, we don't get enough physical exercise. Sometimes we do not get enough sleep due to studying, using our smartphones or computers until very late, or for other reasons. Doing these kinds of activities once in a while is OK; the problem is that they can become a habit. It is important to maintain a well-balanced life, because this will make you a happier and healthier person.

Our aim in this unit has been to help you understand that through communicating on this topic you reflect on the issues involved, and you should keep in mind that, as a teenager, although you are curious and eager to try new things, you have some responsibility for your own happiness and that of your friends. You should be aware of the negative consequences of unhealthy habits, and as a caring person, you should warn your peers and friends of these too. This will certainly make you a better person!

6 ¡Cuidemos nuestro mundo!

Contexto global
Globalización y sustentabilidad

Conceptos relacionados
Estructura, punto de vista

Concepto clave
Conexiones

Perfil de la comunidad de aprendizaje
Responsables, íntegros, solidarios

Pregunta fáctica

¿Cuáles son las diferencias entre la vida del campo y la ciudad?

¿Qué puedo hacer para cuidar mi comunidad?

Pregunta conceptual

¿Cómo conectamos con el entorno en el que vivimos?

¿Qué importancia tiene que consideremos otros puntos de vista?

Pregunta debatible

¿Tiene el ser humano responsabilidad ante los desastres naturales?

Enunciado de indagación

Conectamos con nuestro mundo cuando expresamos nuestro punto de vista sobre problemas de sustentabilidad en textos estructurados.

Al final de esta unidad, vas a poder…
⊘ hablar de gustos y preferencias
⊘ expresar tu opinión y valoración con estructuras en subjuntivo
⊘ expresar existencia y ubicación
⊘ usar los comparativos
⊘ comparar textos
⊘ dar instrucciones, consejos, hacer ruegos y prohibir usando el imperativo negativo
⊘ debatir sobre las causas y consecuencias del cambio climático
⊘ reflexionar sobre el perfil de estudiante y la actitud sobre el medio ambiente
⊘ escribir una carta formal
⊘ expresar la predicción con el futuro de indicativo

6.1 Diferencias entre la vida del campo y la ciudad

a. Mira los dibujos de la ciudad y del campo. ¿Qué relacionas con la ciudad y el campo? En grupos, escriban una lista.

🔊 Escuchamos

b. Mira este video sobre las diferencias entre campo y ciudad y haz las actividades siguientes.

https://www.youtube.com/watch?v=GIdSiy_69ZM

🔍 **Palabras de búsqueda:**
La ciudad y el campo-DreamCity

151

¡Cuidemos nuestro mundo!

1. **Completa las frases.**

   En el campo

   La cría de (1) _____
   Cultivo de (2) _____; de estos cultivos nos alimentamos
   Pocos medios de (3) _____
   Pocas (4) _____ y mucha distancia entre ellas

   En la ciudad

   Gran población y muy pocas (5) _____ y animales
   Más medios de transporte, como coches de bomberos y (6) _____
   Más escuelas y (7) _____
   Las casas están más juntas, hay grandes construcciones y (8) _____

   Criterio **Ai**

2. **Contesta estas preguntas.**

   Criterio **Aii**

   - ¿Por qué crees que se ha creado este video? ¿Cuál es el propósito?
   - ¿Cómo te ayudan las imágenes a comprender el texto?
   - ¿Qué función tiene la música de fondo? ¿Crees que se consigue? ¿Pondrías tú algo diferente? ¿Qué?
   - ¿A quién crees que va dirigido el video? ¿Por qué lo sabes? Justifica según las características del video.

c. **Completa estas frases con las palabras adecuadas.**

| variadas | tranquilidad | contacto con la naturaleza |
| contaminación | ocio | edificios altos | ajetreada | ruido |

1. En la ciudad hay mucho _____ porque hay mucho tráfico y mucha gente.
2. La vida en la ciudad es muy _____: siempre hay muchas cosas para hacer, la gente tiene estrés y poco tiempo.
3. En el campo se está en _____. Hay bosques, ríos, lagos, montañas, etc.
4. Como hay muchos coches en las ciudades, el aire no está limpio y hay mucha _____.
5. En el campo hay mucho terreno, con algunas casas; en la ciudad hay _____ y muy poco espacio libre.
6. En la ciudad la oferta cultural y la vida social son muy _____.
7. Si lees una guía de _____, te das cuenta de todas las ofertas que hay en una ciudad.
8. En el campo hay mucha _____. Todo va despacio, hay mucho más silencio.

Pregunta fáctica

¿Cuáles son las diferencias entre la vida del campo y la ciudad?

📖 Leemos

d. Lee este estudio sobre adolescentes en el campo y la ciudad y resalta las estructuras que expresan gustos y preferencias como en el ejemplo.

Beatriz: Yo prefiero vivir en el pueblo porque me encantan los animales. No podría vivir en un piso en la ciudad. Me gusta salir a pasear con los perros. Me gusta que estén libres, no atados. También tenemos dos gatos. Yo les doy de comer y los limpio. Después me gusta que haya pájaros y ardillas cerca de casa. A veces hasta vemos algún ciervo que se acerca a la casa. Quiero estudiar para ser veterinaria.

Juan: Mi afición principal es la bicicleta y cuando vuelvo del colegio con mis amigos nos vamos siempre a entrenar antes de hacer la tarea. Bueno, me molesta que no podamos salir cuando hace mal tiempo, pero prefiero vivir en el campo.

Alejandra: Me encanta que vivamos en la ciudad. Los fines de semana con mis amigos vamos de compras, o a patinar o a la bolera, ¡hay tantas cosas para hacer! No me puedo imaginar vivir en el campo. Sí, claro que estás en la naturaleza pero a mí la verdad es que me aburre. Y sí, los animales me gustan pero en casa tenemos un gato y un acuario con muchos peces.

Carlos: A mí no me importa ir en autobús al colegio y que el trayecto sea largo. Lo paso muy bien con mis amigos y cuando no he terminado la tarea, pues la puedo hacerla en el autobús. A la vuelta tenemos tiempo para jugar y comentar todo lo que ha pasado en el día.

Sara: En el verano, como hay muchos lagos, podemos ir a bañarnos y hacer barbacoas. No me molesta que no haya piscinas porque no me gustan. A mí no me gustaría vivir en el centro de la ciudad.

Carmen: A mí me encantaría vivir en el centro de la ciudad. No me gusta que vivamos en el campo, pero mis padres dicen que los pisos son muy caros y que si vivimos en el centro, no podríamos tener esta casa.

Hugo: No me importa que en el campo no haya muchos cines, salas de exposiciones y esas cosas porque cuando quiero ver una película, pues o la veo solo o con mi familia o nos juntamos todos los amigos en una casa. Cerca de mi casa, han creado un centro cultural y me encanta reunirme allí con mis amigos.

Antonio: A mí me gusta mucho mi escuela. Es donde fui siempre y donde están todos mis amigos, pero es verdad que me molesta que cuando vaya a la universidad me tengo que ir muy lejos.

Marisa: Es mucho más divertido vivir en la ciudad, hay muchas ofertas culturales: el cine, museos y también las tiendas y las cafeterías. A mí me encanta ir con mis amigas al centro comercial o a comer una pizza o una hamburguesa.

Luis: Si quiero comprarme ropa, como odio ir de compras, pues escojo las cosas en Internet y luego se las enseño a mis padres. No me molesta que no haya tiendas cerca de casa. Ellos van a veces a un centro comercial, que está a unos doce kilómetros y yo también voy con ellos porque hay una tienda de deportes que me gusta.

Laura: Me gusta estar en contacto con la naturaleza. Quiero estudiar Geología o Botánica. Mi asignatura favorita son las Ciencias y por eso prefiero vivir aquí.

Cristina: ¿Qué actividades de ocio hay en el campo? Pues los deportes, la naturaleza… pero si te gusta ir a bailar o a tomar un helado, cines, etc., el campo es muy aburrido. Claro que me molesta y me gustaría más vivir en la ciudad.

153

¡Cuidemos nuestro mundo!

Lengua

Expresar gustos y preferencias

Para expresar gustos y preferencias puedes usar las siguientes estructuras:

A mí me gusta (más) / me encanta + infinitivo
A mí me gusta más vivir en el campo.

A mí me gusta (más) / me encanta + que + subjuntivo
A mí me gusta que haya muchas tiendas cerca de mi casa.

A mí no me molesta / no me importa + infinitivo
A mí no me importa ir en autobús al colegio.

A mí no me molesta / no me importa + que + subjuntivo
A mí no me molesta que haya ruido en la ciudad.

Yo prefiero + infinitivo
Yo prefiero vivir cerca de la naturaleza.

Yo prefiero + que + subjuntivo
Yo prefiero que los animales estén libres.

Yo no podría + infinitivo
Yo no podría vivir sin animales.

A mí me gustaría + infinitivo
A mí me gustaría estar más cerca del colegio.

Usamos el subjuntivo cuando valoramos o expresamos nuestros gustos y preferencias **sobre otra persona, por eso hay dos sujetos:** el sujeto de la oración subordinada (oración después de "que") es diferente al de la oración principal:

Me **gusta vivir** en el campo. (A mí me gusta y yo vivo)
Me gusta **que mis amigos vivan** en el campo. (A mí me gusta y ellos viven)

154

e. Escribe frases completas.

gustar   no gustar   molestar

1. María 😊 – ayudar – animales *(A María le gusta ayudar a los animales.)*
2. María 😊 – que otras personas – ayudar – animales *(A María le gusta que otras personas ayuden a los animales.)*
3. Mis hermanos 😐 – comprar – ropa – por Internet
4. Mis amigos 😐 – que otros chicos – hacer ruido en el autobús
5. Mi madre ☹ – que yo – jugar móvil – cena
6. Mi amiga Sara 😊 – ir – bicicleta
7. La profesora ☹ – que nosotros – no hacer la tarea
8. A mí 😐 – que mis padres – prohibir ver series de TV durante la semana

f. Vuelve a leer el texto del punto "d" y …

1. Escribe un título para el estudio.   `Criterio Bi`
2. Resume en una tabla cuáles son las ventajas o inconvenientes de vivir en el campo y vivir en la ciudad.
3. ¿A quién se refieren estas frases? Puede haber varias opciones. Escribe el nombre.

No hay una universidad cerca de donde vive.	
Tiene animales en casa.	
Para esta persona el campo es muy aburrido.	
Van de compras a un centro comercial.	

4. ¿Cómo relacionas el contenido del texto con el del video en el punto "b"?
5. ¿Con cuál de los chicos te identificas más? ¿Por qué?   `Criterio Biii`
6. Haz una lista de todas las actividades sobre el tiempo libre que aparecen en el texto y después compara con las que tú haces. ¿Hay alguna diferente?
7. ¿Dónde crees que puedes encontrar este texto?   `Criterio Bii`
8. ¿A quién va dirigido?

¡Cuidemos nuestro mundo!

Lengua

Expresar opinión y valoración

Creo/pienso/considero que + presente de indicativo
Creo que en el campo **vas** a estar muy aislado.

No creo/pienso/considero que + subjuntivo
No creo que el viaje a la escuela **sea** tan largo.

Es importante/necesario/mejor que + subjuntivo
Es importante que hagas amigos cerca.

Me parece + que + presente de indicativo
Me parece que vas a vivir más en contacto con los animales.

Me parece bien/estupendo/interesante que + subjuntivo
Me parece estupendo que tengas un jardín.

Hablamos

g. Imagina que tus padres quieren cambiarse de casa y están dudando entre vivir en el campo o la ciudad.

- Con un compañero/a, escriban cinco argumentos a favor y en contra de las dos opciones teniendo en cuenta las estructuras del cuadro anterior.
- Después, divídanse en grupos de cuatro: dos a favor del campo y dos a favor de la ciudad, y creen un debate.
- Se puede filmar o grabar para una posterior corrección.

6.2 Barrios diferentes

a. Completa con otros tipos de barrios/distritos que tú conozcas.

barrio: industrial, antiguo, en las afueras, turístico, residencial, ...

Punto de vista

Pregunta conceptual

¿Qué importancia tiene que consideremos otros puntos de vista?

ATL Sociales – El respeto por opiniones diferentes

En un debate se tiene que intervenir pero también dejar tiempo a los otros compañeros para que hablen. Siempre hay que respetar el punto de vista de los demás, aunque no estemos de acuerdo con ellos. Escucha de forma activa; quizás los otros puntos de vista te hagan cuestionar los tuyos.

Lengua

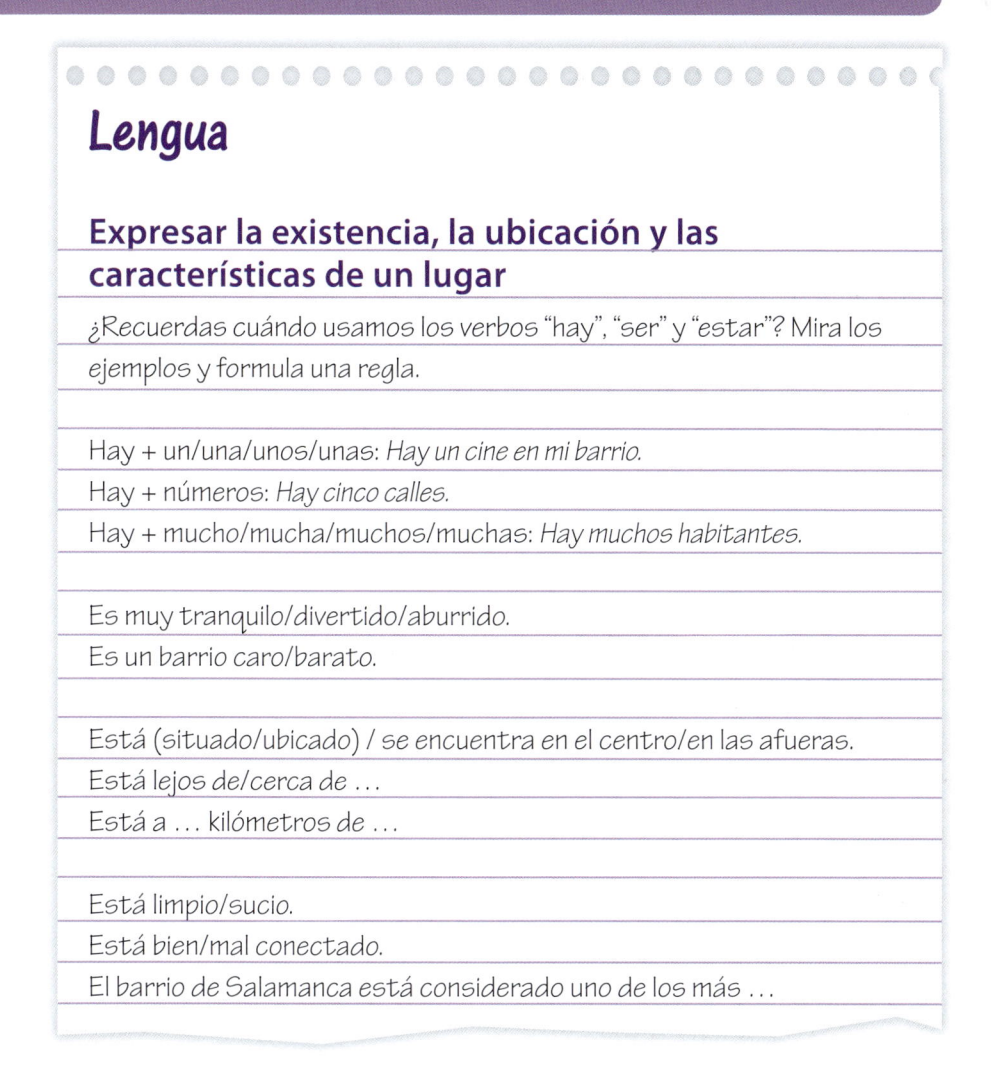

Expresar la existencia, la ubicación y las características de un lugar

¿Recuerdas cuándo usamos los verbos "hay", "ser" y "estar"? Mira los ejemplos y formula una regla.

Hay + un/una/unos/unas: *Hay un cine en mi barrio.*
Hay + números: *Hay cinco calles.*
Hay + mucho/mucha/muchos/muchas: *Hay muchos habitantes.*

Es muy tranquilo/divertido/aburrido.
Es un barrio caro/barato.

Está (situado/ubicado) / se encuentra en el centro/en las afueras.
Está lejos de/cerca de …
Está a … kilómetros de …

Está limpio/sucio.
Está bien/mal conectado.
El barrio de Salamanca está considerado uno de los más …

b. En un grupo de tres, describan el barrio y la ubicación donde está su colegio. ¿Cuáles son las características del barrio? ¿Qué hay? Escriban un dato falso; el resto de la clase debe adivinar cuál es el dato falso.

📖 Leemos

c. ¿Qué sabes de Buenos Aires? ¿Conoces algo de la ciudad? Puedes utilizar estos enlaces para buscar información:

Wikipedia en español: https://es.wikipedia.org/wiki/Buenos_Aires

Guía turística en inglés de Lonely Planet: https://www.lonelyplanet.com/argentina/buenos-aires

Sitio oficial de turismo de la ciudad de Buenos Aires: https://turismo.buenosaires.gob.ar/es

d. Van a hacer un concurso. Siéntense en grupos de cuatro e investiguen sobre Buenos Aires. ¿Quién es el primer grupo que completa la información?

- Ubicación geográfica
- Población (número)
- Fundación (fecha y nombre del fundador)
- Cinco barrios famosos
- Cinco atracciones turísticas
- Personas relacionadas con esta ciudad

¡Cuidemos nuestro mundo!

e. ¿Cuál de estos tres enlaces te ha parecido más fiable? ¿Por qué?

> **ATL Investigación – Gestión de la información**
>
> Es importante que tengas primero varias fuentes de información, después que las evalúes y las selecciones. Una vez obtenidos y verificados los datos, es preciso establecer conexiones y tomar decisiones.

📖 Leemos

f. Lee este texto informativo y contesta las preguntas.

1. ¿Dónde está el barrio? *Criterio Bi*
2. ¿Cuándo comenzó la reforma del barrio? ¿Cuánto dinero se invirtió?
3. ¿Qué había antes en esa zona?
4. ¿Qué hay hoy en día en el barrio?
5. En el texto aparecen otras dos palabras similares a "calle"; ¿puedes encontrarlas?
6. ¿Qué características tiene el barrio? Usa tres adjetivos para describirlo.
7. ¿Cuántas palabras relacionadas con la arquitectura puedes encontrar?
8. ¿Qué función crees que tiene la foto? *Criterio Bii*
9. ¿Qué crees que aporta el pie de foto?
10. El texto es informativo. Elige las características que crees que tiene.

> subjetivo / objetivo   narrativo / descriptivo   contiene hechos / contiene opiniones
> está escrito mayormente en el presente / está escrito mayormente en el pasado
> creativo / neutro   título atractivo / poco atractivo   con fecha / sin fecha
> con nombre del autor / sin nombre del autor   en papel / digital   texto / hipertexto

11. En este barrio las calles tienen nombres de mujeres. ¿Hay alguna calle con nombre de mujer donde tú vives? *Criterio Biii*
12. ¿Crees que te gustaría vivir en este barrio? Justifica tu respuesta.
13. ¿Tiene algunas características similares a tu barrio?

Puerto Madero

(1) Es uno de los cuarenta y ocho barrios de la ciudad de Buenos Aires, la capital de Argentina. Está considerado el barrio más caro y elegante, y también el más limpio y más seguro porque tiene mucha vigilancia privada y una gran actuación de la policía, tanto la metropolitana como la federal. Puerto Madero está ubicado cerca del centro de la ciudad, en un espacio amplio y paralelo al río, lo que da un ambiente de tranquilidad y de estar más en contacto con la naturaleza.

Foto del Puente de la Mujer, del arquitecto español Calatrava, uno de los emblemas de la ciudad. Es un puente para peatones que gira para que puedan pasar los barcos y representa a una pareja bailando el tango.

(2) Este es un barrio nuevo, que se creó (o renovó) con lo que ya había allí en los años noventa, un puerto (de ahí su nombre: Puerto Madero). Este puerto, el mayor de Buenos Aires, había sido abandonado durante más de un siglo. En los años noventa se concibió un plan para la renovación del barrio con una inversión de unos 1.000 millones de dólares. Los almacenes del puerto se convirtieron en lujosos departamentos y oficinas. Pronto se construyeron calles, bulevares y avenidas, nombradas posteriormente con nombres de mujeres latinoamericanas importantes: La aviadora Carola Elena Lorenzini, la poeta Alfonsina Storni y Manuela Pedraza, la heroína que luchó contra los ingleses en la reconquista de la ciudad, entre muchas otras. Poco a poco se crearon plazas y parques con sus fuentes y bellos edificios hasta llegar a ser el barrio más valorado de Buenos Aires. Muchas empresas nacionales e internacionales se trasladaron allí también y finalmente se instaló la Universidad Católica Argentina. En Puerto Madero se encuentran edificios emblemáticos como la Alveart Hotel, con su torre que será una de las más altas de Sudamérica, la cadena de oficinas World Trade Center y el Aleph, del famoso arquitecto Norman Foster. No hay que olvidar los tres hoteles de cinco estrellas: el Buenos Aires Hilton, el Faena Hotel, decorado por Philippe Starck, y el Hotel Madero.

(3) En las plantas bajas de los edificios hay muchos restaurantes, bares, clubs y tiendas. En las otras plantas existen muchas oficinas, porque este barrio se creó en un principio para ser un barrio comercial, aunque hoy en día hay también numerosos departamentos lujosos. El barrio no tiene una gran población, tan sólo unos 7000 habitantes; no son muchos porque la mayoría de los departamentos son objeto de inversión y permanecen vacíos.

(4) Aunque es un barrio residencial, debido a las numerosas tiendas y restaurantes, los fines de semana se llena de turistas o de personas de Buenos Aires que quieren disfrutar de las vistas y de la oferta gastronómica, o simplemente ir de compras.

¡Cuidemos nuestro mundo!

g. Ahora lee esta entrada de blog sobre otro barrio de Buenos Aires y contesta las preguntas.

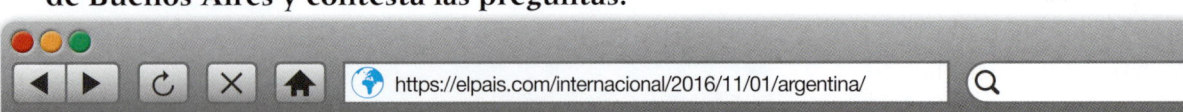

https://elpais.com/internacional/2016/11/01/argentina/

RAMIRO BARREIRO
Buenos Aires 1 NOV 2016 - 19:41 CET

Tres millones de argentinos viven en villas miseria

Un estudio de la ONG TECHO concluye que el 7% de los ciudadanos reside en viviendas precarias

(1) El acceso a la **vivienda** es uno de los mayores problemas en Argentina. Las extensas longitudes dedicadas al **cultivo** en gran parte del país, el alto costo de las rentas y la poca accesibilidad a créditos inmobiliarios provoca que los grandes centros urbanos se vean superpoblados, tras las grandes corrientes de migración interna en búsqueda del empleo disponible. En ese contexto proliferan los **asentamientos** informales o villas miseria, como se las llama popularmente. Un **relevamiento** realizado por la organización social TECHO da cuenta de que ese fenómeno es cada vez mayor.

(2) Según el informe, existen 2.432 asentamientos en los 11 territorios argentinos relevados, donde viven aproximadamente 650.685 familias. Utilizando la media nacional de 4,6 miembros por cada familia, al menos 2.993.151 personas residen en asentamientos informales en una porción de territorio donde habita el 67% de la población. El estudio se concentró en la ciudad y la provincia de Buenos Aires, y las provincias de Córdoba, Corrientes, Chaco, Misiones, Río Negro y Salta, además de las ciudades de Rosario y San Miguel de Tucumán.

(3) […] En relación al acceso a los servicios básicos, el estudio agrega que en el 73% de los asentamientos informales la mayoría de las familias no cuentan con acceso formal a la **red de energía eléctrica**, el 98% no cuenta con **red cloacal** y en el 95% las familias no tienen acceso al **agua corriente**. […] A esto se le suma que el 60% de los asentamientos se inunda cada vez que llueve y en el 40% no entra el **camión de basura**. […]

(4) La ciudad de Buenos Aires tiene en su territorio 38 áreas residenciales informales entre villas, asentamientos y núcleos habitacionales transitorios. El barrio más reconocido fue bautizado por sus pobladores como Padre Múgica, pero todos lo conocen como Villa 31. […]

(5) "Hemos registrado muy pocos avances. Las políticas de vivienda y hábitat vigentes van por detrás de la problemática, que sigue siendo urgente y de gran magnitud. Es necesario generar políticas estructurales que actúen sobre las causas que dan lugar a la generación de nuevos asentamientos o el crecimiento de los existentes, como las políticas de gestión, producción y regulación efectiva del **mercado de suelo**", dijo Gregorini, director ejecutivo de TECHO Argentina.

vivienda – *housing*
cultivo – *cultivation*
asentamientos – *settlements*
relevamiento – *study*
red de energía eléctrica – *power grid*
red cloacal – *sewers*
agua corriente – *water supply*
camión de basura – *garbage truck*
mercado del suelo – *land market*

1. Según el texto, ¿a qué se debe que las grandes ciudades tengan mucha población? **Criterio Bi**

2. ¿Cuál es la causa por la que la gente emigra a las ciudades?

3. ¿Cuáles son los mayores problemas en las villas miseria?

4. ¿Cómo te ayuda la foto a comprender el texto o contestar las preguntas?

5. Busca sinónimos de estas palabras en los dos primeros párrafos:

| grandes | aumentan | estudio | sitios | viven |

6. ¿Qué significa esta frase en el último párrafo: *Las políticas de vivienda y hábitat vigentes van por detrás de la problemática, que sigue siendo urgente y de gran magnitud?*

7. ¿Cómo crees que es el punto de vista del autor: crítico/pesimista/optimista? ¿Por qué? **Criterio Bii**

8. ¿Son todas las frases del autor? ¿Cómo lo sabes?

9. El texto es una entrada de blog. Elige las características que crees que tiene.

subjetivo / objetivo   narrativo / descriptivo   contiene hechos / contiene opiniones
está escrito mayormente en el presente / está escrito mayormente en el pasado
creativo / neutro   título atractivo / poco atractivo   con fecha / sin fecha
con nombre del autor / sin nombre del autor   en papel / digital   texto / hipertexto

10. ¿Conoces algún barrio de estas características en otro país? **Criterio Biii**

11. ¿Hay algún barrio de este tipo en la ciudad donde vives?

Lengua

Comparativos

De superioridad:

Más + adjetivo/adverbio/sustantivo + que

*Puerto Madero es **más** caro **que** Villa 31.*

*El barrio se desarrolla **más** despacio **que** el otro.*

*En Puerto Madero hay **más** tiendas **que** en Villa 31.*

De igualdad:

Tan + adjetivo/adverbio … como

*Esta casa es **tan** grande **como** esta otra.*

Igual de + adjetivo/adverbio + que

*Este autobús es **igual de** rápido **que** este otro.*

¡Cuidemos nuestro mundo!

Lo mismo que …
*Esta casa cuesta **lo mismo que** esta otra.*

Tanto/tanta/tantos/tantas + sustantivo … como
*En este barrio hay **tantos** hoteles **como** en el otro.*

De inferioridad:
Menos + adjetivo/adverbio/sustantivo + que
*La villa 31 tiene **menos** seguridad **que** el barrio de Puerto Madero.*

Cuando el comparativo va seguido de un número se usa "de":
*Hay **más de** cincuenta tiendas de ropa en este barrio.*

Mientras que …
***Mientras que** en Puerto Madero hay mucha seguridad, en Villa 31 no hay ninguna.*

h. Con un compañero/a, comparen estos dos barrios de Buenos Aires (Puerto Madero y Villa 31) y escriban las respuestas a estas preguntas usando frases completas con las estructuras para comparar.

- ¿Cuántas personas viven en los dos barrios?
- ¿Cuáles son las características de los dos barrios? Compara cuatro características.
- ¿Dónde están los dos barrios?
- ¿Ves alguna diferencia en cuanto al formato de los textos?

> **ATL Comunicación a través de la interacción**
>
> Mediante el intercambio de pensamientos e ideas, es decir, mediante la interacción oral, puedes enriquecer tu punto de vista, puedes darte cuenta de cosas que tú no habías visto. Todos somos de diferentes culturas y vemos el mundo de diferentes maneras. Debes aceptar y comprender tales diferencias culturales.

Estructura

Tipología de textos

Compara tu respuesta del punto "h" con la información siguiente:

Estos dos textos tienen una tipología diferente. El del barrio de Puerto Madero es un texto expositivo y el de Villa 31 es una entrada de blog. Estas son las características de los dos textos.

Texto expositivo	Entrada de blog
Puede ser en papel u online. Si es online, entonces es un hipertexto y puedes cliquear e ir a otros enlaces. Lleva el título objetivo que define lo que es. A veces lleva alguna foto. Intenta ser objetivo porque trata de dar sólo información.	Es siempre online. Es un hipertexto y puedes cliquear e ir a otros enlaces. Cada entrada lleva un título, fecha y categoría que suele ser atractivo. Normalmente lleva fotos, citas o partes del texto más grandes o resaltadas de alguna forma. Suele ser un texto subjetivo porque puede haber crítica, valoración y preferencias.

i. Después de leer las diferencias entre los dos tipos de textos, con un compañero/a, busquen ejemplos concretos de estas características en los textos que acaban de leer.

j. Ahora compara estos dos barrios con el tuyo, donde vives o donde está tu colegio. Puedes elegir:

- Hacerlo de forma oral (de 3 a 4 minutos) o escrita (de 200 a 250 palabras)
- Individual, en pareja o en grupos
- El formato puede ser:
  - un póster
  - un video
  - un ensayo
  - una entrada de blog
  - otro formato de tu elección
- Incluye:
  - ubicación (¿dónde está?)
  - población (número de habitantes)
  - características
  - ventajas
  - problemas

Fase 3

Pregunta conceptual

¿Cómo conectamos con el entorno en el que vivimos?

6.3 Cuidemos nuestro barrio

a. **Relaciona estas palabras con las imágenes.**

1. Acumulación de residuos
2. Limpieza de calles
3. Reciclado de envases
4. Comercios (tiendas y establecimientos)
5. Contenedores de basura

⭕ Hablamos

b. **Los vecinos de Usera, en Madrid, han comenzado una campaña para mejorar su barrio. Lee los nueve objetivos y discute con tu compañero/a para elegir solo los cinco más importantes. ¿Se te ocurre a ti alguno más?**

1. Fomentar y mejorar la limpieza del barrio
2. Reducir el número de comercios y tiendas
3. Sacar dinero
4. Reducir los residuos
5. Informar a los vecinos del barrio sobre el medio ambiente
6. Crear un modelo para otros barrios
7. Mejorar la colaboración entre ciudadanos, policía y otras instituciones
8. Comprar más contenedores de basura
9. Involucrar a la ciudadanía en el tema del medio ambiente

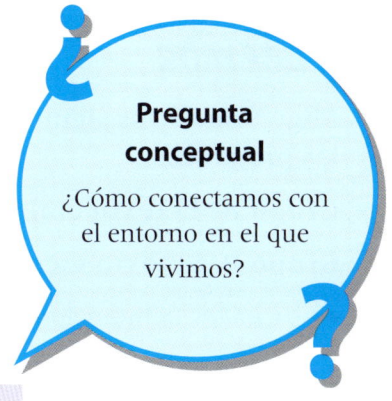

¡Cuidemos nuestro mundo!

📖 Leemos

Fase 3

c. **Elige uno de los siguientes textos y, en grupos, contesten las preguntas.**

Grupo A: El texto oral y visual

Grupo B: El texto escrito y visual

- ¿Cuál es la intención del texto?
- ¿A quién va dirigido?
- ¿Qué mensaje quiere transmitir el texto?
- En 25 palabras, hagan un resumen del contenido.
- ¿Qué función tiene el componente visual?
- ¿Crees que el mensaje se puede aplicar a tu ciudad también? ¿Por qué?

d. **Lee el texto B y escribe estos subtítulos, que están desordenados, para los diferentes apartados.**

| Quiénes | Para qué | Cuándo | Cómo | Con qué objetivo |

e. **Ahora cambien los grupos. Grupo A mira el video y grupo B lee el texto. ¿Cuáles son las diferencias entre los textos? ¿Qué texto te parece más fácil de comprender? ¿Por qué?**

> **Pregunta fáctica**
> ¿Qué puedo hacer para cuidar mi comunidad?

Texto A: Texto oral y visual

https://www.youtube.com/watch?v=xZNQW700ey4

🔍 Palabras de búsqueda:

Campaña de Medio Ambiente 'El vecino del 5º'

Texto B: Texto escrito y visual

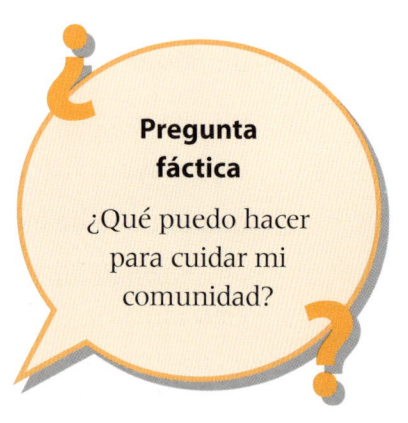

http://www.madrid.es/portales/munimadrid/es/Inicio/

Campaña para el cuidado del espacio público y la eliminación de los residuos acumulados en calles en el distrito de Usera

[...] Se trata de una campaña piloto en el distrito de Usera para fomentar y mejorar la limpieza y reducir los residuos acumulados en las calles, plazas y parques de cada barrio con el lema "Brilla Usera". [...]

1. ¿_____?

La campaña en calle ha tenido una duración de 5 meses: de febrero a junio de 2017.

2. ¿_____?

Focalizando los problemas en su correspondiente ámbito y trabajando con las personas que mejor lo conocen, se ha pretendido conseguir una solución en la que la mayor inversión es el sentimiento de colaboración, participación y cuidado de un espacio que cada vecino considera como suyo.

Los principales objetivos que se han perseguido en la campaña han sido:

- **Reducir el número de lugares de acumulación de residuos** en las calles del distrito de Usera.
- **Informar a la ciudadanía** sobre la problemática asociada a los residuos, las buenas prácticas y los recursos disponibles por parte del Ayuntamiento en materia de limpieza y residuos.
- **Fomentar y aumentar la participación ciudadana** en materia de cuidado y limpieza de espacio público del distrito de Usera, especialmente de los puntos en los que actualmente se acumulan residuos.
- **Fortalecer la coordinación** entre los agentes sociales públicos y privados y las acciones que se desarrollan en la campaña.
- **Recoger sugerencias** y aportaciones de la ciudadanía en materia de gestión de residuos.
- **Generar un modelo de intervención exportable** a otros distritos.

Esta campaña ha tenido también por objetivo involucrar a los comercios en cuanto a la importancia del reciclado de cartones ya que se ha puesto en marcha, a través del nuevo contrato de recogida de residuos, la recogida puerta a puerta de cartones en comercios y establecimientos.

3. ¿_____?

Con todo ello se ha pretendido concienciar e involucrar a la ciudadanía para fomentar el sentimiento de comunidad y el hecho de que cada vecino y vecina es igual de importante en el cuidado de su barrio. Para que este objetivo resultara posible en la campaña se proporcionó información muy variada sobre la gestión de los servicios de limpieza y residuos en el distrito, como por ejemplo puede ser: los diferentes turnos de recogida que tienen lugar en cada barrio, la importancia de separar correctamente los residuos y de depositarlos en el contenedor correspondiente, dónde se sitúan los puntos limpios del distrito, etc. además de escuchar las sugerencias que pueden aportar quienes residen allí y fomentar así su colaboración para un mejor aprovechamiento de los recursos municipales creando un sentimiento de colaboración y participación mutuas.

4. ¿_____?

En permanente y estrecho contacto con el personal municipal de la Junta del Distrito y a través del apoyo de personal especializado en educación ambiental, se ha contado con: cinco educadores ambientales, dos coordinadores y un administrativo, todos ellos procedentes de la Agencia Municipal para el Empleo, que han llevado a cabo las actuaciones diseñadas para la campaña.

¡Cuidemos nuestro mundo!

Para ello los educadores ambientales recibieron formación de los servicios de recogida de basuras, los servicios de limpieza y del personal de zonas verdes y jardines, y así han conocido de primera mano de qué se encarga cada servicio, las diferencias que existen entre un tipo de servicio y por qué es así. Con estas herramientas el personal encargado de informar a la población ha podido, a su vez, despejar las dudas que tenían los ciudadanos en cuanto al tratamiento de residuos que se lleva a cabo desde el Ayuntamiento de Madrid.

5. ¿_____?

En la campaña se ha trabajado y dado información a más de 5.000 personas a través de diferentes acciones como información directa en calle, mesas informativas en todos los centros culturales y centros de mayores del distrito, y en diferentes mercados municipales, visitas a comerciantes y establecimientos y trabajo específico con asociaciones del distrito.

De forma simultánea, se han desarrollado 102 sesiones educativas, muchas de ellas en centros escolares trabajando con casi 600 alumnos, que han culminado con acciones de arte urbano en la calle, en las que, junto con estudiantes, profesorado y la colaboración de Voluntarios por Madrid, se han embellecido casi 30 puntos de acumulación de residuos en diferentes barrios del distrito. [...]

6.4 El reciclaje

a. ¿En qué contenedor tirarías los siguientes objetos?

- Una botella de refresco de vidrio
- El resto de una manzana
- Restos de ensalada
- Unas hojas de papel
- Una lata de atún
- Una caja de zapatos
- Una bolsa de plástico
- Una servilleta de papel
- Un vaso de plástico de yogur
- Un vaso de cristal roto
- Una bolsa de patatas fritas vacía
- Un paquete de cartón de galletas
- Residuos de comida
- Cáscara de huevo

🔊 Escuchamos

b. Mira este video y con un compañero/a escriban una definición de basura y otra de reciclaje.

https://www.youtube.com/watch?v=-UFFFUTMlCw

🔍 **Palabras de búsqueda:**

¿Por qué el Reciclaje es tan Importante?

1. ¿Qué provoca la curiosidad en los chicos sobre el reciclaje?
2. ¿Dónde han aprendido antes los chicos sobre el reciclaje?
3. ¿Cuál fue la tarea que les puso la maestra?
4. ¿De qué tipos de residuos se habla en el video?
5. ¿Qué importancia tiene la basura en la ciudad?
6. ¿Cuáles son las soluciones?
7. ¿Cuál es el símbolo del reciclaje?
8. ¿Qué función crees que tienen los dibujos en el video? ¿Y los sonidos, la música?
9. ¿A quién crees que está dirigido el video?
10. ¿Se puede aplicar el contenido de este video a tu ciudad? ¿Por qué?

Criterio Ai

Criterio Aii

Criterio Aiii

c. En grupos y con las ideas del video y otras suyas, hagan una lista de las cosas que pueden hacer para evitar producir mucha basura.

Lengua

El imperativo negativo

Usamos el imperativo para pedir directamente algo a otra/s persona/s. Puede ser:

- una instrucción
- un ruego
- un consejo
- una prohibición

Fíjate en las formas del imperativo negativo. ¿A qué otra forma verbal se parece? ¿Puedes encontrar un patrón?

¡Cuidemos nuestro mundo!

Completa:

Los verbos en –ar forman el imperativo negativo cambiando la "a" por …
Los verbos en –er e –ir forman el imperativo negativo cambiando la "e" por …

Verbos en –ar (tirar)	Verbos con pronombre
(tú) No tires	No te sientes
(usted) No tire	No se sienten
(vosotros) No tiréis	No le des
(ustedes) No tiren	No le den

Verbos en –er / –ir (beber)	Algunos irregulares
(tú) No bebas	No hagas
(usted) No beba	No hagan
(vosotros) No bebáis	No vayas
(ustedes) No beban	No vayan
(tú) No escribas	No pongas
(usted) No escriba	No pongan
(vosotros) No escribáis	
(ustedes) No escriban	

¿Conoces algunos irregulares más? ¿Cómo crees que es el imperativo negativo de *decir, ser* y *estar*?

d. Escribe carteles para crear conciencia ciudadana. Usa los siguientes verbos en el imperativo negativo. Utiliza la forma de ustedes. ¿Cómo se lo dirías a tus compañeros/as o amigos/as?

> tirar   consumir   usar   cambiar   ponerse
> arrojar   hacer   ir   reciclar   separar

Formal: A mi amigo:

No tire basura al suelo → *No tires basura al suelo*

e. Transforma estas frases en plural.

1. **No escribas** en las hojas de papel sólo por una cara.
2. **No compres** vasos de papel.
3. **Lleva** una botella de plástico que puedas rellenar.
4. **No compres** productos con muchos envoltorios.
5. **Ten** cuidado con la basura.
6. **No tires** los residuos en el contenedor que no debes.

🔊 Escuchamos

f. El video que vas a ver habla de la isla basura. Con dos compañeros/as, traten de imaginar qué quiere decir ese título.

g. Ahora mira el video y contesta estas preguntas.

https://www.youtube.com/watch?v=fuJjPhLwdNI

🔍 **Palabras de búsqueda:**

Isla Basura

1. ¿Dónde está ubicada la isla?
2. ¿Cómo es de grande?
3. ¿De qué está compuesta?
4. ¿De dónde proceden?
5. ¿Qué se puede hacer?
6. ¿Cuáles son las consecuencias?
7. ¿Cuáles son los planes con esta isla en un futuro próximo?
8. El video combina lo que explica la presentadora y lo que dicen los científicos. ¿Qué te parece esta combinación? ¿Cuál crees que es el objetivo de cada uno?
9. ¿Qué te parece que haya versiones originales con subtítulo?
10. ¿A quién crees que va dirigido este video? Justifica tu respuesta.

Criterio Ai

Criterio Aii

h. ¿Qué se puede hacer para solucionar este problema? ¿Qué pueden hacer ustedes directamente? En grupos, escriban frases con alguna solución. Usa las estructuras aprendidas en la unidad.

Fase 3

✏️ Escribimos

i. En grupos, van a confeccionar un folleto para su colegio para conseguir un colegio más verde. ¿Cómo pueden producir menos basura?

- Busquen un eslogan como título de la campaña
- Hagan fotos
- Acompañen las fotos con consejos en imperativo
- Escriban un mínimo de 200 palabras

Criterios C y D

✳️ Estructura

Pregunta conceptual

¿Cómo conectamos con el entorno en el que vivimos?

¡Cuidemos nuestro mundo!

6.5 Consecuencias del cambio climático

a. Relaciona estas imágenes con los conceptos de abajo. ¡Cuidado! Faltan dos imágenes. ¿Cuáles te parece que son los problemas más importantes? Ponte de acuerdo con un compañero/a.

desaparición de especies marinas	contaminación acústica	efecto invernadero
deforestación	aumento del nivel del agua	calentamiento global	animales en peligro de extinción
el deshielo de los polos	disminución de la capa de ozono	contaminación del aire

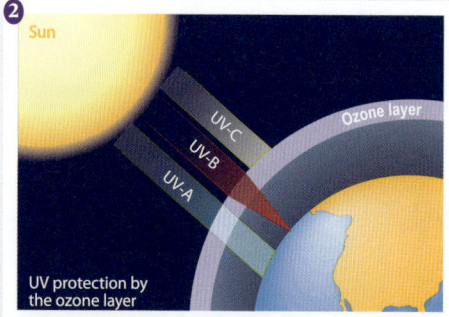

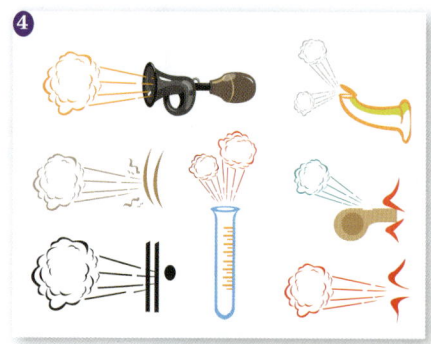

b. Con un compañero/a, ¿pueden dibujar dos imágenes para los conceptos que faltan? Expliquen a la clase después lo que han dibujado.

170

Lengua

La causa y la consecuencia (o efecto)

¿Qué expresiones conoces ya para expresar la causa y la consecuencia?
Lee las frases. ¿Cómo se dicen estas palabras en tu lengua?

La causa

Porque
Muchos peces se mueren porque hay mucha polución en los ríos.

Ya que
Muchos peces se mueren ya que hay mucha polución en los ríos.

Debido a /A causa de (van con un sustantivo)
Debido a la polución de los ríos, muchos peces se mueren.
A causa de la polución de los ríos, muchos peces se mueren.

Como (va al comienzo de la frase)
Como hay mucha polución en los ríos, los peces se mueren.

La consecuencia

Así que
Tomamos demasiados antibióticos a través de la carne que consumimos, así que estos tienen menos efecto en nosotros.

Por eso/Por ello/Por consiguiente/Por lo tanto
Tomamos demasiados antibióticos y, por consiguiente, estos tienen menos efecto en nosotros.

En/Como consecuencia
Tomamos demasiados antibióticos y, como consecuencia, estos tienen menos efecto en nosotros.

c. Transforma estas frases utilizando las diferentes estructuras para expresar causa.

1. Se necesita mucha agua porque los animales beben mucho.
2. Somos menos resistentes a los antibióticos porque comemos mucha carne de animales que los han consumido.

¡Cuidemos nuestro mundo!

d. Relaciona las dos partes.

1. El 50% de la producción de granos en el mundo se usa como alimento para ganado…	a. … porque al pescar peces de consumo se matan muchas otras especies que no se comen y se devuelven al mar.
2. Las vacas son indirectamente responsables de la destrucción del Amazonas…	b. … y no obstante mucha se derrocha en dar de beber a los animales y en procesar su carne, es decir, la comida que nosotros comemos.
3. El 97% del agua del mundo es salada (es decir, no se puede beber)…	c. … debido a que se alimenta a los animales con antibióticos y al comer su carne, se toman demasiados y luego no causan efecto.
4. En menos de treinta años los océanos podrían estar sin peces…	d. … porque en el mundo se consume tantísima carne y hay que alimentar a estos animales.
5. Se produce suficiente comida para alimentar a la población mundial…	e. … ya que cada vez necesitan más espacio y se va matando árboles, otras especies de animales, etc.
6. Muchas personas actualmente son resistentes a los antibióticos…	f. … pero una tercera parte de esa comida se desperdicia.

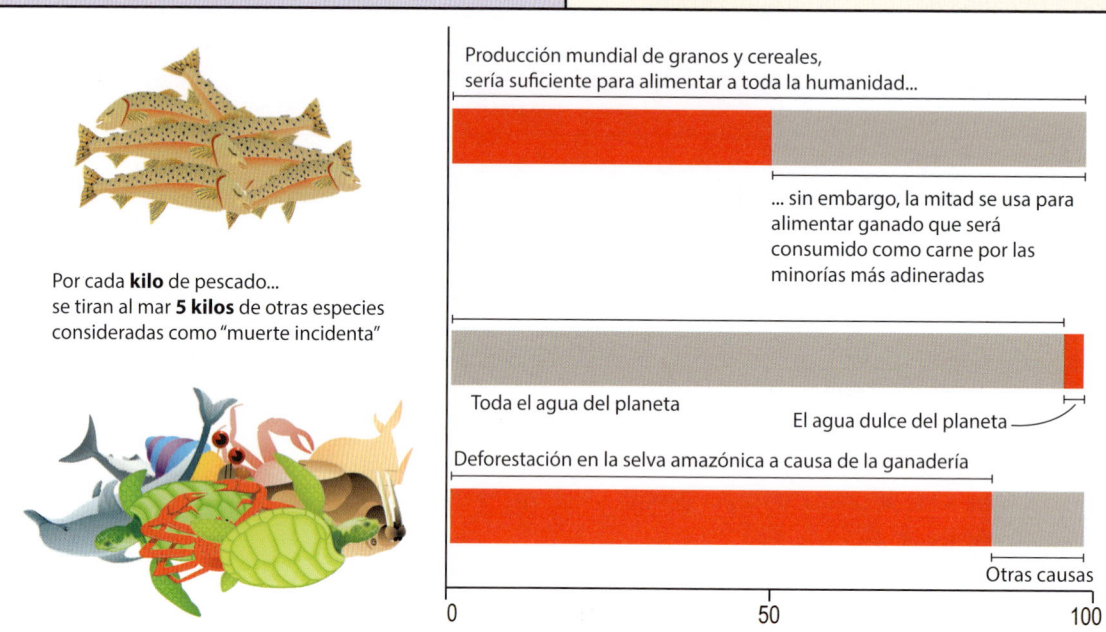

Por cada **kilo** de pescado… se tiran al mar **5 kilos** de otras especies consideradas como "muerte incidenta"

Producción mundial de granos y cereales, sería suficiente para alimentar a toda la humanidad…

… sin embargo, la mitad se usa para alimentar ganado que será consumido como carne por las minorías más adineradas

Toda el agua del planeta — El agua dulce del planeta

Deforestación en la selva amazónica a causa de la ganadería

Otras causas

0   50   100

e. Estos son algunos de los efectos que el ser humano está causando en el medio ambiente. ¿Puedes construir frases utilizando las expresiones de causa y consecuencia?

Multitud de fábricas que expulsan elementos tóxicos

Emisiones de CO_2

Multitud de plásticos en el mar

Vertidos industriales

Contaminación acústica

> *Ejemplo:*
>
> Hay multitud de fábricas que expulsan elementos tóxicos, por consiguiente el aire de las ciudades está muy contaminado.
> Debido a la multitud de fábricas que expulsan elementos tóxicos, el aire …

🗨 Hablamos

f. Preparen un juego de roles entre un representante de una ONG y un político, para discutir sobre las consecuencias del cambio climático. Primero siéntense en grupos del mismo personaje para tomar apuntes, buscar información, argumentos y palabras en el diccionario, y resumir lo aprendido en la unidad. Después, ya preparados, siéntense en parejas.

Criterios **C y D**

Fase 3

Punto de vista

6.6 Mi actitud ante el medio ambiente

a. Respecto al medio ambiente son varios los perfiles que tienen los jóvenes. Clasifica estas frases con estos cinco tipos.

Ambientalista activo en grupo	Ambientalista activo individual	Ambientalista pasivo	Ambientalista indiferente	Antiambientalista

1. Perteneces a un grupo de protección del medio ambiente.
2. Lees libros y artículos sobre el medio ambiente.
3. Eres muy consciente de lo que comes y de los residuos que generas.
4. Intentas reciclar lo más posible.
5. Crees que sólo todos juntos podemos cambiar los problemas del medio ambiente.
6. Piensas que se exagera con los problemas del medio ambiente. Es un ciclo del planeta.
7. Consideras que los problemas del medio ambiente son de los políticos y los gobiernos.
8. Te preocupa el tema del medio ambiente, pero no tienes suficiente información.
9. Intentas comprar productos ecológicos.
10. El problema del medio ambiente existe pero hay otros mucho más importantes por solucionar.

b. ¿Cómo te definirías tú? Comenta con tu compañero/a y justifica tu respuesta.

c. ¿Crees que hay algún perfil de la comunidad de aprendizaje del IB que corresponde a los perfiles sobre el medio ambiente anteriores? Justifica tu respuesta.

ATL Habilidades de reflexión

Al intentar definir tu perfil en cuanto al medio ambiente, estás reflexionando sobre las implicaciones éticas y ambientales.

¡Cuidemos nuestro mundo!

📖 Leemos

d. Lee esta carta y marca las frases que se usan para empezar la carta y terminar la carta. ¿Qué palabras te hacen pensar que la carta la ha escrito un español? ¿Cómo sería si el autor fuera de Latinoamérica?

Valladolid, a 29 de octubre de 2018

Estimados alumnos del colegio internacional:

Me dirijo a vosotros porque la comunidad se está planeando hacer cambios y mejoras para conseguir que nuestra ciudad sea más ecológica, que respete el medio ambiente.

Como alcalde de la ciudad, quiero preguntar antes de tomar medidas con los diversos grupos e instituciones. Para mí la opinión de chicos y chicas jóvenes, bien educados y con seguridad, y preocupados por el medio ambiente, es esencial.

Necesitamos vuestras ideas y sugerencias. ¿Qué es lo que pueden hacer los jóvenes por la comunidad, y la comunidad por los jóvenes, para que entre todos construyamos una comunidad donde vivamos en armonía con la naturaleza?

La campaña tendrá lugar en la primavera del año próximo, así que tenéis unos cuantos meses para pensar, y después me gustaría recibir vuestras cartas.

Con mucha ilusión por nuestro trabajo común. Quedo a la espera de vuestra carta.

Cordiales saludos para todos,

Juan Hernández

Lengua

Estructura

La carta formal

El saludo	La despedida
Estimado/Distinguido señor/a + el nombre o la posición:	Usar fórmulas del tipo:
Estimado señor director	• Esperando su respuesta
Distinguido señor Tejuelo	• Le saluda atentamente
	• Reciba un saludo cordial

Añadir fecha y lugar (y si es necesario, asunto)

Utilizar *usted/ustedes*

No utilizar lenguaje coloquial

Utilizar frases subordinadas, conectores

✏️ Escribimos

e. En parejas, redacten una carta formal contestando y dando ideas para mejorar su comunidad. Escriban entre 200 y 250 palabras.

Criterios **C y D**

Pregunta conceptual

¿Qué puedo hacer para cuidar mi comunidad?

6.7 Desastres naturales

a. Mira este video, toma apuntes y después relaciona estas definiciones con las palabras.

https://www.youtube.com/watch?v=D91LtzCW6E8

🔍 **Palabras de búsqueda:**

Desastres Naturales

1. Terremotos o seísmos	a. Invasión de grandes cantidades de agua, normalmente que provienen de un río o por lluvias extremas.
2. Inundaciones	b. Salida violenta de un volcán invadiendo todo lo que encuentra.
3. Incendios	c. Es cuando no llueve durante mucho tiempo y todo se empieza a secar.
4. Erupciones de volcanes	d. Movimiento brusco de la tierra.
5. Ciclones (huracanes en las Américas, tifones en Asia)	e. Vientos muy fuertes, normalmente acompañados de lluvia.
6. Tsunamis o maremotos	f. Es un movimiento dentro del agua, normalmente por un terremoto que produce unas olas inmensas.
7. Sequías	g. Son fuegos inmensos que se extienden sin control por bosques y terrenos, incluso poblaciones.

b. ¿Conoces películas o libros sobre desastres naturales? Siéntense en grupos y hagan una lista. Tienen que escribir el título, el desastre natural de que trata y la credibilidad de la historia.

c. ¿Crees que se puede hacer algo para evitar los desastres naturales? ¿Tienen alguna relación con la intervención humana o con el cambio climático? Miren este video para inspirarse y después lleven a cabo una pequeña discusión.

https://www.youtube.com/watch?v=e5y7FMCZwKQ

🔍 **Palabras de búsqueda:**

Nosotros tenemos el poder de salvar el mundo

Pregunta debatible

¿Tiene el ser humano responsabilidad ante los desastres naturales?

❌ Punto de vista

¡Cuidemos nuestro mundo!

6.8 El futuro del planeta

Lengua

Para expresar predicciones usamos …

El futuro imperfecto

*Las temperaturas en la Tierra **subirán** en los próximos años.*

Estas son las formas del futuro. Marca las terminaciones con un color. ¿Puedes formular una regla?

(yo) seré   (nosotros/as) seremos
(tú) serás   (vosotros/as) seréis
(él/ella usted) será   (ellos/as, ustedes) serán

El futuro se forma añadiendo las terminaciones al ……………………
Las tres conjugaciones son iguales.

Hay algunos irregulares:

haber – habrá	decir – diré	querer – querré
hacer – haré	saber – sabré	salir – saldré
tener – tendré	venir – vendré	
poder – podré	poner – pondré	

El número de peces disminuirá en los océanos
La mayor parte de la tierra se volverá más seca
Habrá muchos menos árboles
Muchos suelos disminuirán la producción
Las temperaturas aumentarán

🔗 Conexión interdisciplinaria: Ciencias

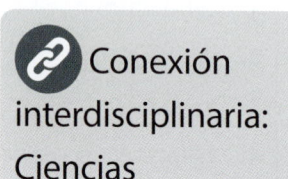

Junto con la asignatura de Ciencias, se puede hacer un proyecto interdisciplinario en el que se explican los volcanes y los huracanes. Pueden hacer una presentación en español de estos fenómenos o de algún experimento relacionado con ellos.

a. ¿Eres optimista o pesimista? ¿Cómo ves el futuro? Escribe las formas de estos verbos en futuro y haz frases completas.

1. Ser (todos nosotros)
2. Hacer (tú)
3. Convertirse (los países)
4. Aumentar (el nivel del agua)
5. Disminuir (las especies)
6. Haber (el mundo)
7. Poder (tú y tus amigos)
8. Tener (ustedes)

b. ¿Cómo ves el futuro del planeta Tierra en 50 años? Con un compañero/a, escribe una frase para cada uno de los apartados.

La población   Los animales
Los océanos y mares   La ciudad
El clima   Los recursos
Los polos

176

c. **A veces los textos de Wikipedia tienen información compleja, no están bien estructurados y no siempre son fiables. Con un compañero/a, escriban las frases o palabras del texto que les parezcan más importantes y después escriban un resumen o una definición de lo que es sustentabilidad. ¡No se preocupen si no comprenden todo! Deben ignorar toda la información innecesaria.**

https://es.wikipedia.org/wiki/Sostenibilidad

En ecología, **sostenibilidad** o **sustentabilidad** describe cómo los sistemas biológicos se mantienen diversos, materiales y productivos con el transcurso del tiempo. Se refiere al equilibrio de una especie con los recursos de su entorno. Por extensión se aplica a la explotación de un recurso por debajo del límite de renovación del mismo. Desde la perspectiva de la prosperidad humana y según el Informe Brundtland de 1987.

La sostenibilidad es un proceso socio-ecológico caracterizado por un comportamiento en busca de un ideal común. Un ideal es un estado o proceso inalcanzable en un tiempo/espacio dados pero infinitamente aproximable y es esta aproximación continua e infinita la que inyecta sostenibilidad en el proceso. Solo los ideales sirven de referentes en un ambiente turbulento y cambiable (Ibid). Es un término ligado a la acción del hombre en relación a su entorno, se refiere al equilibrio que existe en una especie basándose en su entorno y todos los factores o recursos que tiene para hacer posible el funcionamiento de todas sus partes, sin necesidad de dañar o sacrificar las capacidades de otro entorno. Por otra parte, sostenibilidad en términos de objetivos, significa satisfacer las necesidades de las generaciones actuales, pero sin afectar la capacidad de las futuras, y en términos operacionales, promover el progreso económico y social respetando los ecosistemas naturales y la calidad del medio ambiente.

d. **Para terminar, mira este video. Te puede ayudar a repasar todo el léxico de la unidad antes de comenzar la evaluación. Escribe las palabras claves en tu cuaderno personal.**

https://www.youtube.com/watch?v=07jxiGZhESw

Palabras de búsqueda:

Spanish Earth Day. "Día de la Tierra"

6.9 Proyecto: Servicio como Acción (un colegio/una ciudad verde)

Diseñen una campaña de concienciación de lo que se puede hacer en la escuela/ en su barrio/ciudad por el medio ambiente.

- Pueden utilizar los formatos practicados en la unidad: el texto informativo, la entrada de blog, el folleto y la carta formal.
- Divídanse en grupos.
- Hablen sobre la campaña, en lo que se van a concentrar, cómo lo van a hacer.
- Repártanse los trabajos de forma individual o en parejas.

Fase 3

¡Cuidemos nuestro mundo!

Evaluación sumativa

Criterio A

Mira este video y contesta las preguntas.

https://www.youtube.com/watch?v=nnL6thNEN64

Palabras de búsqueda:

El mejor video sobre calentamiento global, sobrepoblación, contaminación

Aspecto i

1. ¿Cuál es el mensaje principal del video? Elige una opción y justifica con la información tomada del texto oral y visual.

    a. La humanidad tira la basura a los ríos y ensucia los suelos.

    b. Reciclar es fundamental para salvar el planeta.

    c. Debemos concienciarnos de los problemas del medio ambiente y sus consecuencias para el planeta.

2. ¿Verdadero o falso? Justifica tu respuesta si la información es falsa según el texto.

	V	F
El calentamiento global se debe a una minoría de personas que reside en el continente americano.		
La humanidad ha causado los problemas al medio ambiente en menos de 100 años.		
Estamos viendo ahora la era de las consecuencias.		
Los gases de efecto invernadero causan una disminución del calentamiento del planeta.		

3. Menciona tres factores por los que el autor piensa que los gases de efecto invernadero aumentan.

4. Explica con tus palabras qué quiere decir el autor cuando habla de "círculos viciosos". Usa ejemplos concretos del video.

5. ¿Qué piensas de los ejemplos que el autor del video ofrece sobre cómo están representados los problemas en su país? Básate en los ejemplos concretos del video.

6. ¿Crees que el autor del texto transmite un mensaje esperanzador o pesimista? ¿Por qué? Justifica con la información tomada del texto oral y visual.

Aspecto ii

7. ¿Qué función tiene la música que acompaña al texto oral y visual? Da ejemplos concretos de los tipos de música y su relación con el texto.

8. ¿Piensas que este video se ha realizado adecuadamente según el propósito que persigue? ¿Por qué?

9. ¿A qué público piensas que está dirigido? ¿Por qué?

Aspecto iii

10. ¿Piensas que los problemas representados en el video también se pueden aplicar al lugar donde tú vives? ¿Por qué?

11. ¿Qué soluciones piensas que se pueden dar en tu comunidad para evitar los problemas representados en el video?

12. ¿Qué temas representados en el texto oral y visual son los más impactantes para ti? ¿Por qué? Justifica si el autor ha hecho una buena elección de temas para conseguir su propósito.

Criterio B

https://blog.oxfamintermon.org/10-consecuencias-del-

10 consecuencias del calentamiento global

Sequías, huracanes, hambre, pobreza y destrucción: estas son algunas de las terribles consecuencias que el calentamiento global provoca en nuestro planeta. Y en nuestra mano está participar activamente para frenar sus efectos si queremos que las siguientes generaciones hereden un mundo tal y como lo conocemos hoy. O mejor.

Proteger el medio ambiente es importantísimo. Hoy queremos explicarte cuáles son 10 de los efectos más importantes del calentamiento global, para que tomes conciencia de los niveles a que afecta. ¡Vamos allá!

¡Cuidemos nuestro mundo!

Qué consecuencias tiene el calentamiento global

1. _____

La acumulación de gases contaminantes hace que las temperaturas aumenten cada vez más y que los climas cambien: esto provoca sequías y, además, aumenta el riesgo de incendios que conllevan la deforestación y la desertización del planeta.

En 2012, los países del Sahel, en el norte de África, sufrieron una crisis alimentaria que afectó a unos 18 millones de personas debido a la escasez de lluvias. Los efectos de la sequía no son nuevos en esta zona, que viene sufriendo sequías recurrentes de forma periódica pero sí lo son la intensidad y la frecuencia de las mismas, que se han incrementado durante la última década como consecuencia del aumento de las temperaturas en el planeta.

2. _____

El hecho de que las temperaturas sean más altas hace que las lluvias sean menos frecuentes, pero que sean más intensas; por tanto, el nivel de inundaciones y su gravedad también irán en aumento.

3. _____

Un cambio de temperatura de varios grados puede hacer que la zona templada se haga más acogedora a la propagación de determinadas enfermedades. De esta manera, pueden empezar a darse casos de mal de Chagas, el dengue u otras enfermedades que están olvidadas en los países desarrollados y en zonas que tradicionalmente han sido más frías.

Este hecho afecta también a los países en desarrollo. Un estudio de casos en Etiopía realizado por científicos de las universidades de Denver (UD) y Michigan (UM), concluyó que el aumento de un solo grado en la temperatura del ambiente tiene como consecuencia el desarrollo de 3 millones de casos de malaria más en Etiopía en pacientes de menos de 15 años.

4. _____

El calentamiento global del planeta producido por la quema acelerada de combustibles fósiles agotables ha sido muy intenso en el Polo Norte. Esto hace que el Polo Norte esté hoy mucho más caliente que hace cincuenta años. La salud e incluso la vida de miles de personas pueden verse en riesgo debido al aumento de las olas de calor, tanto en lo que se refiere a frecuencia como a intensidad.

5. _____

Océanos con temperaturas más altas son océanos que derriten el hielo de los casquetes polares: esto significa que aumenta el nivel del mar.

Los efectos de alcance global incluirán cambios sustanciales en la disponibilidad de agua para beber y para riego, así como un aumento de los niveles del mar, cambios en los patrones de circulación del agua en los océanos, y la amenaza a la supervivencia de especies de flora y fauna que sobreviven en dichos ecosistemas.

6. _____

El aumento de temperatura del mar hace que los huracanes se vuelvan más violentos. ¿Por qué? Pues porque un huracán es el medio que tiene el planeta para repartir el exceso de calor de las zonas cálidas a las más frías. Y a más temperatura, más huracanes, con todos los problemas que conllevan: destrucción de ciudades, de cultivos, desmantelamiento de todos los sistemas, enfermedades…

7. _____

Una temperatura más alta, menos precipitaciones, sequías e inundaciones hacen que el clima se adapte a esta nueva climatología y, por tanto, se produzcan cambios en la duración de las estaciones, aparezcan patrones más propios de climas monzónicos…

8. _____

Muchas especies de animales están viendo cómo su clima actual desaparece y no son capaces de adaptarse a cambios tan rápidamente. Así, muchos osos polares están muriendo ahogados porque no pueden alcanzar los hielos flotantes, y las aves migratorias están perdiendo la capacidad de emigrar porque no pueden seguir los flujos de temperatura a las que están habituadas.

9. _____

Como los casquetes se derriten, se vierte muchísima más agua en los mares y océanos y, por tanto, aumenta el nivel del mar: esta es una de las consecuencias del cambio climático más graves, ya que significa que muchísimas islas podrían desaparecer en el futuro y que un buen número de ciudades verán cómo su distancia a la costa se reduce de forma significativa.

10. _____

El cambio climático pone en peligro la producción de alimentos tan básicos como el trigo, y esto significa que cientos de miles de personas cuya vida depende de sus cultivos están en riesgo de perderlo todo. Y no solo eso: si los cultivos escasean, los precios se disparan. Esto nos afecta a todos, pero en los países menos desarrollados, con altísimos índices de pobreza, las consecuencias pueden ser devastadoras.

Como ves, combatir las consecuencias del calentamiento global es vital si no queremos que nuestro planeta, tal y como lo conocemos hoy, desaparezca. Cualquier pequeño cambio de temperatura altera el equilibrio de nuestro planeta y, con ello, nuestra salud, nuestra calidad de vida y el futuro de las generaciones venideras. Es necesario empezar a poner las bases de un futuro más sostenible. Entre todos podemos conseguirlo. ¡Pero no hay tiempo que perder! ¿Nos ponemos en marcha ya?

Oxfam Intermón
https://blog.oxfamintermon.org/10-consecuencias-del-calentamiento-global/

Aspecto i

1. Coloca estos subtítulos en el lugar correspondiente.

Desaparición de especies animales   Tormentas más intensas   Olas de calor más fuertes
Alimentos más caros   Derretimiento de los glaciares   Aumento del nivel del mar
Temperaturas más cálidas   Propagación de enfermedades
Cambio de los ecosistemas   Huracanes más peligrosos

¡Cuidemos nuestro mundo!

2. Di si estas frases son verdaderas o falsas y justifica tu respuesta.

	V	F
Siempre ha habido sequías pero ahora son más intensas.		
Las temperaturas son más altas y por eso llueve más.		
Hay más enfermedades porque hace más calor.		
Existe una disminución en los niveles de agua del mar.		
Hay más huracanes porque hace más calor.		
Las aves que emigran no se sienten afectadas porque van por el aire.		
Algunas islas desaparecerán.		

3. ¿Con qué párrafo relacionas la imagen que acompaña al texto? ¿Por qué?

4. ¿Qué causas del calentamiento global ejemplifican estos casos? Explica cuáles son los problemas que representan.

- Los países del Sahel, en el norte de África
- El Polo Norte
- Los osos polares
- El trigo

Aspecto ii

5. ¿Cómo crees que el autor consigue su propósito? Justifica tomando ejemplos concretos del texto.

6. ¿Cómo está organizada la información del texto? Contesta teniendo en cuenta las características formales del tipo de texto.

7. ¿Crees que el texto tiene un tono pesimista o optimista? ¿Cómo lo sabes? Justifica con ejemplos del texto que demuestren el tono e intención del autor.

Aspecto iii

8. ¿Eres consciente tú de algún cambio climático en tu entorno cercano? Compara con la información ofrecida en el texto.

9. ¿Qué te parece el final del texto? ¿Cuál es tu actitud después de leerlo?

10. ¿Crees tú que la imagen del texto representa bien la información ofrecida en el texto escrito? ¿Qué cambiarías o incluirías tú? ¿Por qué?

Criterios **C y D (oral interactivo)**

Mira este video y después mantén una conversación con tu profesor/a sobre lo que tú puedes hacer en tu casa, en tu comunidad y en el mundo por los problemas del medio ambiente. Puedes prepararte durante 10 minutos y tomar notas. No puedes usar el diccionario ni ningún material de ayuda.

https://www.youtube.com/watch?v=hDwAGfecLJ4

Palabras de búsqueda:

EQUILIBRIUM: Cómo vivir en armonía con nuestro Ambiente (corto ganador)

Criterios **C y D (escrito)**

Escribe una carta formal a una administración de tu comunidad mostrando tu preocupación y dando tu opinión por los problemas medioambientales, hablando de las causas y efectos y las soluciones si existe una mayor sustentabilidad. Escribe entre 200 y 250 palabras.

Vida sostenible
¿Qué es la sustentabilidad?

- Ahorrar y cuidar los recursos naturales.
- Reducir la basura.
- Buscar el equilibrio entre producción y recursos.
- Fomentar la biodiversidad de los sistemas biológicos.

Hagamos nuestro planeta verde, cuidemos todos del planeta.

¡Cuidemos nuestro mundo!

💭 Reflexión

Busca en la unidad las actividades donde has practicado los objetivos de la misma. Reflexiona sobre lo que has aprendido y completa la tabla:

	😊	😐	😟
hablar de gustos y preferencias			
expresar tu opinión y valoración con estructuras en subjuntivo			
expresar existencia y ubicación			
estudiar los comparativos			
comparar textos			
dar instrucciones, consejos, hacer ruegos y prohibir usando el imperativo negativo			
debatir sobre las causas y consecuencias del cambio climático			
reflexionar sobre el perfil de estudiante y la actitud sobre el medio ambiente			
escribir una carta formal			
expresar la predicción con el futuro de indicativo			

Reflexiona sobre el Enunciado de indagación de la unidad

Conectamos con nuestro mundo cuando expresamos nuestro punto de vista sobre problemas de sostenibilidad en textos estructurados.

We connect with our world when we express our point of view about problems of sustainability in structured texts.

¿Puedes conectar este **Enunciado de indagación** con las tareas de la unidad? Busca actividades donde

- conectas con tu entorno y los problemas del medio ambiente
- interpretas y produces textos estructurados
- aprendes a expresar tu punto de vista y a respetar el de los demás.

Enfoques de aprendizaje

Busca en la unidad dónde has practicado las siguientes estrategias de aprendizaje.

¿Cómo crees que estos **Enfoques de aprendizaje** te ayudan a conseguir los atributos del perfil del estudiante del IB de esta unidad? ¿Y los otros atributos?

- Responsables
- Íntegros
- Solidarios

¿Has usado estos **Enfoques de aprendizaje** para completar con éxito las tareas de la unidad? ¿Y las tareas sumativas?

- **Social – Collaboration skills**

    Working effectively with others
    - *Listen actively to other perspectives and ideas*

- **Research – Information literacy skills**
    - *Collect, record and verify data*
    - *Make connections between various sources of information*

- **Communication**

    Exchanging thoughts, messages and information effectively through interaction
    - *Use intercultural understanding to interpret communication*

- **Self-management – Reflection skills**
    - *Consider ethical, cultural and environmental implications*

💭 Reflexión

In this unit you have been encouraged to consider the environment in which you live, whether country or city, the kind of community you live in, and different types of locations where other people live. You have reflected upon the way we connect with the environment, your responsibility towards it, and what you can do in order to preserve it and care for it at a global level, but also at a community and personal level. At the same time, you have been reminded of the importance of reading and listening to other points of view, particularly those that differ from your own, as well as how to reinforce your principles and express your own preferences.

You have also studied structured texts, both information texts and blogs, and learnt how to apply your critical thinking and appreciate the differences between these. You have also learnt how to write a formal letter to express your opinions or criticism about the environment. You are part of the world in which you live, and we hope at the end of this unit you will become a more responsible, principled and caring person.

7 Creencias y valores

Contexto global
Expresión cultural y personal

Conceptos relacionados
Mensaje, convenciones

Concepto clave
Creatividad

Perfil de la comunidad de aprendizaje
Buenos comunicadores, pensadores

Pregunta fáctica

¿Qué diferencias hay entre un mito y una leyenda?

¿Cuáles son los valores de mi cultura?

Pregunta conceptual

¿Qué es la cultura?

¿Cómo se manifiesta la cultura en la literatura popular?

Pregunta debatible

¿Están las manifestaciones religiosas influidas por la cultura?

¿Qué valores culturales son los más importantes?

Enunciado de indagación

Nuestros valores culturales están representados en los mensajes que transmitimos en nuestras creaciones y convenciones textuales.

Al final de esta unidad, vas a poder…
⊘ reflexionar sobre el concepto de cultura
⊘ reconocer los valores básicos de tu cultura
⊘ nombrar y describir personajes fantásticos de la literatura
⊘ comprender las convenciones textuales de las leyendas y los cuentos
⊘ usar los tiempos del pasado; diferenciar el uso del pretérito imperfecto y el pretérito indefinido
⊘ usar los conectores de causa y consecuencia
⊘ presentar actos religiosos representativos de la cultura de algunos países hispanohablantes
⊘ escribir leyendas y cuentos

Pregunta conceptual

¿Qué es la cultura?

7.1 El concepto de cultura

a. ¿Qué relacionas con el concepto de cultura? Realiza un asociograma con tus compañeros/as.

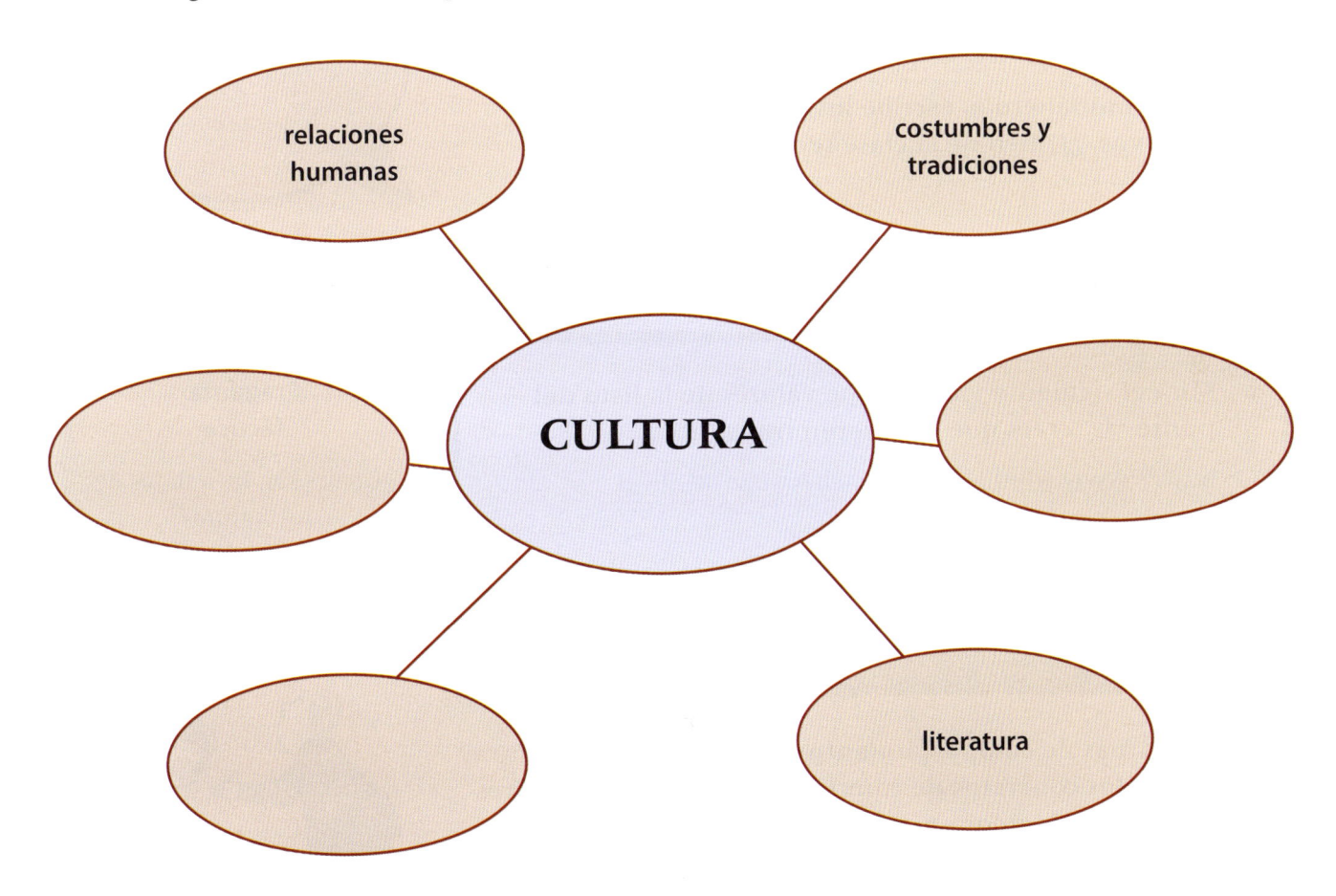

- relaciones humanas
- costumbres y tradiciones
- CULTURA
- literatura

Creencias y valores

b. ¿Cuáles crees que son los valores básicos de tu cultura? Elige cinco de la lista y compara con tus compañeros/as.

la honestidad	el respeto	la empatía	la responsabilidad	la paz
la justicia	la igualdad	la valentía	la tolerancia	el esfuerzo
la integridad	la solidaridad	la lealtad	la libertad	el perdón
	la perseverancia	la dignidad	la cortesía	

c. Clasifica las palabras en los siguientes grupos.

Palabras que acaban en –dad	Palabras que acaban en –ía (con tilde)	Palabras que acaban en –ia (sin tilde)	Otras palabras

d. ¿Qué valores te parecen que son más importantes…? Clasifica y compara después con tus compañeros/as.

- En la sociedad
- Para ti mismo
- En las relaciones con las personas queridas

e. Con un compañero/a, escribe los adjetivos de estos sustantivos. ¿Quién de la clase termina la lista antes?

Ejemplo:

la honestidad → honesto/a

Pregunta debatible

¿Qué valores culturales son los más importantes?

f. Mira el siguiente video. ¿Qué valores de la lista del punto "b" crees que se quieren transmitir?

https://www.youtube.com/watch?v=tqvQ8UiLV4I

Palabras de búsqueda:

Pajaritos de Pixar (For The Birds) Corto para Educar en Valores

Pregunta fáctica

¿Cuáles son los valores de mi cultura?

g. ¿Qué formas de comportamiento son típicas de tu cultura? Da ejemplos concretos de cómo se representan los valores de tu cultura elegidos en el punto "b".

Ejemplo:

En mi cultura es muy importante el respeto hacia los mayores. Por ejemplo, debemos escuchar a los abuelos y respetarlos.

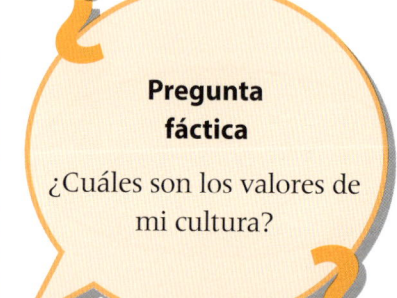

7.2 Seres de mitos y leyendas

a. ¿Sabes cuál es la diferencia entre un mito y una leyenda? Estas son las definiciones de la RAE (Real Academia Española de la Lengua). ¿Cuál crees que es la definición del mito y cuál de la leyenda? ¿Crees que están relacionados con la cultura? ¿Cómo? Relaciona las definiciones y habla después con tu compañero/a sobre estas preguntas.

> **Pregunta fáctica**
> ¿Qué diferencias hay entre un mito y una leyenda?

1. Narración maravillosa situada **fuera del tiempo histórico** y protagonizada por **personajes de carácter divino o heroico**.
2. Historia ficticia o personaje literario o artístico que encarna algún **aspecto universal de la condición humana**.

1. Narración de sucesos fantásticos que **se transmite por tradición**.
2. Relato basado en un **hecho o un personaje real**, deformado o magnificado por la fantasía o la admiración.

b. Piensa en tres seres fantásticos que tú conoces. Pueden ser de películas o de la literatura también. ¿Qué características tienen que les hacen tan especiales? Escribe los nombres en la tabla y marca según su descripción. Compara después con tus compañeros/as.

	Ave Fénix			
Es malo				
Es bueno	✔			
Es una persona				
Es un animal	✔			
Tiene poderes extraordinarios (¿Cuáles?)	✔ *Se muere y vuelve a nacer de sus cenizas*			
Físicamente tiene algo extraordinario	✔ *Es de un color muy fuerte, rosa o naranja, y grande*			

c. Con un compañero/a, trabajen con un diccionario y clasifiquen los siguientes adjetivos en positivos y negativos. Puede haber varias posibilidades.

> fuerte   valiente   luchador/a   rápido/a   desagradable   agresivo/a   inmortal   ágil
> invisible   carnívoro/a   peligroso/a   solitario/a   musculoso/a   mágico/a   atractivo/a   enorme
> inmenso/a   inteligente   avaricioso/a   joven   noble   espiritual   independiente

189

Creencias y valores

d. Mira las propiedades de algunos seres mitológicos y relaciona los dibujos con las palabras.

las alas
el hocico
las patas
el pelo
el pico

la cola
las garras
las orejas puntiagudas
el cuerno

📖 Leemos

e. Lee las descripciones de los siguientes seres mitológicos. ¿Los conoces? ¿Con qué obra literaria o película los relacionas?

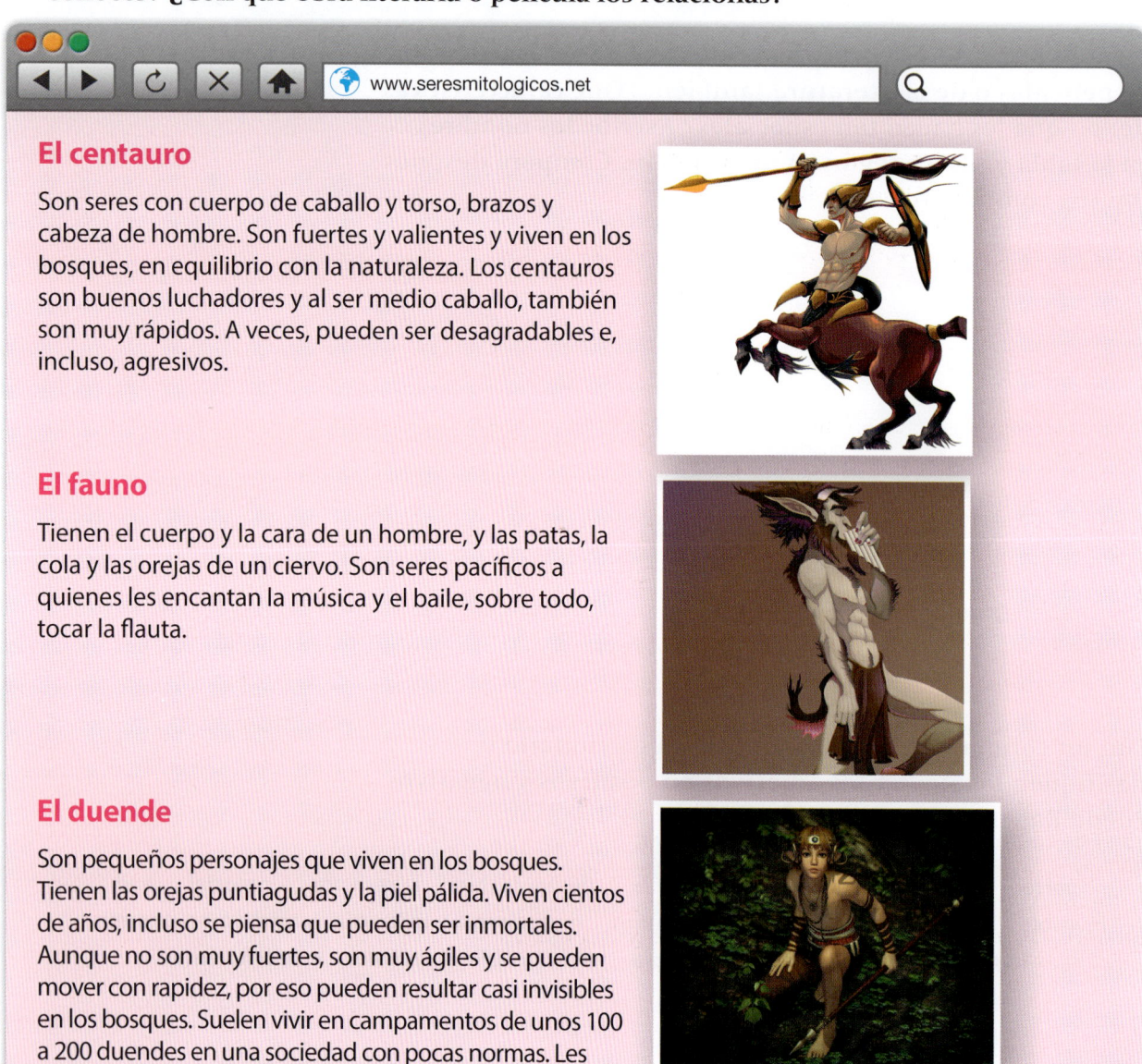

www.seresmitologicos.net

El centauro

Son seres con cuerpo de caballo y torso, brazos y cabeza de hombre. Son fuertes y valientes y viven en los bosques, en equilibrio con la naturaleza. Los centauros son buenos luchadores y al ser medio caballo, también son muy rápidos. A veces, pueden ser desagradables e, incluso, agresivos.

El fauno

Tienen el cuerpo y la cara de un hombre, y las patas, la cola y las orejas de un ciervo. Son seres pacíficos a quienes les encantan la música y el baile, sobre todo, tocar la flauta.

El duende

Son pequeños personajes que viven en los bosques. Tienen las orejas puntiagudas y la piel pálida. Viven cientos de años, incluso se piensa que pueden ser inmortales. Aunque no son muy fuertes, son muy ágiles y se pueden mover con rapidez, por eso pueden resultar casi invisibles en los bosques. Suelen vivir en campamentos de unos 100 a 200 duendes en una sociedad con pocas normas. Les gusta la música, el baile y la poesía.

El dragón

Son animales con forma de serpiente gigante, con las garras de un león y alas. Hay dragones de diferentes colores. Algunos viven en cuevas. Con los años los dragones se hacen más poderosos; atacan y se defienden normalmente echando fuego por la boca.

La hidra

Son monstruos gigantes que tienen forma de reptil y múltiples cabezas. Son personajes carnívoros, muy peligrosos y solitarios. Tienen escasa inteligencia pero mucha fuerza y agresividad. Si se les corta una cabeza, se pueden reproducir.

El minotauro

Son criaturas inmensas con el cuerpo de un hombre y la cabeza y cola de un toro. Son muy fuertes y musculosos. Su naturaleza es más próxima a la de un animal que a la de un hombre. Son carnívoros y les gusta la carne humana. Son siempre machos y se reproducen con mujeres humanas.

El hada

Son seres femeninos procedentes de las fuerzas de la naturaleza. Viven en los lugares más hermosos y secretos, tienen un gran encanto y son muy atractivas. Conservan el cuerpo de una mujer joven y nunca envejecen. Son seres muy inteligentes y se comunican mediante el lenguaje musical. No son nada agresivas, odian la fealdad y el mal, pero si se encuentran en peligro, con su mirada pueden dejar ciego a cualquiera.

El ogro

Son enormes, feos, de muy mal carácter y guerreros. Tienen la piel de color verde oscuro o violeta, y tienen muy mal olor. Viven en tribus y en lugares diversos. No son seres muy inteligentes pero sí muy avariciosos, siempre a la búsqueda de humanos, duendes y enanos para mantenerlos prisioneros, a veces como esclavos y a veces para comérselos.

Creencias y valores

El unicornio

Se caracterizan por ser caballos jóvenes y fuertes, generalmente blancos, con un cuerno frontal en forma de espiral. Tienen ojos azules intensos y su inteligencia se compara a la del humano. No se conoce su procedencia, pero han sido siempre un símbolo de pureza, virginidad y fuerza. Tienen un carácter noble y muy espiritual. Sus cuernos pueden curar heridas y, si están en peligro, se pueden teletransportar. Son seres independientes y solitarios.

f. Busca en el texto la siguiente información acerca de cada personaje:

- Características físicas
- Características de personalidad y carácter
- Lugar donde vive
- Características extraordinarias: ¿Qué hace?

Criterio Bi

g. ¿Sabes el nombre de estos animales? Relaciona los dibujos con las palabras.

| el caballo | el reptil | la serpiente | el águila |
| la araña | el toro | el murciélago | el lobo |

🔊 Escuchamos

h. Mira el video de los seres mágicos y marca los animales del ejercicio g que ves y su orden de aparición.

https://www.youtube.com/watch?v=Hynsz9rnTCU

🔍 Palabras de búsqueda:

Las Criaturas Mágicas en el Universo de Harry Potter

Criterio Ai

192

i. **Mira otra vez el video y contesta.**

1. ¿Por qué crees que se ha creado este video?
2. ¿Qué función crees que tiene la música de fondo?
3. ¿Cómo se ha realizado la transición entre las presentaciones de los seres?
4. ¿Cuál es tu reacción ante las imágenes de Harry Potter? ¿Te gustan las escenas? ¿Por qué?

Criterio **Aii**

Criterio **Aiii**

j. **Vas a crear un ser fantástico. Dibújalo y después descríbelo a un compañero/a. ¿Cuáles son sus características físicas? ¿Cómo es su personalidad? ¿Dónde vive? ¿Qué características extraordinarias tiene?**

Fase 3

7.3 Leyendas

Leemos

a. **Lee los siguientes textos sobre el "Basajaun" y contesta las preguntas.**

Texto A

La leyenda de "El Basajaun"

Los mitos de seres semihumanos con cualidades maravillosas existen en muchas culturas. Algunos son una mezcla de animal y hombre como los faunos o los centauros. Otros son de enorme tamaño y fuerza como los gigantes y los ogros. Otros tienen la capacidad de volar como las hadas. Algunos son bellos y otros feos, unos son buenos y otros son malos.

El País Vasco está situado en el norte de España, cerca de la frontera con Francia. Actualmente una gran parte forma la Comunidad Autónoma Vasca, en el norte de España, que tiene su propia cultura y su propia lengua, el euskera o vasco (la lengua más antigua de Europa), y unos deportes y costumbres muy especiales. Los vascos son personas nobles y orgullosos de sus antecesores, de su historia. No fueron conquistados por ninguno de los pueblos que se extendieron por el resto de la Península Ibérica como los griegos, los romanos, los godos y los árabes; de ahí que hayan conservado sus personajes y sus leyendas vivos en su propia lengua.

Creencias y valores

Texto B

http://leyendasymitosaroundtheworld.blogspot.kr/2016/03/

Mitos y leyendas

Martes, 8 de marzo

En la riquísima mitología vasca destaca un personaje que por su descripción y atributos humanos ha despertado el interés de antropólogos. Es el Basajaun, el «señor del bosque». ¿Estamos ante un mito o existió un ser como el descrito en las leyendas?

"El Basajaun no es exclusivo de Euskadi; encontramos criaturas semejantes en otras zonas de España".

La creencia en el Basajaun es anterior a la invasión romana de la Península Ibérica. Se trataría de una criatura humanoide, cubierta de pelo, larga melena y con un pie de planta circular, como la pezuña de una ternera. Aunque la tradición alude a su gran talla y fortaleza, no lo presenta como un ser dañino o peligroso. Al contrario, se le tiene por protector de los rebaños, pues avisaría mediante silbidos de la llegada de tormentas o de la cercanía de lobos. Los pastores –dice la leyenda– saben de su presencia porque el ganado hace sonar al unísono los cencerros; señal de que pueden descansar tranquilos, pues este espíritu que habita en el interior de los bosques y en las cuevas más profundas velará por su descanso. A cambio, el Basajaun sólo pide un trozo de pan, que recogerá cuando el cuidador del rebaño duerma, para evitar todo contacto con los seres humanos.

El folclore vasco también atribuye al Basajaun la responsabilidad de transmitir a los humanos los secretos de la agricultura, el trabajo en hierro y la construcción de determinados utensilios, como la sierra y el molino. El mítico ser pertenecería, por tanto, a una raza casi extinguida, de categoría algo superior a la humana y dotada de ciertos poderes sobre las fuerzas de la naturaleza, lo que le conferiría un carácter de semidiós. Algunas tradiciones orales también se refieren a la Basandere, compañera femenina del Basajaun y de similar aspecto y comportamiento.

1. ¿Qué cinco seres semihumanos se mencionan en el Texto A?

2. Completa la tabla con la información que ofrece el Texto A acerca del País Vasco.

Ubicación	
Lengua	
Deportes	
Características de las personas	
Influencias de otros pueblos	

3. ¿Cuáles de estas características sobre el Basajaun se mencionan en el Texto B? Elige tres.

   Ya se creía en el Basajaun antes de la llegada de los romanos a la Península Ibérica. ☐

   El Basajaun tiene los dos pies como la pezuña de una ternera. ☐

   El Basajaun es un ser pacífico. ☐

   El Basajaun ataca con frecuencia a los rebaños y es un ser cercano a los lobos. ☐

   El Basajaun evita siempre ser visto por los humanos. ☐

4. Según el texto, ¿qué conocimientos ha transmitido el Basajaun a la población vasca?

5. ¿Por qué se considera al Basajaun un semidiós?

6. ¿Qué tipo de texto es el titulado "Mitos y leyendas" (Texto B)?

7. ¿A quién van dirigidos los dos textos?

8. ¿Cuál es el propósito de los textos? ¿Qué diferencias hay entre el Texto A y el Texto B?

9. ¿Conoces a algún personaje parecido al Basajaun? ¿Qué es igual y cuáles son las diferencias?

Escribimos

b. Escribe una entrada de blog sobre un personaje mitológico o de alguna leyenda (también puedes elegir de un libro o película). Escribe de 200 a 250 palabras.

Creencias y valores

> **ATL Comunicación – Habilidades de comunicación**
>
> Debemos practicar la lectura de forma extensiva, es decir, no solamente textos cortos, sino también relatos y libros, y con el propósito del placer. En esta unidad, tratamos textos de la literatura tradicional que tienen un gran componente cultural; la mayoría también tienen un mensaje moral, una moraleja. Estos textos nos ayudan a aprender español, aprender sobre la cultura de la lengua que estamos estudiando y, sobre todo, nos divierten.

7.4 Los cuentos tradicionales o cuentos de hadas

a. ¿Qué diferencia hay entre los cuentos mitológicos y los cuentos de hadas? Clasifica las siguientes características.

> tienen un final trágico   tienen un final feliz   hay héroes "superhombres"
> el protagonista puede llegar a ser un semidiós   son optimistas   son pesimistas
> transmiten confianza a los niños

Cuentos mitológicos	Cuentos de hadas

b. Observa el dibujo con los personajes y relaciónalos con esta lista. ¿Falta o sobra alguno? ¿Estás de acuerdo que estos son los principales personajes de los cuentos tradicionales? ¿Añadirías o quitarías tú alguno? Comenta con tu compañero/a.

> el rey / la reina   el hada
> el príncipe / la princesa el caballero / la doncella
> la bruja   el gigante
> el duende   el enano

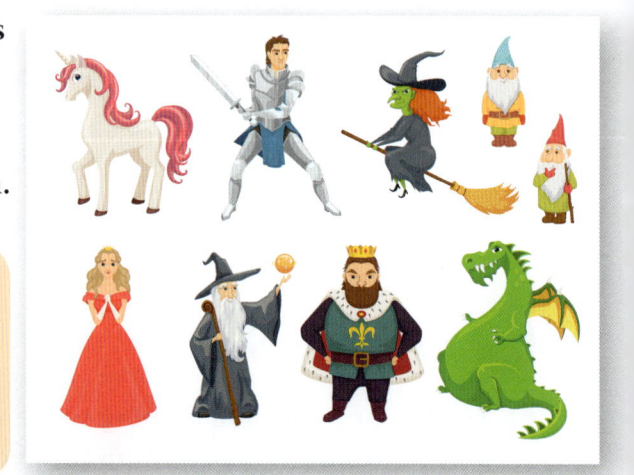

c. ¿Conoces los siguientes cuentos? ¿Cómo se llaman en tu lengua?

| La Bella Durmiente | El patito feo | Pulgarcito | Caperucita Roja | El soldadito de plomo |

| Ricitos de oro | La Cenicienta | El gato con botas | Los tres cerditos | Blancanieves y los siete enanitos |

d. Estos son los valores que hemos visto al principio de la unidad. Los cuentos tratan de transmitir estos valores para ayudar a los niños en su desarrollo emocional. Relaciona estos valores con los cuentos anteriores que conozcas y explica por qué siguiendo el ejemplo de la tabla.

✳ Mensaje

la honestidad   el respeto   la empatía   la responsabilidad   la paz
la justicia   la igualdad   la valentía   la tolerancia   el esfuerzo
la integridad   la solidaridad   la lealtad   la libertad   el perdón
la perseverancia   la dignidad   la cortesía

Cuentos	Valores
Blancanieves y los siete enanitos	La empatía que tienen los enanos por Blancanieves
	La justicia porque al final Blancanieves, que es muy buena, tiene un final feliz.

ATL Comunicación – Habilidades de comunicación

En los cuentos y leyendas, los personajes actúan llevados por una serie de valores. Estos tienen una moraleja, que es un mensaje que quiere transmitir una enseñanza. Cuando leemos textos debemos comprender estos mensajes. Para ello, cuando lees, debes extraer tus propias conclusiones. Intenta practicar esta habilidad cuando leas los textos que te ofrecemos en esta unidad.

📖 Leemos

e. ¿Conoces el cuento de Los Tres Cerditos? Si es así, coloca los dibujos en orden. Si no, lee el cuento de la página 199 y luego ordena los dibujos.

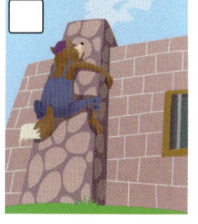

197

Creencias y valores

En los cuentos hay normalmente:

- Un **narrador** que cuenta la historia en tercera persona y en pasado.
- Unos **personajes** que son muy buenos y otros que son muy malos. Algunos son personas (el príncipe, la madre, los hijos, etc.); otras veces son animales que hablan (el lobo), o seres fantásticos (la bruja).
- Un **contexto**: Esto quiere decir
  - **el lugar o lugares** donde tiene lugar la acción: muchas veces en un pueblo, en un bosque, en una cueva, en un castillo o palacio
  - **el tiempo** donde tiene lugar el cuento: no se expecifica cuándo, pero parece que fue hace mucho, mucho tiempo. Este tiempo se secuencia con **conectores temporales**. Por ejemplo:

    Un año más tarde / después / a continuación
    Dos / tres / cuatro años más tarde
    A los pocos días / meses / años
    Después de / al cabo de… días / meses / años
    Finalmente…

- Un **argumento o trama** que comienza presentando la situación, después un conflicto, para llegar al clímax y encontrar una solución.
- Un **final feliz** para los personajes buenos.
- Una **moral o moraleja**, que no siempre está escrita explícitamente.

Convenciones

f. Lee el cuento y busca:

1. Las expresiones que se usan al comienzo y al fin del cuento
2. Las descripciones del narrador
3. Los diálogos de los personajes.

Convenciones

Existen convenciones en la manera en que estructuramos un cuento. Al principio del cuento podemos usar:

Había una vez…   + presentación del
Érase una vez…   personaje principal

Había una vez una niña que vivía…
Érase una vez tres cerditos que…

Al final del texto podemos usar:

Y colorín, colorado, este cuento se ha acabado.
Y fueron felices y comieron perdices.

Esta última frase se usa normalmente en un final feliz, cuando hay alguna relación de amor, por ejemplo, entre un príncipe y una princesa.

¿Existen estas frases en tu lengua? ¿Qué se dice al principio y al final de un cuento?

(1) Había una vez tres hermanos cerditos que vivían en el bosque. Como el malvado lobo siempre los estaba persiguiendo para comérselos dijo un día el mayor:

– Tenemos que hacer una casa para protegernos del lobo. Así podremos escondernos dentro de ella cada vez que el lobo aparezca por aquí.

A los otros dos les pareció muy buena idea, pero no se ponían de acuerdo acerca de qué material utilizar. Al final, y para no discutir, decidieron que cada uno la hiciera de lo que quisiese.

(2) El más pequeño optó por utilizar paja, para no tardar mucho y poder irse a jugar después. El mediano prefirió construirla de madera, que era más resistente que la paja y tampoco le llevaría mucho tiempo hacerla. Pero el mayor pensó que aunque tardara más que sus hermanos, lo mejor era hacer una casa resistente y fuerte con ladrillos.

– Además así podré hacer una chimenea con la que calentarme en invierno – pensó.

(3) Cuando los tres acabaron sus casas, se metieron cada uno en la suya. Entonces, apareció por ahí el malvado lobo; primero se dirigió a la de paja y llamó a la puerta:

– Anda cerdito, sé bueno y déjame entrar...
– ¡No! ¡Eso ni pensarlo!
– ¡Pues soplaré y soplaré y la casita derribaré!

Y el lobo empezó a soplar. Y la débil casa acabó viniéndose abajo. El cerdito echó a correr y se refugió en la casa de su hermano mediano, que estaba hecha de madera.

– Anda cerditos, sean buenos y déjenme entrar...
– ¡No! ¡Eso ni pensarlo! – dijeron los dos.
– ¡Pues soplaré y soplaré y la casita derribaré!

(4) El lobo empezó a soplar y aunque esta vez tuvo que hacer más esfuerzos para derribar la casa, al final la madera cedió y los cerditos salieron corriendo en dirección hacia la casa de su hermano mayor.

Cuando llegó a la casa de labrillos, el lobo estaba cada vez más hambriento, así que sopló y sopló con todas sus fuerzas. Esta vez no tenía nada que hacer, porque la casa no se movía ni siquiera un poco. Dentro, los cerditos celebraban la resistencia de la casa de su hermano y cantaban alegres por haberse librado del lobo:

– ¿Quién teme al lobo feroz? ¡No, no, no!

(5) Fuera, el lobo continuaba soplando en vano, cada vez más enfadado, hasta que decidió parar para descansar. Entonces reparó en que la casa tenía una chimenea.

– ¡Ja! ¡Pensaban que de mí iban a librarse! ¡Subiré por la chimenea y me los comeré a los tres!

Pero los cerditos le oyeron, y para darle su merecido llenaron la chimenea de leña y pusieron al fuego un gran caldero con agua.

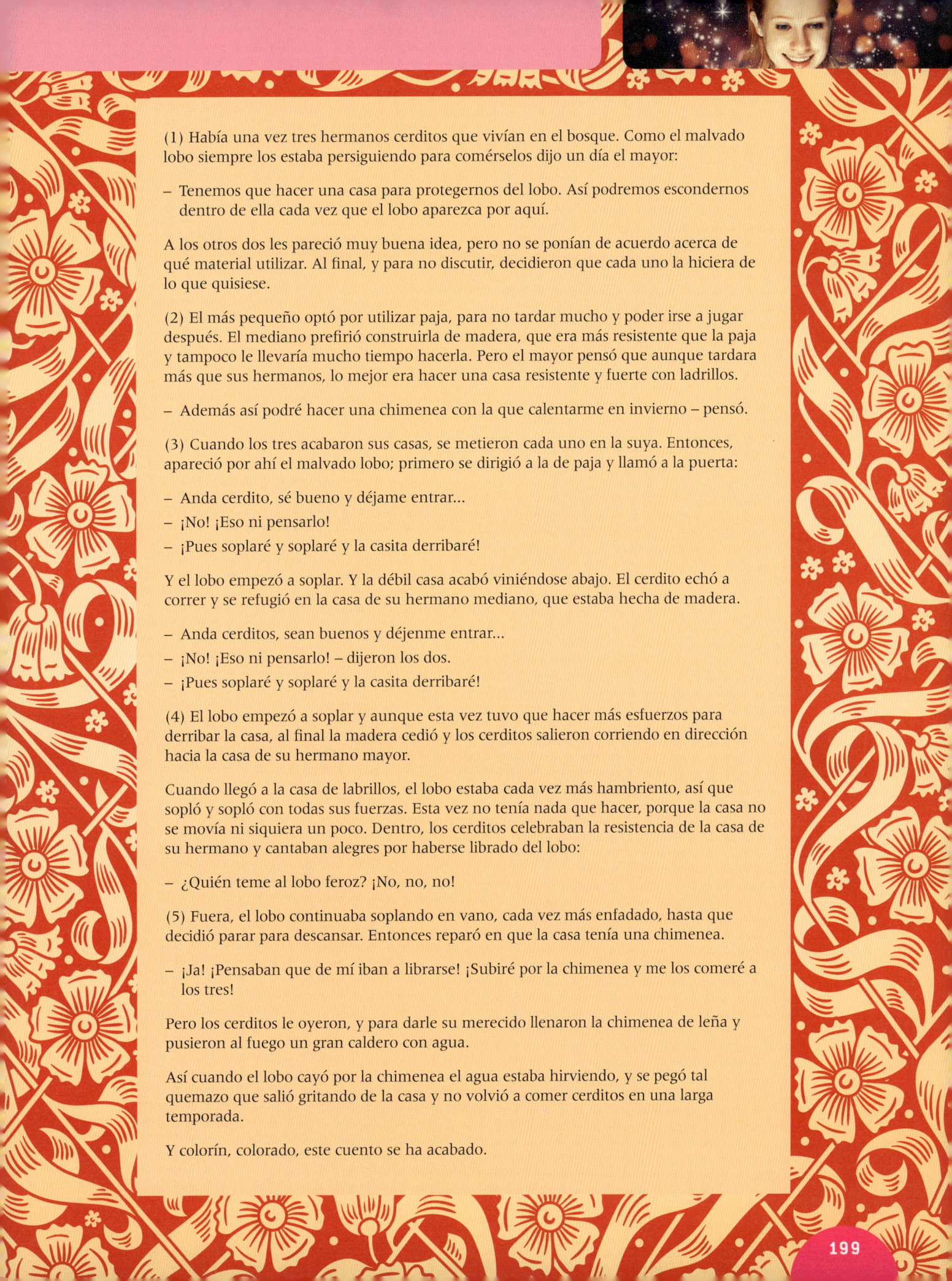

Así cuando el lobo cayó por la chimenea el agua estaba hirviendo, y se pegó tal quemazo que salió gritando de la casa y no volvió a comer cerditos en una larga temporada.

Y colorín, colorado, este cuento se ha acabado.

Creencias y valores

Lengua

Los pasados: combinación del pretérito imperfecto y el pretérito indefinido

Lee el cuento otra vez. Ahora nos vamos a fijar en los usos de los tiempos verbales del pasado.

Identifica todos los verbos que están en pretérito imperfecto y todos los verbos que están en pretérito indefinido.

¿Cuándo se usa el pretérito imperfecto y cuándo se usa el pretérito indefinido? Completa con el nombre del tiempo adecuado:

Usamos el _____ para describir la situación y las circunstancias. Con el _____ también describimos los lugares, las personas y las cosas en el pasado. (What was it like?)

*Los tres cerditos **vivían** en el bosque. Uno de ellos **era** muy trabajador.*

También usamos el pretérito imperfecto para describir acciones habituales en el pasado.

*Dos cerditos siempre **jugaban** y **bailaban**. Uno de ellos siempre **trabajaba**.*

Usamos el _____ para narrar o contar lo que ocurre dentro de esas circunstancias. Con el _____ contamos lo que pasa, las acciones en el pasado. (What happened?)

*El lobo **empezó** a soplar.*
*El lobo **cayó** por la chimenea.*

g. Lee las siguientes frases y decide si es una acción (A) o una descripción de la circunstancia o de la situación (B). Después completa con la forma del pretérito indefinido (A) o pretérito imperfecto (B). A veces hay varias posibilidades; lo importante es comprender si quieres contar o describir.

1. El lobo (tener) ☐ _____ mucha hambre y (querer) ☐ _____ comerse a los tres cerditos.

2. Entonces el lobo (soplar) ☐ _____ la casa de paja y la casa (venirse) ☐ _____ abajo.

3. El cerdito (ir) ☐ _____ a la casa de su hermano y el lobo (hacer) ☐ _____ lo mismo.

4. Los cerditos (estar) ☐ _____ muy asustados y (salir) ☐ _____ corriendo a la casa del tercer cerdito.

5. La casa del tercer cerdito (ser) ☐ _____ de piedra y el lobo no (poder) ☐ _____ derrumbarla.

6. El lobo (subir) ☐ _____ por la chimenea y (caer) ☐ _____ a un gran caldero con agua caliente.

7. El lobo (salir) ☐ _____ gritando y no (volver) ☐ _____ a comer cerditos en una temporada.

Lengua

Conectores causales y consecutivos

Recuerda:

- Causa:

Porque / ya que
*El lobo sopló las casas de los cerditos **porque** se los quería comer.*
*El lobo sopló las casas de los cerditos **ya que** se los quería comer.*

Como
***Como** el lobo quería comerse a los cerditos, sopló sus casas.*

- Consecuencia:

Por eso / por consiguiente / en consecuencia / por esta razón / así que
*El lobo tenía hambre, **por eso** quería comerse a los cerditos.*
*El lobo tenía hambre, **así que** quería comerse a los cerditos.*

Creencias y valores

h. Cambia las frases del apartado anterior (g), incluyendo conectores de causa y consecuencia. Hay varias posibilidades.

> *Ejemplo:*
> Como el lobo tenía mucha hambre, quería comerse a los cerditos.
> El lobo tenía mucha hambre y por eso quería comerse a los cerditos.

🔊 Escuchamos

i. Mira ahora este video y contesta las preguntas.

https://www.youtube.com/watch?v=KcIUfpd5T0s

🔍 **Palabras de búsqueda:**
Caperucita Roja y Los Tres Cerditos con El Lobo Feroz

Fase 3

Criterio Ai

1. Marca qué personajes salen.

Caperucita Roja	☐	Dos cerditos trabajadores	☐
La madre de Caperucita Roja	☐	Un leñador	☐
		Un cazador	☐
Un cerdito trabajador	☐	El lobo feroz	☐
Dos cerditos que no trabajan	☐	La abuelita	☐

2. ¿Verdadero o falso? Justifica tu respuesta si la información es falsa.

	V	F
Es por la tarde, casi de noche.		
Caperucita lleva pasteles y algo de beber para la abuelita.		
Es mejor ir por el camino largo, porque no es peligroso.		
El lobo está escondido en el bosque detrás de una roca grande.		
La abuelita se esconde en el armario.		

3. Escribe el orden correcto del final de la historia.

La abuelita mete a la niña en el armario.	
El cerdito trabajador sale corriendo hacia la casa de la abuelita.	
El lobo se viste de la abuelita.	1
El lobo ataca a Caperucita.	
Caperucita se sorprende del aspecto de la abuelita y le hace preguntas.	
El cerdito le mete fuego de la chimenea en el trasero del lobo y sale echando palomitas de maíz.	

4. ¿A quién va dirigido el texto? ¿Qué elementos del texto te hacen pensar esto?

Criterio **Aii**

5. ¿Qué función crees que tiene la música?

6. ¿Qué historia te gusta más? ¿La historia original o esta historia?

Criterio **Aiii**

7. ¿Con qué personaje de la historia te identificas más? ¿Por qué?

🔊 Escuchamos

Fase 3

j. En grupos, van a trabajar con uno de los siguientes videos que tratan de cuentacuentos. Cada grupo trabaja con un video y debe preparar tres preguntas para cada uno de los aspectos del Criterio A (comprensión de textos orales y visuales).

Video 1: https://www.youtube.com/watch?v=qzxX8njL_J4

🔍 **Palabras de búsqueda:**

Pulgarcito: El Mágico Cuentacuentos

Video 2: https://www.youtube.com/watch?v=TZsGDsn64so

🔍 **Palabras de búsqueda:**

El gato con botas: El Mágico Cuentacuentos

Video 3: https://www.youtube.com/watch?v=-ILmFLVK5YI

🔍 **Palabras de búsqueda:**

El sastrecillo valiente El Mágico Cuentacuentos

Aspecto i:
Preguntas sobre el contenido del video
Preguntas con ¿qué? ¿cómo? ¿dónde? ¿quién? …

Aspecto ii:
Preguntas sobre las convenciones del video
Preguntas sobre el tipo de texto, la música, los colores, las imágenes, la intención del narrador …

Aspecto iii:
Preguntas sobre las conexiones entre el contenido del video y sus experiencias
Preguntas sobre comparaciones entre el texto y sus experiencias, relación con el lugar o los personajes, dar una opinión sobre el contenido del texto…

Creencias y valores

> **Sociales – Habilidades de colaboración**
>
> Trabajar en equipo es lo mejor para fomentar el trabajo colaborativo que es esencial en el aprendizaje. En esta actividad tienen que tomar responsabilidades y decisiones. ¿Qué preguntas hacemos? ¿Quién se encarga de qué tipo de preguntas? ¿Qué pasa si un compañero/a no sabe qué hacer? Teniendo en cuenta que cuando hacemos cosas aprendemos, esta actividad es una excelente oportunidad para aprender y comprender el objetivo A de Adquisición de Lenguas. Debemos ser responsables de las decisiones que tomamos al elegir las preguntas, negociar con nuestros compañeros el contenido de las preguntas y, si alguien tiene algún problema, debemos animarle a que participe y contribuya en el trabajo. ¡Entre todos es mucho mejor!

k. Intercambien las preguntas, miren otro de los tres videos y contesten.

✏️ Escribimos

l. Escribe una versión moderna de un cuento de la lista del punto "c" (La Bella Durmiente, Caperucita Roja, La Cenicienta, El gato con botas, El patito feo, El soldadito de plomo, Los tres cerditos, Pulgarcito, Ricitos de oro). No te olvides de:

- describir a los personajes y el lugar donde viven
- contar qué pasa y qué hacen los personajes
- usar los tiempos del pasado
- usar conectores para organizar tu texto
- tener en cuenta las convenciones textuales del cuento.

Escribe entre 200 y 250 palabras.

Si quieres, también puedes realizar un video sobre tu versión. Aquí tienes un ejemplo. ¡No te preocupes si no entiendes todo! Sólo tienes que llevarte una idea de lo que puedes hacer.

Criterios C y D

🔑 Creatividad

Fase 3

🔊 Escuchamos

https://www.youtube.com/watch?v=is0kAT4FIUI

🔍 **Palabras de búsqueda:**
Caperucita Roja y El Lobo Feroz Nueva Versión

🔗 Conexión interdisciplinaria: Lengua y Literatura

Cuentos, mitos y leyendas son tipos de textos que con toda seguridad tratas en tu clase de Lengua y Literatura. Mientras que en la clase de Lengua y Literatura se tratan los textos desde la interpretación y el análisis textual con más profundidad, en la clase de Adquisición de Lenguas, los textos literarios son textos excelentes para aprender la lengua y las culturas de la nueva lengua. Aunque no es necesario en nuestra clase que interpretes o comentes los textos, sí que puedes apreciar algunas características literarias de los mismos. Es interesante hacer una conexión interdisciplinaria entre las dos asignaturas para apreciar cómo podemos aprender e interpretar la lengua a través de ella.

7.5 Las leyendas como reflejo de la cultura

a. ¿Qué sabes de los aztecas y su cultura? Busca con tus compañeros/as la siguiente información.

- ¿Dónde vivieron?
- ¿Cuándo vivieron?
- ¿Qué religión tenían?
- ¿Cómo se alimentaban?

Pregunta conceptual

¿Cómo se manifiesta la cultura en la literatura popular?

📖 Leemos

b. Ahora lee la leyenda y compara la información del punto "a" con el texto.

La leyenda del maíz

(1) Hace varios siglos, antes de la llegada de los españoles a América, en México vivían los aztecas. Cuenta la leyenda que se alimentaban de raíces de plantas que iban encontrando y de los animales que conseguían cazar cada día.

(2) Su mayor deseo era comer maíz, pero no podían porque crecía escondido detrás de unas altas y escarpadas montañas imposibles de atravesar.

(3) Un día, pidieron ayuda a varios dioses y estos, deseando prestar ayuda a los humanos, probaron a separar las gigantescas montañas para que pudieran pasar y llegar hasta el maíz. No sirvió de nada, pues ni los dioses, utilizando toda la fuerza que tenían, lograron moverlas.

(4) Pasó el tiempo y, estaban tan desesperados, que suplicaron al gran dios Quetzalcóatl que hiciera algo. Necesitaban el maíz para hacer harina, y con ella poder fabricar pan. El dios se comprometió a echarles una mano, pues su poder era inmenso.

Creencias y valores

(5) A diferencia de los otros dioses, Quetzalcóatl no quiso probar con la fuerza, sino con el ingenio. Como era un dios muy inteligente, decidió transformarse en una pequeña hormiga negra. Nadie, ni hombres ni mujeres, ni niños ni ancianos, comprendían para qué se había convertido en ese pequeño insecto.

(6) Sin perder tiempo, invitó a una hormiga roja a acompañarle en la dura travesía de cruzar las altas montañas. Durante días y con mucho esfuerzo, las dos hormiguitas subieron juntas por la dura pendiente hasta llegar a la cumbre nevada. Una vez allí, iniciaron la bajada para pasar al otro lado. Fue un camino muy largo y llegaron agotadas a su destino, pero mereció la pena. ¡Allí estaban las doradas mazorcas de maíz que su pueblo tanto deseaba!

(7) Se acercaron a la que parecía más apetitosa y de ella, extrajeron uno de sus granos amarillos. Entre las dos, iniciaron el camino de regreso con el granito de maíz bien sujeto entre sus pequeñas mandíbulas. Si antes el camino había sido fatigoso, la vuelta lo era mucho más. La carga les pesaba muchísimo y sus patitas se doblaban a cada paso, pero por nada del mundo podían perder ese granito del color del sol.

(8) Los aztecas recibieron entusiasmados a las hormigas, que llegaron casi arrastrándose y sin aliento. ¡Qué admirados se quedaron cuando vieron que lo habían conseguido!

(9) La hormiga negra, que en realidad era el gran dios, agradeció a la hormiga roja el haberle ayudado y prometió que sería generoso con ella. Después entregó el grano de maíz a los aztecas, que corrieron a plantarlo con mucho mimo. De él salió, en poco tiempo, la primera planta de maíz y, de esa planta, muchas otras que en pocos meses poblaron los campos.

(10) A partir de entonces, los aztecas hicieron pan para alimentar a sus hijos, que crecieron sanos y fuertes. En agradecimiento a Quetzalcóatl, el pueblo azteca comenzó a adorarle y se convirtió en su dios más amado por el resto de los tiempos.

c. Contesta las preguntas.

1. Relaciona las frases según la información del texto. **Criterio Bi**

1. Los aztecas deseaban comer maíz pero no podían…	a. …ya que tenía un gran poder.
2. Para los dioses era imposible mover las montañas…	b. …se convirtió en una pequeña hormiga negra.
3. El dios Quetzalcóatl se comprometió a ayudar a los aztecas…	c. …por qué se había transformado en una hormiga.
4. El dios Quetzalcóatl, usando su ingenio e inteligencia,…	d. …porque crecía detrás de unas montañas imposibles de atravesar.
5. Nadie comprendía…	e. …utilizando su fuerza.

2. **Enumera las frases según el orden de aparición en el texto.**

Los aztecas hicieron pan para alimentar a sus hijos. ☐

Los aztecas plantaron el grano de maíz. ☐

Los aztecas recibieron felizmente a las hormigas. ☐

Las dos hormigas extrajeron un grano de una mazorca de maíz. ☐

Quetzalcóatl se convirtió en el dios más amado de los aztecas. ☐

Las dos hormigas subieron las montañas a pesar de su dificultad. ☐

Las plantas de maíz poblaron los campos de los aztecas. ☐

Criterio **Bii**

3. **¿Qué características de una leyenda encuentras en el texto? ¿Puedes compararlas con las de un cuento tradicional o de hadas?**

Convenciones

🔊 Escuchamos

d. **Mira ahora la siguiente leyenda y contesta las preguntas. Se trata de una leyenda que tiene lugar en la ciudad de Quito, en Ecuador.**

https://www.youtube.com/watch?v=lwdl0AQgi1A

🔍 **Palabras de búsqueda:**

Leyendas de Quito – Cantuña y el Atrio de San Francisco

1. ¿Quién era Cantuña?

Criterio **Ai**

2. Explica con tus palabras qué problema tenía Cantuña con las autoridades.

3. ¿En qué consistía el pacto con el diablo?

4. ¿Se consiguió terminar por completo el atrio? ¿Por qué? ¿Qué traía esto como consecuencia?

5. ¿Por qué hay dibujos animados en el video?

Criterio **Aii**

6. ¿A quién crees que está dirigido este video? ¿Por qué lo sabes?

7. ¿Existe también algún tipo de leyenda relacionada con algún lugar representativo de tu país o del lugar donde vives? ¿Cuáles son las diferencias con la leyenda de Cantuña? Escribe la leyenda y comparte después con tus compañeros/as.

Criterio **Aiii**

Creencias y valores

7.6 Las representaciones religiosas como exponente cultural

a. Mira las siguientes fotos de diversos actos religiosos. Estos también cuentan una historia. ¿Qué fotos te sorprenden? ¿Conoces alguno? ¿Qué crees que cuentan? Comenta con dos de tus compañeros/as.

La Semana Santa en Andalucía (España)

La Romería de El Rocío, Huelva, Andalucía (España)

Altar en el Día de los Muertos, México

Devoción a Maximón, Guatemala

Portal de Belén durante la Navidad

Festival de la Virgen de Guadalupe, México

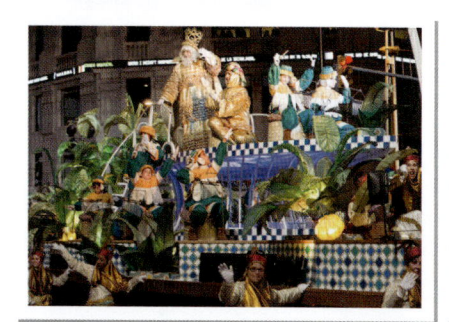

Cabalgata de los Reyes Magos, España

Las Hogueras de San Juan, España

El Camino de Santiago, España

🗨 Hablamos

b. Van a realizar en grupos una investigación sobre uno de los actos religiosos representados en las fotos. Pónganse de acuerdo primero en cuál y después divídanse el trabajo para al final ponerlo todo en común: hagan un trabajo colaborativo.

Fase 3

- ¿Cuándo es?
- ¿Por qué se celebra?
- ¿Quiénes lo celebran?
- ¿Qué tiene de especial?
- ¿Existe en tu cultura un acto religioso parecido? ¿Cuál? ¿Qué se hace?

c. Realicen las presentaciones y tomen nota de las respuestas a las preguntas de "b". Deben hablar unos dos o tres minutos.

d. Después de escuchar las presentaciones, realicen un debate sobre el siguiente tema:

> ¿La religión influye en la cultura o la cultura en la religión?

Pregunta debatible

¿Están las manifestaciones religiosas influidas por la cultura?

Las siguientes preguntas les pueden servir de guía:

- ¿Puede existir una cultura sin religión?
- ¿Por qué una misma religión se manifiesta de forma diferente en diversas culturas?
- ¿Pueden las tradiciones perder los valores religiosos?
- ¿En qué manera está la cultura basada en la religión?

ATL Pensamiento – Habilidades de pensamiento crítico

Para llegar a nuestras propias conclusiones debemos atender a diferentes perspectivas. Es importante conocer diferentes maneras de vivir para ser conscientes de nuestras propias maneras de vivir. Hablar y debatir sobre el componente religioso puede ser un tema muy interesante para ello. Si eres religioso, puedes conocer otras maneras de interpretar la religión, y si no eres religioso, descubres que hay personas cuyos comportamientos culturales están de alguna manera basados en el componente de la religión. En este tipo de actividades puedes reconocer y evaluar nuevas ideas, llegar a tus propias conclusiones y generalizaciones. Es esto lo que llamamos pensamiento crítico, algo fundamental para nuestras vidas.

Creencias y valores

7.7 Mi historia

Escribimos

Imagínate que eres un personaje de leyenda. ¿Por qué no escribes una historia donde tú eres el protagonista?

Ten en cuenta los siguientes aspectos:

- Debe haber un narrador que cuente la historia.
- Tú eres el personaje principal.
- Personaje(s) secundario(s) buenos y malos
- Trama o argumento: ¿qué pasó?
- Contexto: lugar y tiempo
- Final feliz con la moral

Escribe entre 200 y 250 palabras.

Si en su colegio hay estudiantes del Programa de los Años Primarios (PYP en inglés) nativos en español, pueden compartir con ellos sus historias. Seguro que les encantarán.

Evaluación sumativa

Criterio A

Mira el siguiente video y contesta las preguntas.

https://www.youtube.com/watch?v=sKXNP07GMhs

Palabras de búsqueda:

Ratón de ciudad y ratón de campo - El Mágico Cuentacuentos

Aspecto i

1. ¿Por qué se quejaba el ratón de la ciudad cuando llegó al campo? Justifica con tres razones que se ofrecen en el video.

2. Menciona dos aspectos negativos y dos aspectos positivos que tiene la vida en la ciudad según el video.

3. ¿Cómo se sentía el ratón de campo en la casa del ratón de ciudad? Menciona dos estados de ánimo y justifica con ejemplos concretos del video.

4. ¿Piensas que el ratón de campo quiere volver a la ciudad? ¿Por qué?

5. ¿Crees que este cuento tiene una moraleja? ¿Cuál es?

Aspecto ii

6. ¿Cómo consigue la narradora del cuento atraer al destinatario? Describe su actitud durante la narración.

7. ¿A quién va dirigido este texto y cuál es su propósito? ¿Qué características tiene el texto oral y visual que te hacen pensar esto?

8. ¿Qué función crees que tienen los colores y la música de fondo?

Aspecto iii

9. ¿Te parece este cuento atractivo? ¿Por qué? Justifica con la información tomada del texto oral y visual.

10. ¿Qué piensas tú de la moraleja de este texto? ¿Cómo la puedes aplicar a tus propias experiencias?

11. ¿Te parece este video apropiado para tu clase de español? ¿Por qué?

Creencias y valores

Criterio B

La leyenda de San Jorge y el dragón

(1) Cuenta la leyenda que cerca del pueblo de Silca, en la provincia de Libia, había un dragón enorme y peligroso que vivía en un lago cercano, y que cuando los habitantes de la población menos se lo esperaban, el dragón aparecía y los asustaba causando daños tremendos en las casas del pueblo, matando a los animales y a los habitantes. Como consecuencia, la población vivía aterrorizada y desesperada sin saber cómo podía solucionar tan terrible situación.

(2) En su desesperación, los habitantes del pueblo tuvieron una idea. Con una gran pena, decidieron que, para tranquilizar al dragón y evitar tantos daños y muertes, diariamente iban a ofrecer en sacrificio a un habitante del pueblo. Evidentemente no era una solución ideal, pues perdían siempre a algún habitante y las familias vivían en continua tristeza y desesperación. Todos los días se hacía un sorteo entre los habitantes, y así salía elegida la persona desafortunada que debía ser entregada al fiero dragón.

(3) Un día, la mala suerte le tocó a la hija del rey. El rey era una persona bondadosa y querida entre los habitantes. La princesa era una mujer joven y bella. Los habitantes del pueblo admiraban a la princesa y todos se entristecieron cuando salió elegida para ser sacrificada. La noticia fue recibida con gran pena entre la población. El rey estaba muy triste y, aunque no quería ofrecerla en sacrificio, no tenía más remedio que hacerlo. Ante todo, él consideraba a su familia como una más de la población, y su hija tenía el derecho a morir exactamente igual que cualquier otro habitante del pueblo. Con gran sufrimiento, tuvo que seguir las normas pactadas y ofreció a su querida hija en sacrificio al fiero dragón.

(4) Así pues, la princesa tuvo que abandonar el pueblo. ¡Qué tristeza más grande tenía el pueblo! En las casas se escuchaban lamentos y llantos. La princesa, con lágrimas en los ojos y un nudo en la garganta, fue caminando lentamente en dirección al lago donde vivía el dragón. De vez en cuando, la triste princesa miraba hacia atrás y veía cómo las luces de las casas cada vez se hacían más pequeñas a medida que se adentraba en el temible bosque. La princesa pensaba en la gente de su pueblo y, sobre todo en su amadísimo padre, que se había quedado desconsolado en el palacio.

(5) De repente, cuando la princesa iba por el bosque de camino hacia el dragón, apareció un joven caballero que montaba un hermoso caballo blanco. Este caballero se llamaba Jorge. Cuando vio a la princesa, sus ojos reflejaban gran amor hacia ella. Pero cuando la princesa lo vio, le advirtió de los grandes peligros que podía sufrir si se quedaba con ella. Le dijo que se fuera, que la dejara sola, que ella debía morir para evitar males mayores. El destino había querido que ella muriera y el caballero debía huir y salvarse. El dragón mataría a cualquier persona que se encontrara. Sin embargo, el valiente caballero no hizo caso a las palabras de la princesa y no quiso abandonarla. Le dijo que él estaba allí para ayudarla y salvarla, y que haría todo lo posible para matar a la temible bestia. De esta manera, salvaría a la bella joven y, al mismo tiempo, a todos los habitantes del desgraciado pueblo de Silca. La princesa insistía en que el joven debía marcharse y dejarla sola, pero el caballero no le hizo caso y decidió ir con ella a buscar al dragón. Decidido en enfrentarse al dragón, Jorge fue a su búsqueda; subió a la princesa a su blanco caballo y juntos galoparon hacia el lago donde estaba el dragón.

(6) En cuanto la temible fiera apareció, el caballero luchó valientemente con ella. Jorge y el dragón lucharon en una cruel y larga batalla. El dragón pegaba con su cola y sus garras, volando alrededor el caballero, que se defendía como podía. El fuego que echaba por la boca era muy peligroso, pero así y todo, el príncipe pudo evitar la muerte. En un momento inesperado, el caballero le clavó al dragón una gran lanza en el pecho. El dragón cayó al suelo y empezó a derramar sangre de su herida. Algo sorprendente pasó entonces: de la sangre que derramaba el dragón, salió un hermoso rosal lleno de bellas rosas. Al ganar la batalla, Jorge tomó el rosal y le ofreció a la princesa la más bella de las rosas como símbolo del amor que sentía por ella. De esa manera, no sólo el pueblo de Silca se salvó definitivamente del terrible dragón y pudieron vivir en paz y armonía, sino que Jorge demostró ser el más valiente de todos los caballeros.

(7) Desde entonces, cada 23 de abril, el día de San Jorge, existe la tradición de que los enamorados regalen una rosa a sus novias.

Creencias y valores

Aspecto i

1. ¿Qué palabras usa el autor del texto en el primer párrafo para mostrar el estado de ánimo del pueblo ante la presencia del dragón?

2. ¿A qué solución habían llegado los habitantes del pueblo para resolver el problema con el dragón?

3. Relaciona las frases según la información del texto.

1. Los habitantes del pueblo estaban muy tristes…	a. … que aceptar el sacrificio de su hija.
2. El rey no tuvo otra opción…	b. … hacia donde estaba el dragón.
3. La princesa se dirigía lentamente y con pena…	c. … ella pensaba en su padre y en su querido pueblo.
4. Mientras la princesa caminaba hacia el dragón,…	d. … debido a que la princesa había sido elegida para ser sacrificada.

4. Elige las tres frases cuya información aparece en el texto.

   a. El caballero se enamoró enseguida de la princesa. ☐

   b. La princesa prefería estar en compañía del caballero porque tenía miedo. ☐

   c. La princesa insistía en que el caballero no debía quedarse con ella y que ella debía ir sola a buscar el dragón. ☐

   d. El caballero no hizo caso a la princesa y fue en búsqueda del dragón. ☐

   e. El pueblo se arrepintió de enviar a la princesa al dragón y por eso el caballero fue a su búsqueda. ☐

5. ¿Qué hecho mágico se narra en el último párrafo? ¿Cómo crees que el autor relaciona este hecho con el amor entre los protagonistas?

6. ¿Crees que las imágenes representan bien el contenido del texto escrito? ¿Por qué?

Aspecto ii

7. ¿Qué características textuales te hacen pensar que este texto es una leyenda? Analiza:

   - el tema y los personajes
   - el lugar y el tiempo narrados
   - las convenciones de lengua (tiempos verbales, uso de los conectores…)
   - el estilo del autor.

8. ¿Quién crees que es el destinatario de este texto? Justifica con el texto escrito y visual.

9. ¿Crees que es importante que exista el componente visual? ¿Por qué?

Aspecto iii

10. ¿Crees que esta historia puede pertenecer a tu cultura? ¿Por qué?

11. ¿Qué piensas tú de la actitud del rey?

12. ¿Te gusta leer este tipo de leyendas? ¿Por qué? Justifica con la información del texto.

Criterios C y D (oral interactivo)

Lee la cita y mantén una conversación con tu profesor/a sobre el tema. Habla de 3 a 4 minutos. Puedes prepararte durante 10 minutos y tomar notas. No puedes usar el diccionario ni ningún material de ayuda.

> **La cultura moldea nuestro pensamiento, nuestra imaginación y nuestro comportamiento. La cultura es la transmisión de comportamiento tanto como una fuente dinámica de cambio, creatividad y libertad, que abre posibilidades de innovación.**
>
> **Javier Pérez de Cuellar. UNESCO, 1996**

Criterios C y D (escrito)

Escribe un cuento o una leyenda que refleje algún valor cultural.
Escribe entre 200 y 250 palabras.

Creencias y valores

💭 Reflexión

Busca en la unidad las actividades donde has practicado los objetivos de la misma. Reflexiona sobre lo que has aprendido y completa la tabla:

	😊	😕	😊
reflexionar sobre el concepto de cultura			
reconocer los valores básicos de tu cultura			
nombrar y describir personajes fantásticos de la literatura			
comprender las convenciones textuales de las leyendas y los cuentos			
usar los tiempos del pasado; diferenciar el uso del pretérito imperfecto y el pretérito indefinido			
usar los conectores de causa y consecuencia			
presentar actos religiosos representativos de la cultura de algunos países hispanohablantes			
escribir leyendas y cuentos			

> **Reflexiona sobre el Enunciado de indagación de la unidad**
>
> Nuestros valores culturales están representados en los mensajes que transmitimos en nuestras creaciones y convenciones textuales.
>
> *Our cultural values are represented in messages that we communicate through the creation of texts and conventions.*

¿Puedes relacionar este **Enunciado de indagación** con las tareas de la unidad? Busca actividades donde

- se tratan mensajes con valores culturales
- creas textos teniendo en cuenta las convenciones.

> **Enfoques de aprendizaje**
>
> Busca en la unidad dónde has practicado las siguientes estrategias de aprendizaje. ¿Cómo crees que estos **Enfoques de aprendizaje** te ayudan a conseguir los atributos del perfil del estudiante del IB de esta unidad? ¿Y los otros atributos?
>
> - Buenos comunicadores
> - Pensadores
>
> ¿Has usado estos **Enfoques de aprendizaje** para completar con éxito las tareas de la unidad? ¿Y las tareas sumativas?
>
> - **Communication – Communication skills**
>
>   *Reading, writing and using language to gather and communicate information*
>   - *Read critically and for comprehension*
>   - *Make inferences and draw conclusions*
>   - *Read a variety of sources for information and for pleasure*

- **Social – Collaboration skills**
  - *Delegate and share responsibility for decision-making*
  - *Make fair and equitable decisions*
  - *Negotiate effectively*
  - *Encourage others to contribute*
- **Thinking – Critical thinking skills**
  - *Analyse and evaluate issues and ideas*
  - *Interpret data*
  - *Recognize and evaluate propositions*
  - *Draw reasonable conclusions and make generalizations*
  - *Test generalizations and conclusions*

Reflexión

In this unit you have reflected on how cultural values are represented in different literary texts. It is our aim to develop your joy for reading extensive texts in Spanish because you can learn not only about the language, but also about Spanish and Latin American cultures. By doing this, you open your mind since you are thinking critically and creatively.

You have seen that behind a tale or legend there is always a hidden message or moral and these are linked to the values that we have in our culture. Furthermore, you have also developed your communication skills, not only by reading texts, but also by using your creativity in writing your own tales or legends. As you've seen, it is possible to study these in a foreign language too. They are the window to the imagination and the door to different ways of being and behaving. In other words, a path that helps you become a more interesting person!

8 Las redes sociales

Contexto global
Innovación científica y técnica

Conceptos relacionados
Mensaje, destinatario

Concepto clave
Conexiones

Perfil de la comunidad de aprendizaje
Buenos comunicadores, indagadores

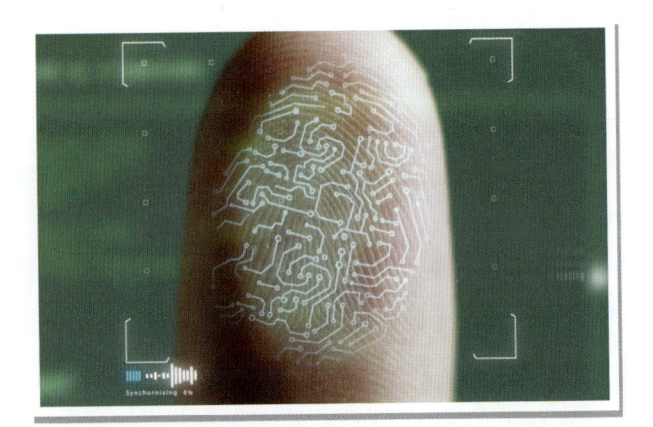

Pregunta fáctica

¿Qué puedo hacer para usar bien las redes sociales?

¿Qué tipo de actitudes y personas debo evitar en las redes sociales?

Pregunta conceptual

¿Cómo conectamos con los mensajes que enviamos o recibimos a través de las redes sociales?

¿Qué hay que tener en cuenta a la hora de comunicarnos con diferentes tipos de destinatarios?

Pregunta debatible

¿Podemos mejorar la comunicación a través de las redes sociales?

¿Se pueden evitar las consecuencias negativas de las redes sociales?

Enunciado de indagación

Los mensajes usados en las redes sociales tienen el propósito de conectarnos con diferentes tipos de destinatarios.

Al final de esta unidad, vas a poder…
⊘ comparar la vida antes y después de las redes sociales
⊘ contrastar el pretérito imperfecto y el presente de indicativo
⊘ usar la perífrasis "seguir" + gerundio
⊘ hablar de hechos en el pasado
⊘ investigar sobre el origen de algunas redes sociales
⊘ reflexionar sobre las ventajas y los peligros de las redes sociales
⊘ usar "es bueno/malo/importante/esencial" + subjuntivo
⊘ dar instrucciones
⊘ reconocer y usar las colocaciones léxicas
⊘ expresar deseos en el futuro
⊘ utilizar el subjuntivo para expresar deseos (ojalá, espero que …)
⊘ escribir una entrada de blog sobre los protagonistas de las redes

8.1 El mundo antes de las redes sociales

a. ¿Qué ha cambiado en el mundo de las redes sociales? ¿Cómo nos comunicábamos antes? Escribe lo que se usa ahora. Puede ser que alguno de "antes" se utilice ahora también.

Antes	Ahora
Las postales	
Los telegramas	
Los teléfonos fijos	
La televisión	
Las cartas	
Las cabinas de teléfonos	

Las redes sociales

b. **Combina las palabras del punto "a" con estos verbos. Añade alguna más.**

colgar	enviar	escribir	llamar
mandar	hacer	escuchar	publicar

> *Ejemplo:*
> Colgar una foto en Instagram o en Internet

c. **Ahora con un compañero/a, completa estas frases comparando cómo se comunicaban antes las personas y cómo se comunican ahora. ¿Se sigue utilizando algún medio? ¿Para qué?**

> *Ejemplo:*
> Antes se **mandaban** postales cuando ibas de vacaciones, ahora te haces una foto y la cuelgas en Instagram.

1. Antes se llamaba por teléfono, ahora …
2. Antes se escribían cartas, ahora …
3. Antes se enviaban muchos faxes, ahora …
4. Antes se mandaban telegramas, ahora …
5. Antes se llamaba desde una cabina de teléfonos, ahora …

Lengua

Antes y ahora

- Para expresar algo que se **hacía/utilizaba antes y ahora no**, se usa el pretérito imperfecto y el presente:

   Antes se **mandaban** postales cuando ibas de vacaciones, ahora te **haces** una foto y la **cuelgas** en Instagram.

- Para expresar algo que se **utilizaba/hacía antes y ahora también**, se usa la perífrasis "seguir" + gerundio:

   Antes se **escribía** en cuadernos de papel y ahora también se **siguen utilizando**.

¿Recuerdas como se forma el "gerundio"?

🔗 Conexión interdisciplinaria: Diseño

Junto con la asignatura de Diseño se puede hacer un proyecto interdisciplinario para entender el desarrollo de alguna de las herramientas que hoy en día utilizamos: cómo apareció Internet, cómo empezaron los teléfonos celulares, etc.

d. ¿Cuándo y cómo se crearon las redes sociales? En grupos, investiguen en Internet e intenten anotar las fechas, los creadores y cualquier otro dato que conozcan sobre *tres* redes sociales.

e. ¿Utilizas tú Facebook? ¿Cuándo, con quién, con qué frecuencia? Si no lo usas, ¿por qué? Habla y después compara con tus compañeros/as.

📖 Leemos

f. ¿Sabes quién, cuándo y cómo se creó Facebook? Contrasta lo que sabes con la información de este texto de Wikipedia sobre Facebook y contesta las preguntas.

www.wikipedia.es/facebook

Historia de Facebook

(1) Mark Zuckerberg creó Facebook en el periodo en que fue estudiante de la Universidad de Harvard. Cuando esta red social empezó a ganar en popularidad, Mark abandonó sus estudios.

[...]

(2) En 2003 Zuckerberg lanzó en la universidad un sitio web llamado *Facemash* donde reunía varias fotografías y nombres de estudiantes de Harvard, este sitio estuvo disponible solo por algunas horas y por este suceso fue llevado ante los directivos de la Universidad, quienes culparon a Mark por haber sustraído datos e imágenes del sistema informático de la institución; suspendieron a Mark de clases, quien luego se alejó de la universidad al año siguiente para crear Facebook.

(3) En enero de 2004 los hermanos Winklevoss y Divya Narendra, estudiantes también de Harvard, supieron del incidente de Mark y su *Facemash*, observaron sus habilidades informáticas y hablaron con él acerca de una idea que ellos tenían para crear un directorio web en línea para el uso de todos los integrantes de las fraternidades en la universidad, hasta entonces dispersos en diversos *facebooks*, anuarios impresos. Mark aceptó y comenzó a trabajar en ese proyecto. Zuckerberg trabajaba en ese proyecto pero al mismo tiempo trabajaba en uno propio, el *thefacebook*, que apareció el 4 de febrero de 2004 reflejando a Mark como creador. Seis días después, los hermanos Winklevoss y Narendra abrieron una demanda pues *thefacebook* era similar al sitio web en el cual ellos estaban trabajando llamado *HarvardConnection.com*. Acusaron a Mark de haber retrasado intencionalmente el proyecto de ellos en el cual él era el desarrollador principal, para crear *thefacebook*, y que por consiguiente su idea fue robada y a ellos no les dio ningún crédito. *Thefacebook* se hizo muy popular entre todos los estudiantes de Harvard y pronto creció más, hasta llegar a otras instituciones y alcanzando a todas las universidades de la Ivy League.

(4) En algún momento de 2004, Sean Parker, creador de Napster, supo de la existencia de *thefacebook* por medio de su novia. Parker ya tenía experiencia en redes sociales al ser accionista de *Friendster*, para entonces la más popular. Por la diferencia de público entre ambos, Parker intuyó que *thefacebook* podía tener mayor potencial. Tuvo una entrevista con Zuckerberg para negociar entrar como presidente ejecutivo, a cambio de eliminar el *the* del nombre dejándolo como *Facebook*. En 2005 Sean Parker fue expulsado del cargo de presidente ejecutivo después de ser arrestado como sospechoso por posesión de cocaína. [...]

(5) Entre los años 2007 y 2008 se puso en marcha Facebook en español, traducido por voluntarios, extendiéndose a los países de Latinoamérica y a España.

Las redes sociales

(6) Facebook comenzó a permitir que los estudiantes universitarios agregasen a estudiantes cuyas escuelas no estaban incluidas en el sitio debido a las peticiones de los usuarios. En marzo de 2006, *BusinessWeek* divulgó que se estaba negociando una adquisición potencial del sitio. Facebook declinó una oferta de $750 millones.

[...]

(7) Desde septiembre de 2006, Facebook se abrió a todos los usuarios de Internet, a pesar de protestas de gran parte de sus usuarios, ya que perdería la base estudiantil sobre la cual se había mantenido. En agosto de 2007 se le dedicó la portada de la prestigiosa revista Newsweek; además de una integración con YouTube.

(8) A finales de ese mismo año, Facebook vendió una parte, el 1,6 %, a Microsoft a cambio de $240 millones de dólares, con la condición de que Facebook se convirtiera en un modelo de negocio para marcas de fábrica en donde se ofrezcan sus productos y servicios, según los datos del usuario y del perfil de este. Esta adquisición valoró Facebook en quince mil millones de dólares, aunque el consenso de los analistas fuera que esta cifra superaba el valor real de la empresa. Para Microsoft no se trataba solo de una inversión financiera, sino también de un avance estratégico en Internet. [...]

(9) En julio de 2009, Mark Zuckerberg hizo público que Facebook había alcanzado los 250 millones de usuarios. El 15 de septiembre del mismo año anunció que superaba los 300 millones, y el 2 de diciembre que ya contaba con más de 350 millones. En septiembre de 2011 contaba con más de 800 millones de usuarios. [...]

1. Según el texto, ¿cuándo se considera que Zuckerberg creó Facebook? Justifica tu respuesta con la información del texto.   **Criterio Bi**

2. Da las razones por las que Zuckerberg abandonó sus estudios.

3. ¿Por qué tuvo problemas con la página web *Facemash*?

4. ¿Por qué se enfadaron los hermanos Winklevoss y Divya Narendra con Zuckerberg?

5. ¿Qué cambios realizó Sean Parker con la plataforma de *thefacebook*?

6. ¿En qué año se creó Facebook en español?

7. ¿Qué te parece la biografía de Zuckerberg? ¿Cómo le describirías?   **Criterio Biii**

Lengua

Hechos en el pasado

Para determinar acciones que ocurrieron en un tiempo concreto del pasado y sin conectarlo con el presente utilizamos el pretérito indefinido.

Zuckerberg **creó** Facebook cuando estudiaba en la universidad de Harvard.

g. Este texto está extraído de Wikipedia. Comenta con tus compañeros: ¿utilizan esta fuente? ¿en qué lengua o lenguas? ¿es fiable, se puede creer todo lo que aparece en Wikipedia? ¿cómo pueden aplicar su pensamiento crítico en este caso?

> **ATL Pensamiento – Habilidades de pensamiento crítico**
>
> Una parte de este pensamiento trata de leer textos de una forma crítica, sin creernos de inmediato todo lo que se dice, sino cuestionándolo, viendo de dónde proviene el texto, dónde aparece, quién es su autor y, sobre todo, contrastando la información con otra fuente.

Mensaje

h. Los textos de Wikipedia son textos expositivos. Son los textos que expresan hechos e ideas, que informan. Con un compañero/a, identifiquen las características que creen que tienen.

1. El registro es formal / El registro es coloquial.
2. Se utiliza la primera persona / Se utiliza la tercera persona.
3. Hay muchas oraciones interrogativas y exclamativas / Predominan las oraciones enunciativas.
4. Lleva el nombre del autor / Es anónimo.
5. Es objetivo / Es subjetivo.
6. Es informativo / Expresa opiniones y sentimientos del autor.
7. Se utiliza en un ámbito personal / Se utiliza en un ámbito académico.
8. Es literario, está lleno de imágenes / Es claro y preciso.

Criterio Bii

Escribimos

i. ¿Conoces la historia de alguna otra red social? En grupos, elijan una (pónganse de acuerdo con el resto de los grupos para que sean diferentes) y escriban un texto expositivo, tipo Wikipedia, sobre la historia de la red social elegida. Si utilizan Wikipedia, resuman el texto.

Criterios C y D

Fase 3

Las redes sociales

8.2 Las ventajas y peligros de las redes sociales

a. ¿Para cuál de estas cosas utilizas las redes sociales?

	Sí (¿qué red utilizas?)	No (entonces, ¿qué utilizas?)
Para hacer planes y quedar con mis amigos		
Para comunicarme con mis padres		
Para informarme de lo que pasa en el mundo		
Para compartir momentos importantes de mi vida		
Para estudiar		

b. ¿Utilizas las redes sociales con otra finalidad? ¿Cuál o cuáles, y para qué? Escribe y después compara con tus compañeros/as.

c. Relaciona las dos columnas buscando significados similares.

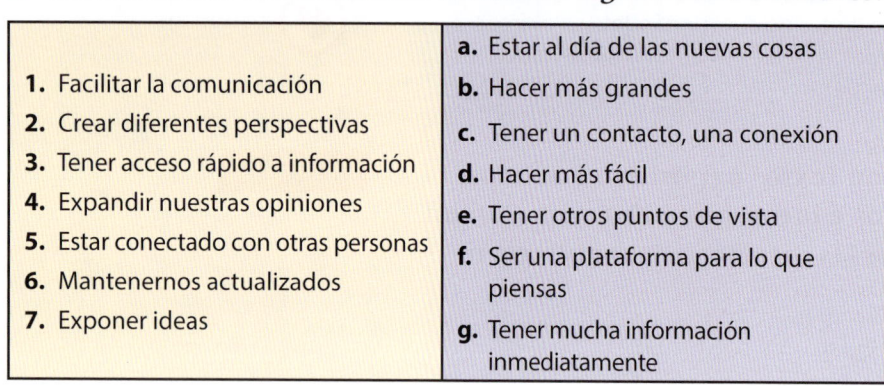

1. Facilitar la comunicación	a. Estar al día de las nuevas cosas
2. Crear diferentes perspectivas	b. Hacer más grandes
3. Tener acceso rápido a información	c. Tener un contacto, una conexión
4. Expandir nuestras opiniones	d. Hacer más fácil
5. Estar conectado con otras personas	e. Tener otros puntos de vista
6. Mantenernos actualizados	f. Ser una plataforma para lo que piensas
7. Exponer ideas	g. Tener mucha información inmediatamente

Pregunta fáctica

¿Qué puedo hacer para usar bien las redes sociales?

🔊 Escuchamos

d. Mira este video y escribe las ventajas de las redes sociales en los distintos campos.

Criterio Ai

https://www.youtube.com/watch?v=ldJyG8OEw8E

🔍 Palabras de búsqueda:

Beneficios de las Redes Sociales

educativo	trabajo	información y conocimiento	familia	creatividad	vida social

e. ¿Puedes añadir alguna ventaja más en los campos anteriores o incluso añadir algún otro campo? Después compara con tus compañeros/as.

f. ¿Crees que utilizas demasiado las redes? Contesta este test y compruébalo.

	siempre	a veces	nunca
1. Cuando me despierto, lo primero que hago es mirar mi celular.			
2. Sigo más de tres redes sociales.			
3. Duermo con el celular al lado de mi cama.			
4. Paso más de cinco horas al día en las redes sociales.			
5. Sufro cuando no tengo muchos "me gusta" en una entrada.			
6. Tengo más de quinientos amigos en Instagram.			
7. Siempre que voy de vacaciones, hago fotos para compartir.			
8. Tengo más de cinco grupos de WhatsApp.			
9. No aprendo nada de memoria porque lo tengo en la red.			
10. Es muy difícil para mí estar una hora entera sin mirar el celular.			
11. Mis padres se enfadan conmigo porque estoy, dicen, demasiado tiempo en las redes.			

Resultados:

Si tienes más de siete respuestas con "siempre", tienes que hacer algo, el uso de las redes comienza a ser una adicción para ti.

Si tienes más de cuatro "siempre", empieza a preocuparte y a observarte. Seguramente estás empezando a utilizar las redes demasiado.

Si tienes menos de cuatro "siempre", concéntrate en estos puntos. Todavía no es tarde.

g. ¿Estás de acuerdo con las soluciones? ¿Quitarías, cambiarías o añadirías algún punto? Discutan en grupos pequeños.

Las redes sociales

Lengua

Es bueno/malo/importante/esencial + que + subjuntivo

Cuando valoramos algo usando estas estructuras impersonales, usamos el subjuntivo.

*Es bueno que los adolescentes **compartan** sus miedos o problemas en las redes sociales con los padres.*

*Es importante que los adolescentes **sepan** los peligros que hay en las redes.*

*No es bueno que los adolescentes **tengan** tantos amigos en Facebook.*

h. Con un compañero/a, escriban frases similares sobre los usos de las redes sociales.

🔊 Escuchamos

i. Mira este video y contesta: ¿Cómo crees que se puede saber tanto de una persona? ¿Qué recursos se pueden utilizar?

https://www.youtube.com/watch?v=inNJbdp1qh8

🔍 Palabras de búsqueda:

Los Riesgos de las Redes Sociales

Fase 3

Pregunta fáctica

¿Qué tipo de actitudes y personas debo evitar en las redes sociales?

📖 Leemos

j. Lee esta entrada de blog y pon los títulos a cada apartado. Contesta después las preguntas.

> Exposición de la vida privada   Problemas legales   Adicción
> Distracciones   Ciberacoso   Vida poco sana
> Contagio de virus   Abandono de tu vida social real
> Suplantación de identidad   Uso excesivo

226

www.todosobremiparati.com

Diez peligros que te acechan

25 de septiembre

Juana Jiménez

Las ventajas de las redes sociales son por todos conocidas y, por supuesto, que ya no podemos, ni deberíamos prescindir de ellas. No obstante, sí que debemos ser conscientes de algunos de los peligros que encierran y estar al acecho. A continuación, he hecho una lista de los diez peligros que me parecen más frecuentes. Por supuesto que con tus comentarios podemos ampliarlos o cambiarlos.

1. _____

   Cada vez que nos conectamos a una página web desconocida, nos arriesgamos a contagiarnos con un virus. Por consiguiente, es imprescindible tener instalado un buen programa antivirus.

2. _____

   Seguro que conoces a alguien de tu clase o de tus amigos que sufrió acoso en la red, alguien sobre el que publicaron un rumor falso o una foto indeseada. Parece ser que los cobardes encuentran más fácil atacar a través de las redes que en persona.

3. _____

   Se sabe que hay muchas personas malas que se hacen pasar por gente joven para poder contactar. Crean un falso perfil e incluso fotos falsas. Hay que tener mucho cuidado y no comenzar relaciones con gente extraña.

4. _____

   Muchos adolescentes, a la vez que estudian o hacen los deberes, están activos en Facebook o mirando continuamente otras redes. El cerebro no puede hacer dos cosas a la vez. Es verdad que la atención puede alternarse de una forma muy rápida pero todavía no existe en casi ninguna persona la atención dividida. Como consecuencia, este tipo de distracciones empeoran nuestra productividad y nuestra capacidad para retener y comprender.

5. _____

   Tenemos que tener cuidado de lo que publicamos en la red, si tenemos permiso para ello, si no estamos ofendiendo a nadie que nos puede denunciar.

6. _____

   A veces no nos damos cuenta y decimos demasiado sobre nosotros mismos, exponemos nuestra vida personal porque pensamos que estamos chateando con amigos. Hoy en día muchas empresas antes de contratar buscan en las redes. Piensa que algún día te puedes arrepentir.

7. _____

   Muchos jóvenes pasan más tiempo conectados a las redes que con sus amigos reales. Incluso cuando están con los amigos están chateando con otros. Indudablemente esta conducta termina afectando las relaciones auténticas.

8. _____

   Si estás mucho tiempo con las redes sociales, eso significa que no dedicas tiempo para otras cosas. ¿Cuándo ha sido la última vez que has leído una revista, un cómic o un libro?

227

Las redes sociales

9. _____

A no ser que estés conectado en un parque, las redes sociales se utilizan normalmente en el interior, por lo que te priva del aire fresco, por no hablar del ejercicio físico. Induce al sedentarismo con los problemas consecuentes de obesidad.

10. _____

¿Puedes estar un día sin conectarte? ¿y una hora? Si notas que no, entonces es preocupante, porque estás desarrollando una adicción, algo que te controla y que es más fuerte que tú.

k. Contesta las preguntas.

1. ¿A quién va dirigida esta entrada de blog? ¿Cómo lo sabes? — Criterio Bii

2. ¿Cuál crees que es la relación entre la foto del cocodrilo y el texto? — Criterio Bi

3. Contesta si estas frases, según el texto, son verdaderas o falsas, y justifica tu respuesta.

	V	F
Las páginas web desconocidas pueden contagiar virus.		
Es fácil crearse un falso perfil en Facebook.		
Existen muchas personas con atención dividida.		
Muchas empresas buscan en las redes antes de contratar a una nueva persona.		
Se pueden tener amistades auténticas en las redes sociales.		
Las redes pueden causar sedentarismo.		

4. ¿Crees que tú abusas de las redes sociales? ¿Podrías reducir su uso? ¿En qué ocasiones? Usa la información del texto para justificar tu respuesta. — Criterio Biii

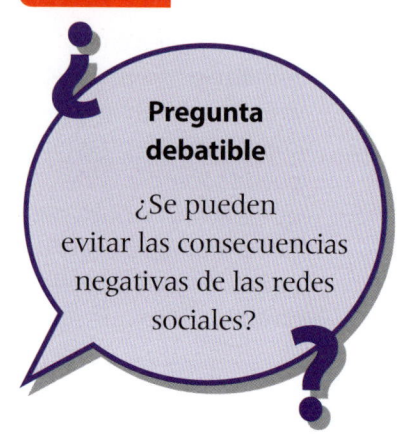

5. ¿Cuáles de las cosas que dice el texto son nuevas para ti? ¿Añadirías algún otro peligro? Con un compañero/a, escriban un párrafo más.

> **ATL Autogestión – Habilidades afectivas**
>
> Si queremos que los demás nos respeten, tenemos que empezar por respetar a los demás. Una parte importante es tratar de no compartir las cuestiones privadas de nuestros amigos, no extender rumores, cotilleos y, por supuesto, no compartir fotos o detalles de la vida privada, ni en la vida real, ni en las redes.

Pregunta debatible

¿Se pueden evitar las consecuencias negativas de las redes sociales?

💬 Hablamos

l. En grupos pequeños, confeccionen un decálogo con los diez puntos más importantes que se deben tener en cuenta para fomentar el respeto en las redes sociales.

8.3 El ciberacoso

a. ¿Sabes qué es el ciberacoso o *ciberbullying*? Con un compañero/a, traten de escribir una definición.

> **b.** Mira el video sobre el ciberacoso y contesta las preguntas.
>
> https://www.youtube.com/watch?v=Kx6G2xLoNC0
>
> 🔍 **Palabras de búsqueda:**
>
> Nidia, víctima de acoso escolar: "Me pusieron spray en los ojos"
>
> 1. ¿Qué le hicieron a Nidia en Internet?
> 2. En el texto se habla de "motes", ¿qué crees que son? Justifica tu respuesta según el contexto en el que se mencionan.
> 3. ¿Cómo reaccionaron Nidia y su familia?
> 4. ¿Qué dijeron en el colegio?
> 5. ¿Cómo se enteró su padre?
> 6. Según el texto, ¿por qué se meten personas que no te conocen?
> 7. ¿Qué tipo de agresiones físicas sufrió también Nidia?
> 8. ¿Qué propósito tiene este video? ¿Crees que el impacto es el mismo que si es una persona ficticia y no real?
> 9. ¿Conoces a alguien que haya sufrido ciberacoso? ¿Cómo reaccionó? Compara con la situación de Nidia.
> 10. ¿Qué te ha parecido el video? ¿Piensas que están todas las perspectivas sobre el problema? ¿Por qué?
> 11. ¿Cómo crees tú que se debe reaccionar? ¿Harías lo mismo que hizo Nidia? ¿Por qué?

Destinatario

Fase 3

Criterio **Ai**

Criterio **Aii**

Criterio **Aiii**

Las redes sociales

Lengua

Dar instrucciones

Se puede utilizar el imperativo.

	tú	usted	vosotros/as	ustedes
Verbos en –ar	habla	hable	hablad	hablen
Verbos en –er	lee	lea	leed	lean
Verbos en –ir	escribe	escriba	escribid	escriban

La forma de "vosotros" se utiliza exclusivamente en España.

Imperativo + pronombres

Cuando un imperativo va con un pronombre, este se coloca detrás y se une al imperativo formando una sola palabra.

¿Se lo digo a la profesora? Sí, **díselo**.

¿Le escribo al director? Sí, **escríbele**.

¿Se lo cuento a mis padres? Sí, **cuéntaselo**.

c. **Mira este folleto preventivo sobre el ciberacoso. Identifica todos los imperativos. ¿Cuáles van con pronombres? ¿Hay algún imperativo irregular?**

Si sufres el acoso…

…comunica tu situación:

- Háblalo con tus padres.
- Cuéntaselo a tus amigos.

Si observas el acoso a un compañero…

…comparte lo que has visto:

- Díselo a un profesor.
- Comunícalo al tutor o al director del centro.
- Coméntalo con tus compañeros de clase.

Pero haz algo, ACTÚA.

Mensaje

Pregunta conceptual

¿Cómo conectamos con los mensajes que enviamos o recibimos a través de las redes sociales?

◯ Hablamos

d. **¿Cómo se puede crear conciencia sobre este problema en el colegio? ¿Qué se debe hacer cuando ves en las redes que atacan a otra persona? Discutan en grupos y creen una pequeña campaña que puedan realizar.**

8.4 La huella digital

a. Mira los dos dibujos. ¿Qué relación crees que tienen estas huellas con la huella digital? Comenta con tus compañeros.

b. Mira este video, lee los subtítulos y contesta estas preguntas.

https://www.youtube.com/watch?v=fLKPsy2_2Og

🔍 **Palabras de búsqueda:**

Huella Digital: construir una identidad digital

1. ¿Cómo se forma la huella digital?
2. ¿Qué son las cookies?
3. ¿Quién puede ver la huella digital?
4. ¿Qué podemos hacer para no tener problemas?

Fase 3

Lengua

Estos son los consejos que se dan en el video, que también se pueden expresar con el imperativo. ¿Qué diferencias encuentras en las formas de imperativo con las que acabamos de estudiar?

Publicá solamente aquello que respete tu imagen.
Elegí una configuración segura para tus perfiles en las redes sociales.
Siempre *consultá* con un adulto ante una dificultad.
Acordate de bloquear las cookies en tu navegador, si no querés que se almacenen tus datos.
Pensá muy bien cuando navegas.

Estas formas son las formas para el pronombre "vos". ¿Recuerdas dónde se usa este pronombre? Este video es concretamente de Argentina. ¿Puedes formular una regla o patrón para esta forma?

c. Transforma los imperativos de los ejemplos en *tú*, *usted* y *ustedes*.

d. Vuelve a leer los consejos. ¿Crees que tú los sigues todos? ¿Añadirías alguno más? Comenten en grupos pequeños. Después hagan una puesta en común para crear diez consejos que se podrían dar a los alumnos del primer año del PAI.

❌ Destinatario

Las redes sociales

> **Lengua**
>
> ### Las colocaciones
>
> Se llaman *colocaciones* a expresiones con palabras que van casi siempre juntas. Algunas son modismos, es decir, que se dicen siempre así.
>
> Por ejemplo: *Tomar una decisión* es diferente en otras lenguas; una decisión se "hace" en inglés o "se encuentra" en alemán.
>
> Se recomienda que estas palabras se aprendan juntas.

e. Añade dos palabras más a cada colocación y luego crea dos grupos más. Puedes consultar un diccionario.

Enviar
1. un correo electrónico
2. un mensaje
3. _____
4. _____

Registrarse
1. en un portal
2. en un blog
3. _____
4. _____

Crear
1. un documento
2. un archivo
3. _____
4. _____

Configurar
1. una cuenta
2. una página de inicio
3. _____
4. _____

Guardar
1. información
2. un enlace
3. _____
4. _____

Descargar
1. un video
2. un PDF
3. _____
4. _____

232

🔊 Escuchamos

f. **Mira este video y contesta las preguntas.**

https://www.youtube.com/watch?v=hy_dmT2oGzU

🔍 **Palabras de búsqueda:**

Niños... ¡La SIC les enseña a cuidar sus datos personales!

1. ¿Por qué dice el narrador del texto que eres especial? ¿Qué es lo que te hace único y particular?

2. Según el video, ¿puedes publicar todos los videos, fotos o los nombres de los padres? ¿Por qué?

3. ¿Con qué personas puedes compartir tu información privada?

4. ¿Qué se debe considerar cuando se habla con amigos? ¿Puedes dar algún ejemplo?

5. ¿A quién crees que está dirigido este video? Da ejemplos del texto oral y visual que justifiquen tu respuesta.

6. ¿Piensas que el video se ha realizado correctamente para conseguir su propósito? ¿Por qué?

7. ¿Te parece este video adecuado o algo exagerado? ¿Por qué?

8. ¿Tú también tienes en cuenta las medidas que se ofrecen en el texto para proteger tu privacidad? Compara lo que se dice en el texto con la información que tú compartes.

Criterio Ai

Criterio Aii

Criterio Aiii

Pregunta debatible

¿Podemos mejorar la comunicación a través de las redes sociales?

Criterios C y D

💬 Hablamos

g. En parejas, busca ejemplos donde se puede hacer un mal uso en Internet de los datos privados y los peligros que eso conlleva. Después intercambien los ejemplos con otra pareja y realicen un debate sobre lo que se hizo mal y cómo se debería haber actuado de manera adecuada.

233

Las redes sociales

8.5 ¿Estás ahí?

a. ¿Qué te parece la cita de este filósofo? ¿Qué relación ves con la foto? Comenta con tu compañero/a.

b. ¿Cuál es la diferencia entre un amigo de Internet y un amigo real? ¿Puede ser las dos cosas? Completa esta tabla.

"Estamos solos porque estamos constantemente comunicados."
(Zygmunt Bauman)

Ejemplo:
Una persona que conoces muy bien.
Una persona en la que confías.

Amigo real	Amigo en Internet	Los dos

c. ¿Qué haces cuando alguien hace un comentario negativo sobre ti?

- Bloqueas a esa persona. ☐
- Sales de esa red social. ☐
- Contestas enfadado. ☐
- Haces otro comentario negativo sobre esa persona. ☐
- Se lo comentas a tus amigos para que ellos hagan también comentarios. ☐
- ¿Algo diferente? … ☐

Pregunta conceptual

¿Qué hay que tener en cuenta a la hora de comunicarnos con diferentes tipos de destinatarios?

ATL Autogestión – Habilidades afectivas

La autoestima trata del afecto y satisfacción que sentimos por nosotros mismos. El problema empieza cuando esta autoestima depende de lo que los demás piensen sobre nosotros y de si tenemos más o menos amigos en Facebook o más o menos "me gusta". La autoestima debe depender principalmente de nosotros.

Mira este video. Te puede hacer reflexionar.

https://www.youtube.com/watch?v=gVLEA3l8Tcs

🔍 **Palabras de búsqueda:**
La triste realidad de las redes sociales

📖 Leemos

d. ¿Qué crees que se puede hacer y qué haces tú para reforzar tu autoestima? Lee este cuadro y pon un ejemplo de tu entorno personal o escolar a tres de los puntos.

`Criterio Biii`

Ejemplo:

No generalizar si sale algo mal. Si se suspende una prueba de comprensión lectora, no quiere decir que se es malo en comprensión lectora, sino que esa prueba ha salido mal. Se debe descubrir qué se ha hecho mal, para estudiar más y mejorar.

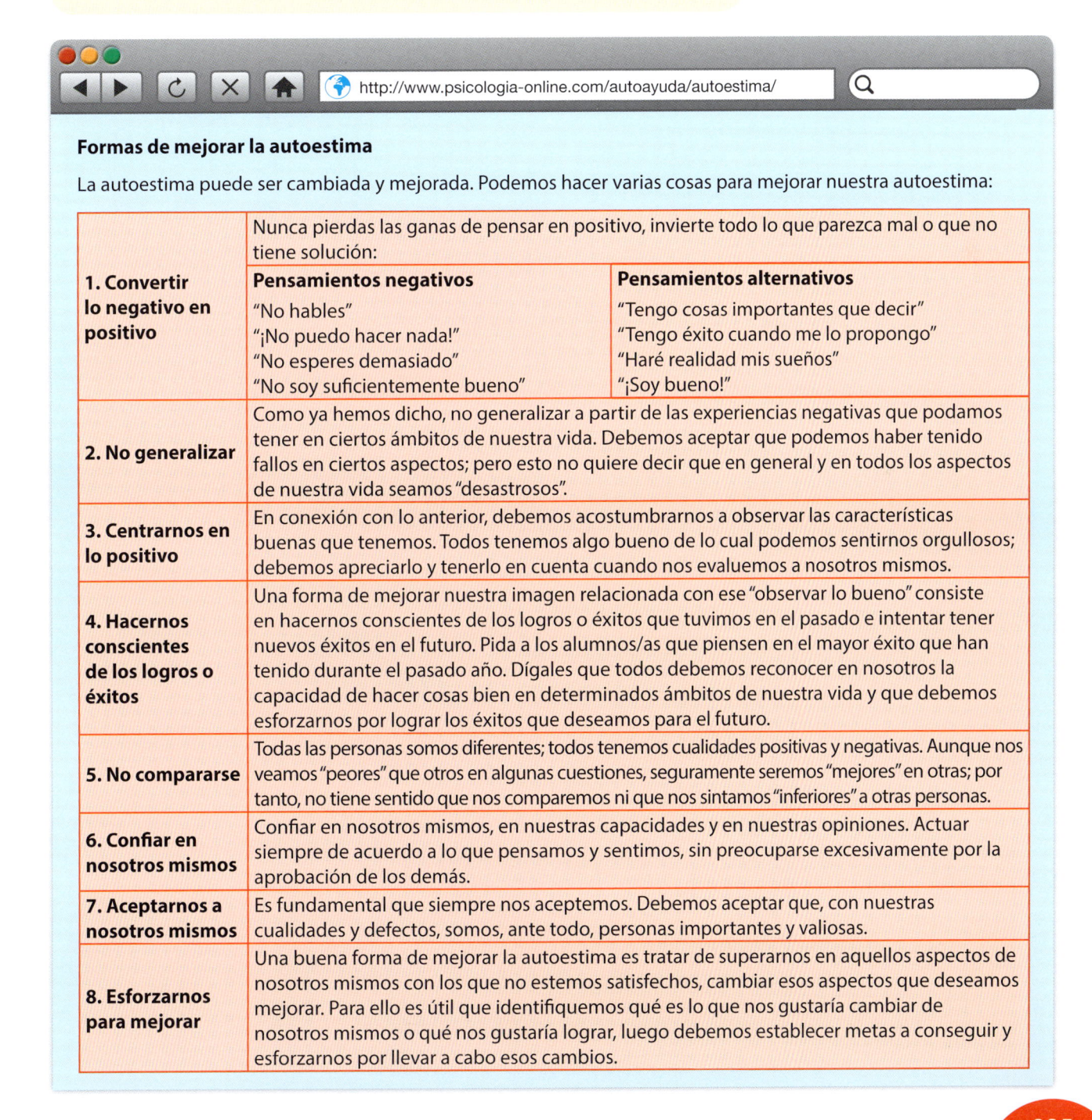

http://www.psicologia-online.com/autoayuda/autoestima/

Formas de mejorar la autoestima

La autoestima puede ser cambiada y mejorada. Podemos hacer varias cosas para mejorar nuestra autoestima:

1. Convertir lo negativo en positivo	Nunca pierdas las ganas de pensar en positivo, invierte todo lo que parezca mal o que no tiene solución: **Pensamientos negativos** "No hables" "¡No puedo hacer nada!" "No esperes demasiado" "No soy suficientemente bueno" **Pensamientos alternativos** "Tengo cosas importantes que decir" "Tengo éxito cuando me lo propongo" "Haré realidad mis sueños" "¡Soy bueno!"
2. No generalizar	Como ya hemos dicho, no generalizar a partir de las experiencias negativas que podamos tener en ciertos ámbitos de nuestra vida. Debemos aceptar que podemos haber tenido fallos en ciertos aspectos; pero esto no quiere decir que en general y en todos los aspectos de nuestra vida seamos "desastrosos".
3. Centrarnos en lo positivo	En conexión con lo anterior, debemos acostumbrarnos a observar las características buenas que tenemos. Todos tenemos algo bueno de lo cual podemos sentirnos orgullosos; debemos apreciarlo y tenerlo en cuenta cuando nos evaluemos a nosotros mismos.
4. Hacernos conscientes de los logros o éxitos	Una forma de mejorar nuestra imagen relacionada con ese "observar lo bueno" consiste en hacernos conscientes de los logros o éxitos que tuvimos en el pasado e intentar tener nuevos éxitos en el futuro. Pida a los alumnos/as que piensen en el mayor éxito que han tenido durante el pasado año. Dígales que todos debemos reconocer en nosotros la capacidad de hacer cosas bien en determinados ámbitos de nuestra vida y que debemos esforzarnos por lograr los éxitos que deseamos para el futuro.
5. No compararse	Todas las personas somos diferentes; todos tenemos cualidades positivas y negativas. Aunque nos veamos "peores" que otros en algunas cuestiones, seguramente seremos "mejores" en otras; por tanto, no tiene sentido que nos comparemos ni que nos sintamos "inferiores" a otras personas.
6. Confiar en nosotros mismos	Confiar en nosotros mismos, en nuestras capacidades y en nuestras opiniones. Actuar siempre de acuerdo a lo que pensamos y sentimos, sin preocuparse excesivamente por la aprobación de los demás.
7. Aceptarnos a nosotros mismos	Es fundamental que siempre nos aceptemos. Debemos aceptar que, con nuestras cualidades y defectos, somos, ante todo, personas importantes y valiosas.
8. Esforzarnos para mejorar	Una buena forma de mejorar la autoestima es tratar de superarnos en aquellos aspectos de nosotros mismos con los que no estemos satisfechos, cambiar esos aspectos que deseamos mejorar. Para ello es útil que identifiquemos qué es lo que nos gustaría cambiar de nosotros mismos o qué nos gustaría lograr, luego debemos establecer metas a conseguir y esforzarnos por llevar a cabo esos cambios.

Las redes sociales

e. **Ahora trabaja con un compañero/a y añadan un pequeño párrafo a estos otros tres puntos.**

9. Conocer tus cualidades y talentos
10. Rodearse de buenos amigos
11. No concentrarse en tus fracasos.

Lengua

Expresar deseos

Recuerda:

Esperar/desear + infinitivo
Cuando el deseo es para la misma persona.

Espero tener un día muy bonito.
Deseo no estar sola.

Esperar/desear que + presente de subjuntivo
Se usa cuando hay dos o más personas y el deseo no es para la persona del sujeto principal de la oración.

Espero que tú tengas un día muy bonito.
Esperamos que ustedes estén con su familia y amigos.

Ojalá
Ojalá que tengas muchos regalos.

Sin verbo de deseo
A veces el verbo se omite y se comienza el deseo con "que".

¡Que tengas un buen día!

f. **Hoy es el cumpleaños de Marta y estos son los comentarios que algunos amigos hacen en su muro de Facebook. ¿Puedes añadir tres deseos más?**

> Te deseo que pases un día muy feliz.
> Espero que tengas un día maravilloso junto con todos tus seres queridos.
> Ojalá se cumplan todos tus sueños.

g. ¿Qué deseas para estas personas?
- Tu madre o padre
- Tu mejor amigo
- Un compañero de clase
- Un hermano o un primo

8.6 Los trolls y haters

a. **Lee esta entrada de blog y escribe un comentario propio.**

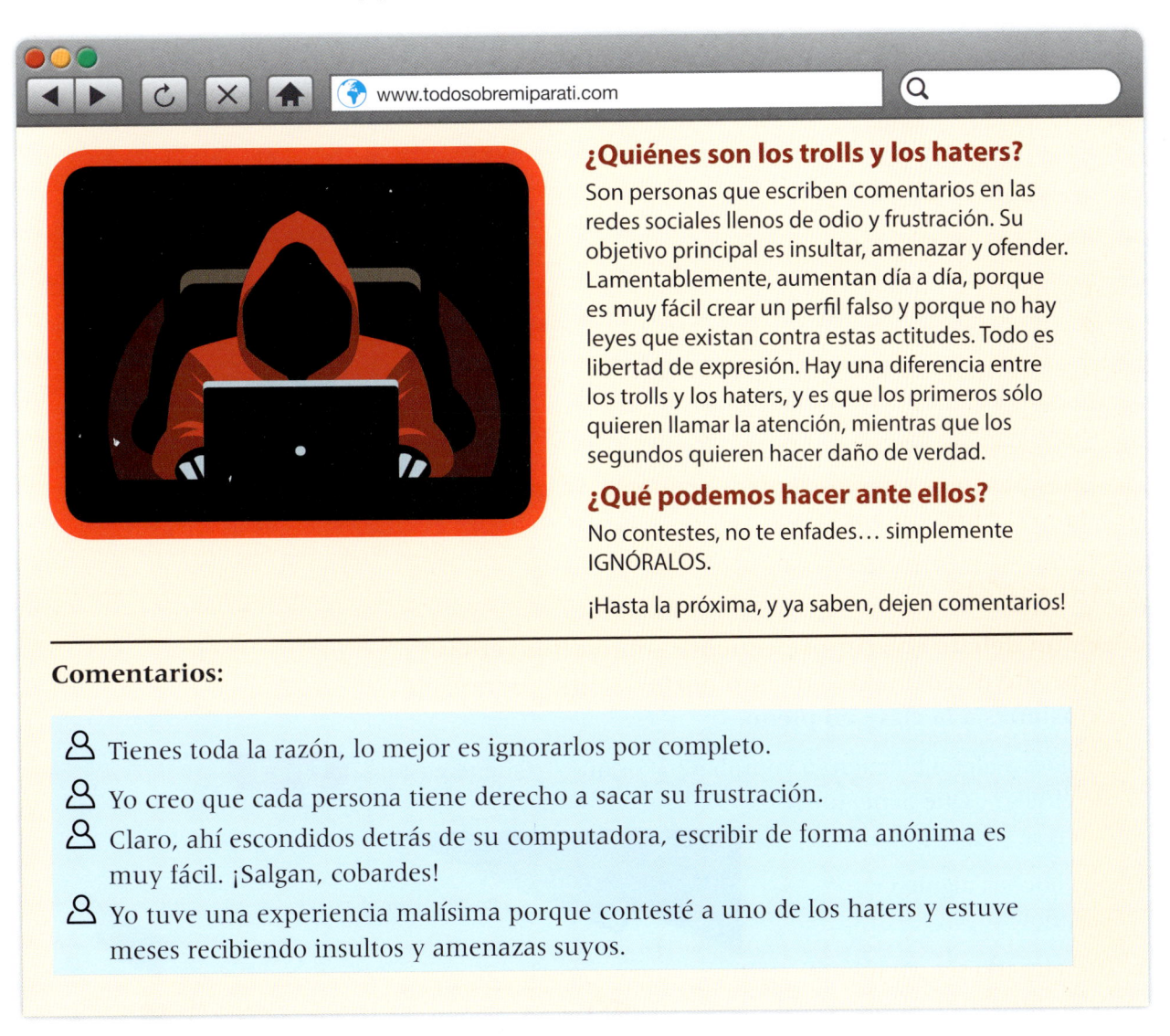

www.todosobremiparati.com

¿Quiénes son los trolls y los haters?

Son personas que escriben comentarios en las redes sociales llenos de odio y frustración. Su objetivo principal es insultar, amenazar y ofender. Lamentablemente, aumentan día a día, porque es muy fácil crear un perfil falso y porque no hay leyes que existan contra estas actitudes. Todo es libertad de expresión. Hay una diferencia entre los trolls y los haters, y es que los primeros sólo quieren llamar la atención, mientras que los segundos quieren hacer daño de verdad.

¿Qué podemos hacer ante ellos?

No contestes, no te enfades… simplemente IGNÓRALOS.

¡Hasta la próxima, y ya saben, dejen comentarios!

Comentarios:

- Tienes toda la razón, lo mejor es ignorarlos por completo.
- Yo creo que cada persona tiene derecho a sacar su frustración.
- Claro, ahí escondidos detrás de su computadora, escribir de forma anónima es muy fácil. ¡Salgan, cobardes!
- Yo tuve una experiencia malísima porque contesté a uno de los haters y estuve meses recibiendo insultos y amenazas suyos.

b. ¿Con cuál de los comentarios estás más de acuerdo? ¿Y tus compañeros/as?

Las redes sociales

✏️ Escribimos

c. En grupos, escojan una de estas figuras, youtuber o bloguero, y confeccionen una entrada de blog similar a la de los trolls y los haters. Estos son los puntos que tienen que responder. Escriban entre 200 y 250 palabras.

Criterios C y D

1. ¿Quiénes son?
2. ¿Qué hacen?
3. ¿Por qué son tan famosos?
4. ¿Cómo ganan el dinero?

Recuerda el formato de blog
- Puede ser formal o informal.
- Normalmente va acompañado de imágenes, fotos, gráficos, etc.
- Se puede dejar comentarios.
- El tono es personal y subjetivo.
- Lleva la fecha, el nombre o seudónimo de la persona, y etiquetas.
- Tiene enlaces.

---

d. Después pasen su entrada a otros grupos para que ellos puedan escribir comentarios.

💬 Hablamos

e. Creen un debate en grupos pequeños sobre estos temas. Después de discutir, escojan a un portavoz que cuente sus conclusiones a la clase en pleno.

1. ¿Sigues a algún bloguero o youtuber? ¿Por qué? ¿Qué te gusta de él/ella? ¿Qué tiene que te interesa tanto?
2. ¿Conoces a alguien en español?
3. ¿Te gustaría ser youtuber? ¿Por qué?

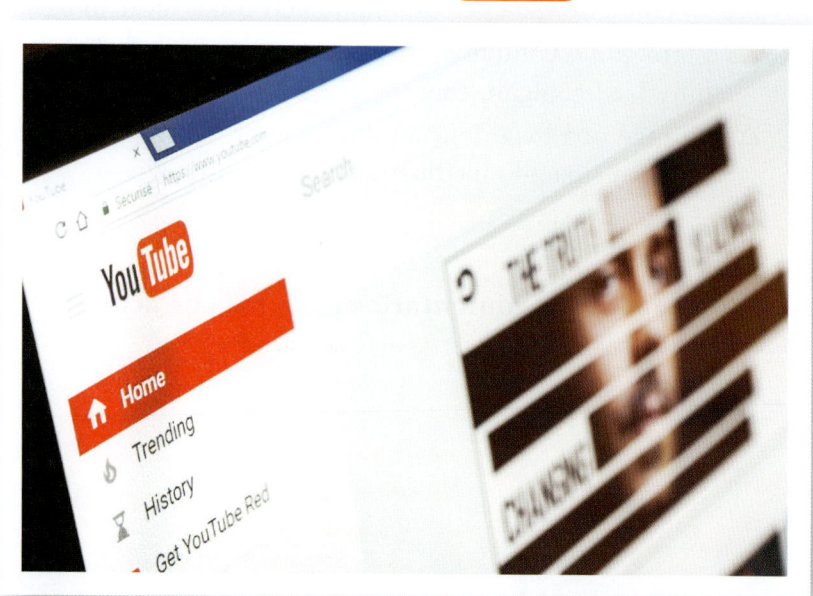

Fase 3

Evaluación sumativa

Criterio A

Mira este video y contesta las preguntas.

https://www.youtube.com/watch?v=4nhjkmkZgg0

Palabras de búsqueda:

Los peligros de las redes sociales

Aspecto i

1. ¿Piensas que el video trata exclusivamente de los peligros que tiene el uso de las redes sociales? ¿Por qué? Justifica con la información del texto.

2. ¿Por qué se dice que mucha gente trata las redes sociales como un diario?

3. Clasifica las siguientes frases en uno de los riesgos que se mencionan en el texto.

   Los riesgos:

   1. Fotografías comprometedoras
   2. Registrar lugares
   3. Publicar la vida privada
   4. Contactos desconocidos
   5. Pérdida de unión familiar

	Riesgo
Hay personas con malas intenciones en la red.	
No se deben publicar los problemas de parejas.	
No debemos aceptar a personas que viven lejos de nosotros y hablan un idioma que no comprendemos.	
A muchas personas les gusta usar el GPS.	
Debemos tener cuidado con su publicación cuando son íntimas o privadas.	
Hay una pérdida de contacto social con la familia.	
Se deben tener sólo personas de confianza en el círculo de contacto.	
Nos olvidamos de nosotros mismos.	
Los ladrones pueden saber cuándo no estás en casa.	

Las redes sociales

4. Elige las dos frases cuyo contenido se menciona en el texto.

   Las publicaciones en las redes sociales pueden ser molestas para los destinatarios. ☐

   Las publicaciones en Internet te pueden ayudar en la investigación para tus estudios y búsqueda de un trabajo. ☐

   Las publicaciones pueden tener como consecuencia grandes riesgos a la seguridad. ☐

   Los jóvenes publican en Internet para mantener informados a sus padres. ☐

Aspecto ii

5. ¿Qué función crees que tiene la música en relación al texto oral y visual?

6. ¿Con qué propósito piensas que se ha creado este texto?

7. ¿Piensas que el componente visual se ha elegido correctamente? Justifica tu respuesta analizando lo que ves y lo que se quiere transmitir.

Aspecto iii

8. ¿Cuál de los riesgos presentados en el video piensas que es el más importante para ti? ¿Y el menos importante? ¿Por qué?

9. ¿Conoces a alguna persona o has oído hablar de alguna persona que haya tenido algún problema relacionado con los riesgos mencionados en el texto? Explica y relaciona el problema con la información del texto.

10. ¿Te parece este texto convincente? ¿Por qué? ¿Qué crees que se debe cambiar o adaptar para hacerlo más efectivo?

Criterio B

Riesgos y peligros de las redes sociales en Internet
Protégete a ti mismo y a tus más cercanos

Por **Fernando Escudero**
Actualizado 29 de julio de 2017

(1) Si bien las redes sociales son útiles para millones de personas día a día, también es importante tener en cuenta que **su uso inadecuado o irresponsable puede traer consecuencias negativas**. Por ello, es importante conocer los **riesgos de las redes sociales** en Internet y mantenerse alerta frente al uso que le dan esas personas en tus círculos sociales y familiares.

(2) • _____

Uno de los beneficios de las redes sociales es que ayudan a personas, muchas veces separadas por la distancia, a conectarse con amigos y compartir información relevante con ellos. Sin embargo, **la publicación de información personal o privada sin control puede atentar contra la seguridad personal de esa persona que la publica.**

Dicho de otra manera, así como no es aconsejable compartir con extraños en la calle tu número de teléfono, dirección o lugar de estudio, tampoco es aconsejable hacerlo sin el control adecuado en redes sociales si van a estar expuestos a los ojos de millones de usuarios.

Para asegurarte de que compartes solo con quienes te interesa, el primer paso que puedes dar es **controlar tu privacidad en Facebook**. Luego puedes **crear listas de amigos** en esta red para que solo las personas indicadas vean tus actualizaciones más privadas. Y si utilizas otras **redes sociales populares**, puedes seguir pasos similares para limitar la manera en que otros acceden a tu información.

(3) • _____

Si bien es posible configurar tu **perfil personal en Instagram** o Facebook para compartir información únicamente con tu grupo cercano de amigos, estas barreras podrían llegar a ser casi inservibles si esos mismos contactos luego publican tu información con sus propios contactos sin antes consultarlo contigo.

Un ejemplo típico de esto ocurre cuando tus amigos te etiquetan en sus fotos en Facebook, dejando tu nombre expuesto a contactos que podrían no ser de tu confianza. Si bien puedes pedirles que no te etiqueten en sus fotos, **puedes tomar un rol proactivo** en esta tarea y activar la opción para **revisar etiquetas con tu nombre antes de que aparezcan en Facebook**.

Las redes sociales

Y si te gusta crear Eventos en Facebook para celebrar e invitar a amigos a celebrar en fiestas y cumpleaños, asegúrate de configurarlos para que tus datos no sean expuestos y compartidos por tus invitados. Haz lo mismo en otras redes, y recuérdale a tus amigos la importancia de no compartir algo que no les has pedido hacerlo.

(4) • _____

Es habitual ver a jóvenes e incluso adultos dedicando toda su atención a sus equipos móviles, tanto en reuniones con amigos como a la hora del desayuno o la cena junto a la familia. En la mayoría de los casos, esta atención puede estar dirigida a leer las últimas noticias de sus contactos en Facebook, revisar cuántos "me gusta" han recibido sus **fotos en Instagram** o cuántos **nuevos seguidores en Twitter** se han conseguido desde aquel último tweet.

Si bien la interacción en las redes sociales es importante, también lo es el compartir tiempo de calidad con aquellas personas que conforman nuestros grupos sociales más cercanos. Si has notado este tipo de situaciones en tu familia, podría ser el momento de imponer límites al tiempo que tus hijos pasan conectados a sus redes favoritas.

(5) • _____

Aún cuando muchas redes sociales han sido creadas para compartir información útil entre amigos, son muchos quienes pueden utilizarla de manera opuesta y publicar información dañina o que hace burla de una persona.

Este tipo de acciones se conoce como *bullying* (si tienes más de un par de décadas de vida lo reconocerás simplemente como "matonaje"), y que debido al uso de las redes sociales ha sido apodado por muchos como *ciberbullying*. Afortunadamente, son muchas las redes sociales que han tomado las medidas para prevenir este tipo de situaciones y han creado herramientas para bloquear y denunciar este tipo de situaciones.

(6) • Ten en cuenta que **el que tus hijos tengan perfiles en las redes sociales más populares no los convertirá en víctimas del *bullying* de manera inmediata.** Sus experiencias en ellas podrían ser hasta ahora completamente positivas y placenteras, sin verse expuestos jamás a este tipo de situaciones. **Sin embargo, nunca está de más el repasar con ellos lecciones importantes en caso de verse enfrentados a este problema.**

Para ayudarte a dialogar con ellos acerca de este tema, revisa estos **consejos básicos para proteger a tus hijos del *bullying* en Facebook** y recuérdales la importancia de conversar contigo si se ven enfrentados a problemas similares.

Aspecto i

1. Según el texto, ¿hay exclusivamente consecuencias negativas en el uso de las redes sociales? Justifica con las palabras tomadas del texto.

2. Relaciona los títulos con las secciones.

> Pérdida de la calidad y tiempo dedicado a la familia y los amigos
> Publicación de datos personales de manera desmedida
> Potencial exposición al *bullying, ciberbullying* o matonaje
> Publicación de datos personales por parte de otra persona

3. ¿Verdadero o falso? Justifica según la información de las secciones 2 y 3.

	V	F
La seguridad personal puede estar en peligro si la información personal o privada se publica sin control.		
Las listas de todos tus amigos en Facebook tienen acceso completo a tus actualizaciones privadas.		
Compartir información exclusivamente con tus amigos no significa tener privacidad segura.		
Los eventos creados en Facebook pueden ser publicados por otras personas.		

4. ¿Qué palabras o expresión usa el autor del texto en la sección 4 para indicar la importancia de pasar tiempo con "las personas más allegadas"?

5. Elige las cuatro frases cuya información aparece en las secciones 5 y 6.

   a. Las redes sociales se pueden usar de manera inapropiada. ☐
   b. Las familias publican en Facebook medidas para combatir el *ciberbullying*. ☐
   c. Muchas redes sociales luchan contra los casos de *ciberbullying*. ☐
   d. La educación en las escuelas es fundamental para evitar casos de *ciberbullying*. ☐
   e. No siempre hay problemas de *ciberbullying* en las redes sociales. ☐
   f. La comunicación con los padres es esencial para evitar problemas de *bullying* en las redes sociales. ☐

Aspecto ii

6. ¿Quién es el destinatario principal de este texto? ¿Qué te hace pensar esto? Justifica con la información del texto.

7. ¿Qué intención tiene el texto? Justifica analizando cómo están estructuradas las ideas del texto en cada sección.

8. ¿Qué función crees que tiene la imagen que acompaña al texto escrito? ¿Crees que ha sido una buena elección? ¿Por qué?

Aspecto iii

9. ¿Qué medidas tomas tú para evitar los peligros que conlleva publicar en las redes sociales? Compara con la información que se ofrece en el texto.

10. ¿Estás de acuerdo con los consejos que se ofrecen en el texto? ¿Por qué?

11. ¿Conoces tú a alguien o has escuchado de alguien que haya sufrido alguno de los problemas que se mencionan en el texto? Explica el problema y sus consecuencias.

Las redes sociales

Criterios C y D (oral interactivo)

Mira estas dos fotos y después realiza una conversación con tu profesor/a sobre el papel de los padres en el uso de las redes sociales de los hijos. Habla de 2 a 3 minutos. Puedes prepararte durante 10 minutos y tomar notas. No puedes usar el diccionario ni ningún material de ayuda.

Criterios C y D (escrito)

Escribe una entrada de blog donde das consejos a los lectores de las precauciones que deben tener al publicar mensajes en las redes sociales. Escribe entre 200 y 250 palabras.

Reflexión

Busca en la unidad las actividades donde has practicado los objetivos de la misma. Reflexiona sobre lo que has aprendido y completa la tabla:

	🙂	😟	😢
comparar la vida antes y después de las redes sociales			
contrastar el pretérito imperfecto y el presente de indicativo			
usar la perífrasis "seguir" + gerundio			
hablar de hechos en el pasado			
investigar sobre el origen de algunas redes sociales			
reflexionar sobre las ventajas y los peligros de las redes sociales			
usar "es bueno/malo/importante/esencial" + subjuntivo			
dar instrucciones			
reconocer y usar las colocaciones léxicas			
expresar deseos en el futuro			
utilizar el subjuntivo para expresar deseos (ojalá, espero que …)			
escribir una entrada de blog sobre los protagonistas de las redes			

Reflexiona sobre el Enunciado de indagación de la unidad

Los mensajes usados en las redes sociales tienen el propósito de conectarnos con diferentes tipos de destinatarios.

The messages we use in social media have the purpose of connecting us with different types of audience.

¿Puedes conectar este **Enunciado de indagación** con las tareas de esta unidad? Busca actividades donde

- reflexionas sobre las consecuencias de los mensajes que se mandan en las redes sociales
- escribes mensajes con un propósito
- consideras el destinatario en la comunicación.

Enfoques de aprendizaje

Busca en la unidad dónde has practicado las siguientes estrategias de aprendizaje. ¿Cómo crees que estos **Enfoques de aprendizaje** te ayudan a conseguir los atributos del perfil del estudiante del IB de esta unidad? ¿Y los otros atributos?

- Buenos comunicadores
- Indagadores

¿Has usado estos **Enfoques de aprendizaje** para completar con éxito las tareas de la unidad? ¿Y las tareas sumativas?

- ***Thinking – Critical thinking skills***
  - *Practise observing carefully in order to recognize problems*
  - *Recognize unstated assumptions and bias*
  - *Interpret data*
- ***Self-management – Affective skills***

  Emotional management
  - *Practise strategies to prevent and eliminate bullying*

  Self-motivation
  - *Practise managing self-talk*
  - *Practise positive thinking*

Reflexión

In this unit you have reflected on and researched social networks: how they started, how they changed the way we connect with each other, and how we get new information. But you have also considered the dangers that social networks can have. You have studied the concept of the digital footprint, and how dangerous it can be, cyberbullying, isolation from real friends and family when you spend too much time in the virtual world and, finally, the world of trolls and haters. At the same time as improving your Spanish, hopefully you are now more aware about what you can do to protect yourself and others, and to draw attention to any perceived cases of abuse.

9 Viajes

Contexto global
Orientación en el espacio y en el tiempo

Conceptos relacionados
Mensaje, propósito

Concepto clave
Conexiones

Perfil de la comunidad de aprendizaje
Audaces, de mentalidad abierta, solidarios

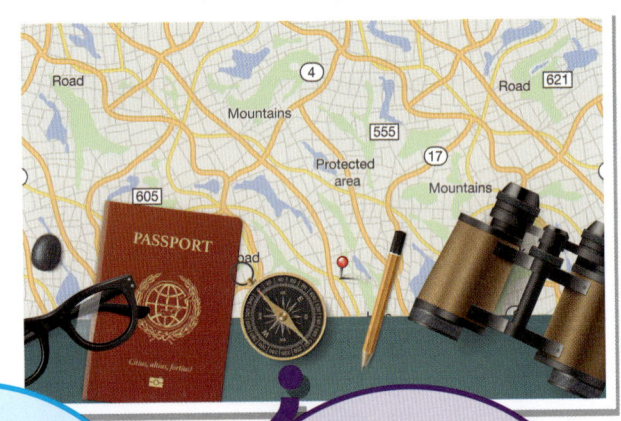

Pregunta fáctica

¿Qué tipos de viajes hay?

¿Cómo podemos contar un viaje?

¿Qué necesitamos al viajar?

Pregunta conceptual

¿Qué se aprende al viajar?

¿Cuáles son los propósitos de los viajes?

Pregunta debatible

¿Es viajar una necesidad?

Enunciado de indagación

Conectamos con nuestro entorno al relatar viajes a través de mensajes con diferentes propósitos.

246

Al final de esta unidad, vas a poder…
⊘ mostrar tus preferencias sobre tipos de viajes durante tus vacaciones
⊘ contar lo que se puede hacer durante los viajes
⊘ escribir una entrada de blog narrando las experiencias de un viaje
⊘ narrar las experiencias sobre un viaje de estudios
⊘ reconocer las convenciones de un folleto informativo
⊘ hacer valoraciones en el pasado
⊘ mencionar los objetos que se necesitan en un viaje
⊘ comprender y dar recomendaciones de qué llevar y hacer durante un viaje
⊘ utilizar el imperativo negativo para dar recomendaciones
⊘ crear y recomendar un itinerario para un viaje
⊘ reconocer la diferencia entre "por" y "para"
⊘ crear folletos de viaje
⊘ promocionar un viaje

9.1 Nos vamos de vacaciones

a. Estas imágenes están relacionadas con las vacaciones. ¿Con cuáles te identificas tú? ¿Por qué? Contesta las preguntas y habla con tus compañeros/as.

- ¿Qué se ve en las imágenes?
- ¿Cuándo sueles ir tú de vacaciones?
- ¿Vas siempre al mismo lugar de vacaciones?
- ¿Qué sueles hacer?
- ¿Recomiendas ese lugar? ¿Por qué?

Ejemplo:

Las imágenes 1 y 2 son de un aeropuerto. Se ven maletas y pasajeros esperando a embarcar en el avión. A mí me encantan los aeropuertos porque…

Viajes

b. Con un compañero/a, clasifiquen el vocabulario según esté relacionado con el aeropuerto (A), el equipaje y los preparativos (B) o el alojamiento (C). Puede haber varias posibilidades.

A. El aeropuerto

B. El equipaje y los preparativos

C. El alojamiento

llegar al aeropuerto	
volar en el avión	
hacer la maleta	
no llevar líquidos en el equipaje de mano	
atender a los pasajeros	
anunciar un vuelo	
esperar en la puerta de embarque	
no olvidar el pasaporte	
llamar a la azafata / al azafato / al auxiliar de vuelo	
solicitar un visado	
sentarse en la ventanilla o en el pasillo	
contratar el seguro de viajes	
reservar el alojamiento	
facturar el equipaje	
recoger la maleta	
hacer transbordo	
imprimir / descargar la tarjeta de embarque	
reservar un asiento	
alquilar un carro / coche	

c. Pon en orden las actividades que se suelen hacer para preparar un viaje. ¿Puedes completar la lista de vocabulario con más palabras relacionadas con los viajes? Trabaja con tus compañeros/as.

1. Preparativos para el viaje
2. En el aeropuerto
3. En el avión
4. Después del vuelo.

📖 Leemos

d. Relaciona los textos con los viajes representados en las imágenes.

1 Viaje cultural a ciudades
2 Viaje de aventura
3 Viaje con deportes de invierno
4 Viaje de sol y playa
5 Viaje de voluntariado

Pregunta fáctica

¿Qué tipos de viajes hay?

www.todoviajes.net

Comentarios:

(1) **Mari – 10 de noviembre:**

Viajar para mí significa explorar la naturaleza. Vivimos en la ciudad y siempre que podemos, mi familia y yo nos vamos a la montaña. Nos gusta hacer senderismo, caminar, conocer nuevas rutas y caminos… Cuando estás en la naturaleza, te das cuenta de las maravillas que hay en nuestro planeta. Respiras el aire limpio y te olvidas de todo el estrés de la vida cotidiana. En realidad, vives experiencias únicas. En esta foto nos puedes ver en una montaña en las vacaciones de verano pasadas. Fuimos al Parque Nacional Zion, en los Estados Unidos.

(2) **Alexia – 10 de noviembre:**

Durante las vacaciones yo suelo viajar con mi familia a países diferentes. Normalmente nos gusta conocer ciudades porque tienen muchas cosas que ofrecer. Nos gusta alojarnos en hoteles céntricos y explorar la ciudad; así puedes ir a museos, visitar edificios históricos y monumentos, ir a exposiciones… En general, hay mucha cultura por descubrir. Mi monumento favorito es la Estatua de la Libertad en Nueva York. También nos gusta ir de compras y, claro, en las grandes ciudades siempre hay centros comerciales donde puedes comprar de todo. Nos gusta caminar mucho y conocer todo lo que una ciudad tiene que ofrecer. En esta foto estoy yo con mis amigas. Fue la primera vez que viajé sin mis padres, e hicimos una escapada a Barcelona. Nos quedamos en casa de una amiga de Jessica. En la foto estamos todas enfrente de la Catedral Gótica de Barcelona, en el casco antiguo de la ciudad. ¡Me encanta Barcelona! Ojalá pueda repetir pronto un viaje así…

Viajes

(3) **Carlos – 12 de noviembre:**

Nosotros tenemos una casa en la montaña y siempre que podemos pasamos las vacaciones allí, sobre todo en invierno porque está cerca de una estación de esquí y a nosotros nos encanta esquiar. Bueno, en realidad, yo prefiero hacer snowboard. Para mi familia y para mí, un día ideal durante nuestras vacaciones comienza desayunando bien para tener energía para esquiar todo el día; sobre las tres y media o cuatro de la tarde, terminamos y cenamos. ¡La comida en la montaña es riquísima después de un largo día de nieve y esquí!

(4) **Lucas – 17 de noviembre:**

Estoy muy comprometido con los problemas globales y para mí es importante mostrar gestos de solidaridad. Es por eso que, en estos momentos, las vacaciones para mí significan ayudar a la gente que tiene problemas o que necesitan de nuestra ayuda. En la foto estoy yo con un grupo de jóvenes ayudando a plantar árboles en una zona afectada por inundaciones en Phuket, Tailandia. Fue un proyecto que contó para Servicio como Acción del PAI. Realmente aconsejo este tipo de "vacaciones" porque es muy enriquecedor. Al mismo tiempo que descubres nuevos lugares, conoces otra cultura y claro, te hace ser una mejor persona.

(5) **Sonia – 18 de noviembre:**

Para nosotros las vacaciones significan sol y playa. Tenemos un apartamento en la playa y pasamos todo el verano allí. Puedes conocer a mucha gente y en el pueblo ya tengo muchos amigos que todos los años repiten sus vacaciones. Nos encanta y, además, la comida está riquísima. A veces, también viajamos a otros países, pero mis padres siempre buscan que sean lugares con playa. Entonces, nos alojamos en hoteles y descansamos. Relajarse, tumbarse y tomar el sol, bañarse en el mar, comer bien, divertirnos con amigos y familia, ¡esas son nuestras vacaciones! ¡Qué ganas tengo de que llegue el verano!

e. **¿Con quién relacionas las siguientes frases? Escribe el nombre de la persona e identifica la frase del texto con la misma información.**

Fase 3

		Nombre
1.	Me encantaría volver a hacerlo otra vez.	
2.	No piensas en la vida estresante de la gran ciudad.	
3.	Nos alojamos toda la época de verano allí.	
4.	Cumplo un compromiso con las cuestiones globales.	
5.	Es bonito volver a encontrar a los amigos del verano anterior.	
6.	Para mí lo más importante es el mar y descansar.	
7.	Me gusta conocer nuevas culturas y ayudar a la gente.	
8.	¡No hay nada como esquiar!	
9.	A mí no me gustan las ciudades, prefiero la naturaleza.	
10.	Para mí es muy importante la cultura y esa la encuentras en las ciudades.	

f. Busca en el texto las actividades que hacen las personas en cada uno de los viajes. Después compara con tus compañeros/as.

Viaje de aventura	Viaje cultural a ciudades	Viaje con deportes de invierno	Viaje de voluntariado	Viaje de sol y playa
Explorar la naturaleza				
Ir a la montaña				

g. ¿Con qué atributo del perfil del estudiante del IB relacionas cada uno de los viajes? ¿Por qué? Habla con tus compañeros/as.

Escribimos

h. ¿Qué tipo de viajes prefieres tú durante tus vacaciones? Escribe un comentario de blog sobre cómo sueles pasar tus vacaciones. Escribe de 100 a 150 palabras. Después cuelguen todos los comentarios en la pared de la clase y léanlos. Busquen comentarios de compañeros que tienen la misma preferencia y siéntense juntos.

Criterios C y D

i. Entre todos, corrijan los textos. Después escriban una entrada de blog sobre el lugar de vacaciones. Escriban de 200 a 250 palabras.

9.2 Viajes de estudios

a. ¿Has hecho algún viaje de estudio al extranjero o a otra parte de tu país con tus compañeros/as? ¿Adónde fuiste? ¿Dentro de qué programa lo hiciste? ¿Qué tal fue la experiencia?

251

Viajes

📖 Leemos

b. Los alumnos de un colegio se van de viaje de estudios a Andalucía (España). Lee la carta que el profesor de español ha escrito a los padres y contesta las preguntas.

> Mensaje, propósito

---

25 de septiembre de 2018

Estimados padres:

El departamento de Adquisición de Lenguas está preparando un viaje a Andalucía (España) para estudiantes de español del PAI durante las vacaciones de primavera, del 23 al 31 de marzo del 2019.

El grupo viajará en avión y haremos excursiones a un número de monumentos conocidos. Al mismo tiempo, degustaremos la deliciosa gastronomía española. Este viaje será una maravillosa oportunidad para que los estudiantes conozcan mejor la vida en Andalucía, la lengua y la cultura. Esta inmersión, con interacciones continuas con nativos, hará que los estudiantes mejoren su nivel de español.

En estos momentos estamos organizando el viaje y las reservas finales dependerán de la cantidad de alumnos interesados en participar.

En el coste están incluidos: el vuelo de ida y vuelta, el transporte al hotel y al albergue juvenil, el alojamiento con desayuno y cenas, entradas a los monumentos y el transporte por la ciudad. Los estudiantes deberán tener dinero en euros para los almuerzos y compras personales.

Los detalles finales se comunicarán a principios de diciembre de 2018.

Este es un viaje escolar y las normas del colegio se aplicarán. En el viaje los alumnos irán acompañados de dos profesores de habla española.

Por favor, complete y devuelva el formulario adjunto antes del viernes, 5 de octubre de 2018.

Saludos cordiales,

Daniel González
dgonzalez@colegio-nici.org

Profesor de Español
IES Colegio Internacional

---

1. ¿Cuál es el mensaje que quiere comunicar el profesor a los padres? ¿Y con qué propósito?

2. ¿Te parece que esta carta está escrita de manera formal o informal? Identifica en el texto ejemplos de cómo el registro está reflejado en la lengua. Fíjate en el uso de los pronombres, los verbos y el vocabulario en general.

Criterio Bi, ii

3. ¿Cuáles son las características de este viaje? Completa. **Criterio Bi**

Lugar	
Fechas	
Participantes	
Tipo de alojamiento	
Medios de transportes	
Actividades	

Lengua

El futuro

En la carta aparecen muchos verbos en futuro porque habla de un viaje que se hará dentro de unos meses. Identifica los verbos y busca una forma que es irregular. ¿Puedes conjugar uno de ellos para recordar las formas de futuro? ¿Te acuerdas de algún otro verbo que tenga formas irregulares en el futuro?

Escribimos

c. ¿Qué otras preguntas te gustaría hacer al profesor? Haz una lista y después compara con tu compañero/a. Luego escriban juntos un pequeño correo electrónico al profesor organizador con la información que les gustaría saber. Presten atención al registro formal del correo electrónico. **Criterios C y D**

Leemos

d. El profesor ha preparado una guía del viaje. Léela y contesta las preguntas.

Viaje a Andalucía (23 – 31 de marzo)

¡Hola, bienvenidos a Andalucía!

En esta guía encontrarán mucha información importante. Por favor, lean con atención y si tienen alguna pregunta, diríjanse a los profesores.

Estamos seguros de que el viaje será una experiencia inolvidable para ustedes, en el que aprenderán muchas cosas y, por supuesto, lo pasarán bien. Pero para esto, hay que cumplir unas <u>normas muy importantes</u>:

- Todas las reglas del colegio se aplican en el viaje.
- Escuchen a los profesores con atención en todo momento.
- Permanezcan siempre en grupo, no se puede ir sólo sin permiso.
- Respeten los horarios y lleguen a tiempo.
- Hablen siempre que puedan en español.

Y recuerden que son representantes del colegio y deben comportarse según los valores centrales del mismo.

Viajes

Viernes 22	Domingo 24	Lunes 25	Martes 26
22:00 Encuentro en el Aeropuerto Internacional de Incheon **Sábado 23** **00:55 Salida al Aeropuerto de Amsterdam** **KLM Royal Dutch Airlines** **Vuelo Nro. KL856** 04:30 Llegada a Amsterdam **06:35 Salida al Aeropuerto de Sevilla** **Iberia Airlines** **Vuelo Nro. KL2687** 09:30 Llegada al aeropuerto de Sevilla. Recogida en autobús privado y viaje a Córdoba 12:00 Llegada al albergue juvenil y almuerzo Durante el resto del día, a los alumnos se les explicarán las tareas para el viaje. Por favor, miren más abajo para más información 20:00 Cena	8:00 Reunión y desayuno en el albergue juvenil 10:00 Visita a la Mezquita y al casco antiguo de Córdoba (barrios judíos y árabes) 13:30 Almuerzo en el Alcázar (jardines árabes) 17:30 Visita al centro de Córdoba 20:30 Cena y trabajo en los diarios/entradas de blogs (reflexión del día)	7:30 Reunión y desayuno en el albergue juvenil. Salida del albergue juvenil de Córdoba **8:30 Viaje con autobús privado a Granada** 12:30 Visita al palacio árabe La Alhambra 13:30 Almuerzo 17:00 Llegada al albergue juvenil de Granada. Visita al mercado árabe en el barrio del Albaicín y casco histórico 20:30 Cena y trabajo en los diarios/entradas de blogs (reflexión del día)	8:00 Reunión y desayuno. Salida del albergue juvenil de Granada **9:30 Viaje en autobús privado a Ronda** 12:00 Llegada al hotel y almuerzo 14:00 Visita al casco histórico de Ronda y museo del toreo 17:00 Actividades y juegos de lengua 18:30 Cine en español 20:30 Cena y trabajo en los diarios/entradas de blogs (reflexión del día)

Teléfonos y direcciones:

Señor González +82 (0)10 28 97 11 29

Albergue Juvenil de Córdoba (Albergue Inturjoven de la Creatividad)
Plaza Juda Leví s/n – 14003 Córdoba (Córdoba)
Tel: +34 955 035 886
https://www.inturjoven.com/albergues/cordoba/albergue-inturjoven-cordoba

Albergue Juvenil de Granada (Albergue Inturjoven Granada)
Avda. Ramón y Cajal, 2 – 18003 Granada (Granada)
Tel: +34 955 181 181
https://www.inturjoven.com/albergues/granada/albergue-inturjoven-granada

Miércoles 27	Jueves 28	Viernes 29	Sábado 30
7:30 Reunión y desayuno en el hotel. Salida del hotel	8:00 Reunión y desayuno en el hotel	8:30 Reunión y desayuno en el hotel	6:00 Reunión y desayuno en el hotel. Salida del hotel
8:30 Viaje en autobús privado a Sevilla	9:40 Visita al Parque Natural de Doñana, paseo a caballo por el parque natural y por la playa	9:30 Visita al IES Galeón. Interacciones con estudiantes españoles	**6:30 Viaje en autobús privado al Aeropuerto de Sevilla**
11:00 Llegada y visita a los Reales Alcázares y la Catedral	13:00 Almuerzo	13:30 Almuerzo	8:30 Llegada al aeropuerto de Sevilla
13:00 Almuerzo	**15:00 Viaje en autobús privado a El Rocío (Almonte)**	15:00 Oportunidad para ir de compras al centro comercial Holea en Huelva	**10:10 Salida al Aeropuerto de Amsterdam Iberia Airlines Vuelo Nro. KL2688**
14:00 Visita al centro/casco histórico y Universidad	**17:00 Viaje en autobús privado a Isla Cristina**	20:30 Cena	13:10 Llegada a Amsterdam
16:00 Visita a la Plaza de España y Parque de María Luisa	18:30 Clases de flamenco		Trabajo final con las reflexiones sobre el viaje
18:00 Viaje en autobús privado a Isla Cristina (Huelva)	20:30 Cena y trabajo en los diarios/entradas de blog (reflexión del día)		**21:35 Salida al Aeropuerto Internacional de Incheon Royal Dutch Airlines Vuelo Nro. KL855**
20:00 Llegada a Isla Cristina y al hotel.			**Domingo 31**
20:30 Cena y trabajo en los diarios/entradas de blog (reflexión del día)			**15:50 Llegada al aeropuerto Internacional de Incheon Vuelo Nro. KL855**

Hotel San Francisco
Calle María Cabrera, 18, 29400 Ronda (Málaga)
Tel: +34 952 87 32 99
http://hotelsanfrancisco-ronda.com/

Hotel Paraíso Playa
Avda. de la Playa s/n – 21410 Isla Cristina (Huelva)
Tel: +34 959 33 02 35
http://www.hotelparaisoplaya.com/

Los alumnos deben seguir en todo momento los valores centrales del colegio y ser un ejemplo.

Viajes

1. ¿Qué medios de transporte se usan durante este viaje?   Criterio Bi

2. ¿Qué actividades se repiten todos los días durante el viaje?

3. Describe qué ves en la foto que acompaña al texto en la página 253. ¿Dónde crees que se ha hecho? ¿Por qué? Justifica con la información que aparece en el texto.

4. ¿Qué días de la semana se hacen estas actividades? Escribe el día de la semana.   Fase 3

Van a un colegio para practicar español.	
Visitan un museo sobre una tradición en Andalucía.	
Hacen una actividad de aventura.	
Visitan un monumento histórico.	

5. Completa las frases con la información del texto.
   - Si tienes problemas, llamas a…
   - Si quieres una habitación doble en Huelva, puedes…

6. ¿Qué días de la semana crees que tienen estas características? ¿Por qué?
   - el más cultural
   - el más aventurero
   - el más divertido
   - el más educativo

7. ¿Piensas que este viaje es una buena oportunidad para aprender español? ¿Por qué?   Criterio Biii

8. ¿Te imaginas este tipo de viajes en tu colegio? ¿Por qué?

9. ¿Qué características de un folleto informativo tiene este texto?   Criterio Bii

10. ¿Qué propósito tienen los mensajes que hay en este folleto?

Propósito

El folleto informativo
Tiene las siguientes características:
- Hay frases simples y claras.
- Hay fotos atractivas.
- Hay variedad de tipos de letras o colores para resaltar lo importante.
- Puede haber diferentes columnas o cajas.
- Hay contenido informativo como direcciones, teléfonos, datos de interés…
- Puede estar escrito de manera formal o informal.

ATL Autogestión – Habilidades de organización

Organizar un viaje es como organizar los estudios: debemos elaborar un plan. Si el viaje es de estudios, debemos planificar actividades en las que nos lo pasemos bien conociendo el lugar y al mismo tiempo reflexionamos sobre nuestras experiencias, por ejemplo, manteniendo un diario de aprendizaje.

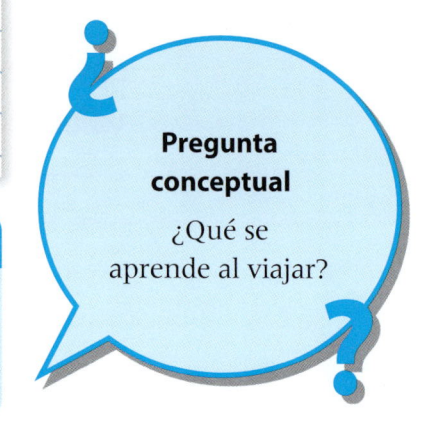

Pregunta conceptual

¿Qué se aprende al viajar?

e. **Escribe un itinerario de viajes sobre la región donde vives.**
   Ten en cuenta:

   - ¿Qué se puede visitar?
   - ¿Qué se puede hacer?
   - Los horarios
   - El transporte
   - Direcciones de interés

---

f. **Mira ahora este video y contesta.**

https://www.youtube.com/watch?v=tWn21spGUlo

Palabras de búsqueda:

Viaje a Andalucía (MYP Spanish)

1. Elabora una lista de las actividades que hacen los estudiantes durante el viaje.
2. ¿Ha cambiado tu impresión del viaje a Andalucía después de ver el video? ¿Por qué? ¿Qué diferencia hay entre "leer" y "ver" un mensaje?

📖 Leemos

g. Lee una de las entradas de blog de uno de los estudiantes. ¿Qué día del itinerario de la guía es?

www.misexperiencias-blogspot.com

(1) Hoy ha sido un día increíble. Nos despertamos a las 8 de la mañana porque a las 8:30 teníamos la cita para desayunar. El desayuno del hotel era muy bueno. Había tostadas y pasteles. ¡Por fin pude probar los churros españoles! ¡Estaban buenísimos!

(2) Después de desayunar, tomamos el autobús y fuimos al Parque de Doñana. En realidad estuvimos en un pueblo que se llama Matalascañas; allí fuimos a un lugar donde alquilamos unos caballos. ¡Ay, qué miedo tenía al principio! Era la primera vez que montaba a caballo. La instructora decía que no debíamos tener miedo, que eran caballos muy buenos. Después de cinco minutos me sentía mucho mejor. Íbamos todos en fila, uno detrás de otro.

(3) El paisaje por el parque era maravilloso. Había muchos árboles y vegetación. Después de un rato, subimos por unas dunas de arena donde había unas vistas preciosas.

Viajes

Se podía ver la playa y el océano a la izquierda, y el parque a la derecha. Estar en los caballos en esas dunas fue una experiencia que jamás olvidaré.

(4) Después del paseo, volvimos al pueblo de Matalascañas y allí buscamos un lugar para comer. Comimos unas tapas, que son platos pequeños de comida variada. Son muy típicas en Andalucía. Yo comí unas tapas de tortilla española (con huevo y patata), albóndigas con salsa de tomate y unas olivas. ¡Qué ricas estaban!

(5) Después de comer, fuimos en autobús otra vez a El Rocío, un pueblo pequeño donde se celebra una romería muy famosa cada año en honor a la virgen del Rocío. El pueblo es muy especial, porque las calles son de arena y no están asfaltadas. ¡Parecía que estábamos en un pueblo de cowboys del Oeste americano!

(6) Por la tarde regresamos a Isla Cristina, donde está nuestro hotel. Allí fuimos a unas clases de flamenco. ¡Cuánto me gustó! Vimos a un grupo de chicas que aprendían a bailar flamenco. ¡Ah! Y la profesora, que era súper simpática, nos invitó a bailar también. ¡Qué divertido! ¡Fue muy gracioso ver a los chicos de mi clase bailar flamenco! Jajaja

(7) Por la noche fuimos a cenar a un restaurante típico, y comimos mucho pescado y marisco. ¡Hmmmm! ¡Qué buenas estaban las gambas!

(8) Ahora estamos de vuelta en el hotel y estoy escribiendo mi reflexión del día. Este viaje está siendo el mejor viaje de mi vida. Aunque echo de menos a mi familia, estoy muy contenta de estar con mis amigos del colegio. ¡No quiero volver a casa!

(9) Ahora me voy a dormir, que estoy muy cansada. Mañana será otro día.

Buenas noches,

Bea

h. Contesta las preguntas.

1. ¿Qué actitud tenía la estudiante ante el hecho de montar a caballo? ¿Qué expresión utiliza para indicar tal actitud?
2. ¿Crees que le gustó su experiencia en el Parque de Doñana? ¿Por qué? Justifica con la información del texto.
3. ¿Con qué compara la autora del texto el pueblo de El Rocío?
4. ¿En qué momento del día crees que la chica escribe este texto? ¿Cómo lo sabes?
5. ¿Te gustaría participar en este viaje? ¿Por qué?
6. De las actividades que se mencionan, ¿cuáles crees que es la más divertida y la más aburrida? ¿Por qué?

Criterio Bi

Criterio Biii

Lengua

Las exclamaciones

Pueden ser totales, cuando es una frase completa.

¡Estaban buenísimos!

Pueden ser parciales y van introducidas por un pronombre, adverbio o adjetivo exclamativo: qué, cuánto, cómo, etc.

¡Qué ricas estaban!
¡Cuánto me gustó!

Pueden ser interjecciones: ¡Ay! ¡Oh! ¡Hmmm! ¡Ojalá! ¡Ah!

---

i. Busca todas las exclamaciones que se usan en el texto para valorar lo que pasa.

j. ¿Qué dirías tú en las siguientes situaciones?

1. Estás sorprendido por el precio de algo.
2. Te gusta mucho un regalo que te han hecho.
3. Estás probando una comida muy rica.
4. Has visto una película muy buena.
5. Has hecho una prueba sumativa muy fácil.

Viajes

Lengua

Los tiempos del pasado

¿Recuerdas las diferencias entre el pretérito indefinido y el pretérito imperfecto? Completa:

– Para contar una acción del pasado usamos el _____.

Nos despertamos a las 8 de la mañana.
¡Por fin **pude** probar los churros españoles!

– Para valorar algo que pasó en el pasado usamos el _____.

¡Me **encantó**!
¡**Fue** muy divertido!

– Para describir una circunstancia en la que sucede la acción usamos el _____.

Nos despertamos a las 8 porque a las 8:30 **teníamos** la cita para desayunar.

– Para describir objetos, lugares y personas en el pasado usamos el _____.

El desayuno del hotel **era** muy bueno. **Había** tostadas y pasteles. Los churros **estaban** buenísimos.

k. Busca ejemplos de frases en el texto donde aparezcan estos tiempos verbales y clasifícalos según los usos en esta tabla.

Contar una acción	Valorar	Describir una circunstancia	Describir objetos, lugares y personas

Pregunta fáctica

¿Cómo podemos contar un viaje?

Criterios C y D

l. Imagínate que eres un estudiante que ha participado en este viaje. Escribe otra entrada de blog para otro día del viaje. Escribe entre 200 y 250 palabras.

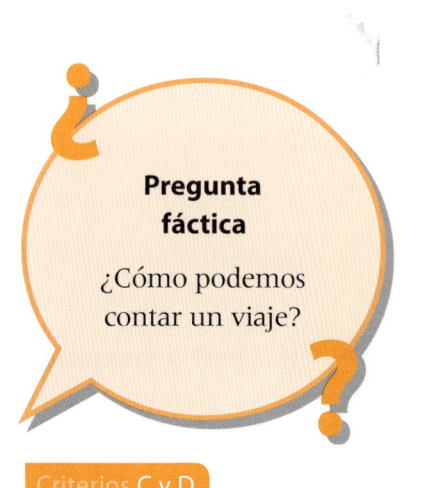

9.3 Nos preparamos para viajar

a. Nos vamos de excursión. Relaciona las palabras con los dibujos.

1	los pantalones cortos	12	la gorra
2	los pantalones vaqueros / los jeans	13	los calcetines
		14	el suéter / el jersey
3	las zapatillas de deporte	15	las lentes / las gafas de sol
4	las sandalias	16	la crema solar
5	el cepillo de dientes	17	el líquido antimosquitos
6	la pasta de dientes	18	el bañador / el traje de baño
7	el jabón	19	el cepillo
8	el desodorante	20	el pasaporte
9	la toalla	21	la cartera / el monedero
10	la camiseta	22	el maquillaje
11	los guantes		

b. Clasifica ahora las palabras en las siguientes categorías. Hay varias posibilidades. ¿Puedes crear tú otra categoría?

- Para los pies
- Para la cabeza
- Para el calor
- Para la higiene personal
- Para el frío
- ?

Viajes

🔊 Escuchamos

c. Vamos a ver un video que se llama *10 cosas que no puedes olvidar meter en la maleta*. ¿Cuáles de estos mensajes crees que tiene el video?

> ❌ Mensaje

1. Es necesario tener todos estos objetos. Si no los tienes, debes comprarlos.
2. Hay que ser organizado y pensar antes de viajar todo lo que se necesita.
3. No hay que llevar demasiadas cosas en la maleta.

d. Mira ahora el video, comprueba y contesta las preguntas.

https://www.youtube.com/watch?v=HsM2-ccUfwE

🔍 **Palabras de búsqueda:**

10 cosas que no puedes olvidar meter en la maleta

1. ¿Qué objetos del punto "a" se mencionan en el video?
2. ¿Qué otros objetos se recomienda llevar a un viaje?
3. ¿A quién crees que va dirigido este video? ¿Por qué lo sabes?
4. ¿Te parece útil este video? ¿Por qué?
5. ¿Qué objetos son para ti los más necesarios? ¿Por qué?

Fase 3

Criterio Ai

Criterio Aii

Criterio Aiii

e. ¿Qué te llevarías tú a los siguientes viajes para una semana?

1. Una excursión de senderismo a la montaña en primavera
2. Un viaje cultural por diferentes ciudades en invierno
3. Unas vacaciones a la playa en verano.

Pregunta fáctica

¿Qué necesitamos al viajar?

f. Mucha gente cuando viaja tiene un seguro de viajes. Seguramente tus padres también lo hacen cuando viajan. Con un compañero/a, elaboren una lista de lo que piensan que estos seguros cubren cuando se viaja.

g. Relaciona los verbos con sus definiciones.

1. Cubrir gastos 2. Reclamar 3. Hacer una póliza de seguros 4. Denunciar 5. Hacer un reintegro	a. Devolver algo b. Pedir algo a lo que se tiene derecho c. Incluir y pagar lo que se gasta d. Hacer un contrato, un documento para estar cubierto en caso de problemas e. Notificar algo ilegal a las autoridades

📖 Leemos

h. Lee el texto y contesta las preguntas.

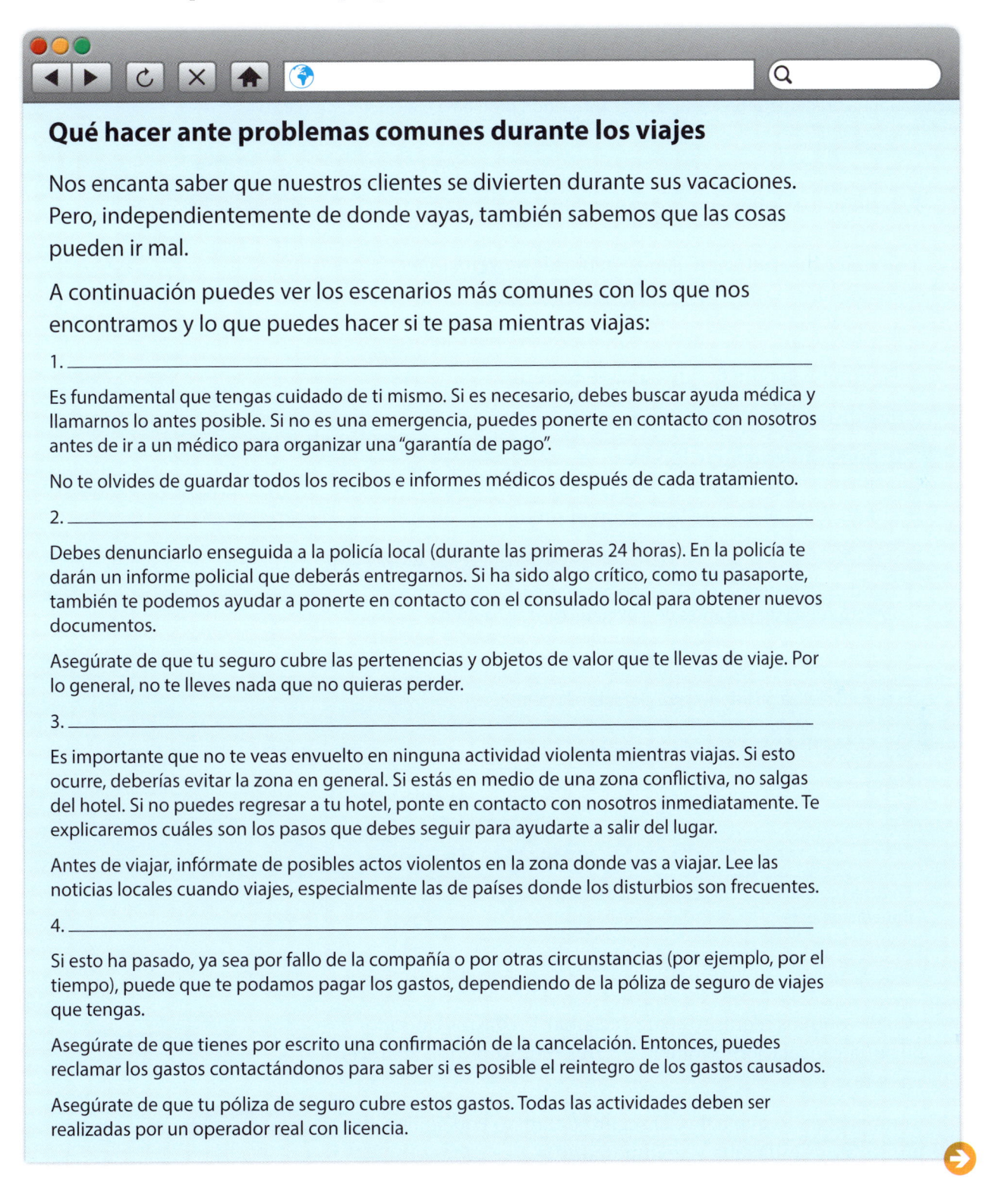

Qué hacer ante problemas comunes durante los viajes

Nos encanta saber que nuestros clientes se divierten durante sus vacaciones. Pero, independientemente de donde vayas, también sabemos que las cosas pueden ir mal.

A continuación puedes ver los escenarios más comunes con los que nos encontramos y lo que puedes hacer si te pasa mientras viajas:

1. _____

Es fundamental que tengas cuidado de ti mismo. Si es necesario, debes buscar ayuda médica y llamarnos lo antes posible. Si no es una emergencia, puedes ponerte en contacto con nosotros antes de ir a un médico para organizar una "garantía de pago".

No te olvides de guardar todos los recibos e informes médicos después de cada tratamiento.

2. _____

Debes denunciarlo enseguida a la policía local (durante las primeras 24 horas). En la policía te darán un informe policial que deberás entregarnos. Si ha sido algo crítico, como tu pasaporte, también te podemos ayudar a ponerte en contacto con el consulado local para obtener nuevos documentos.

Asegúrate de que tu seguro cubre las pertenencias y objetos de valor que te llevas de viaje. Por lo general, no te lleves nada que no quieras perder.

3. _____

Es importante que no te veas envuelto en ninguna actividad violenta mientras viajas. Si esto ocurre, deberías evitar la zona en general. Si estás en medio de una zona conflictiva, no salgas del hotel. Si no puedes regresar a tu hotel, ponte en contacto con nosotros inmediatamente. Te explicaremos cuáles son los pasos que debes seguir para ayudarte a salir del lugar.

Antes de viajar, infórmate de posibles actos violentos en la zona donde vas a viajar. Lee las noticias locales cuando viajes, especialmente las de países donde los disturbios son frecuentes.

4. _____

Si esto ha pasado, ya sea por fallo de la compañía o por otras circunstancias (por ejemplo, por el tiempo), puede que te podamos pagar los gastos, dependiendo de la póliza de seguro de viajes que tengas.

Asegúrate de que tienes por escrito una confirmación de la cancelación. Entonces, puedes reclamar los gastos contactándonos para saber si es posible el reintegro de los gastos causados.

Asegúrate de que tu póliza de seguro cubre estos gastos. Todas las actividades deben ser realizadas por un operador real con licencia.

Viajes

← 5. _____

Participar en deportes de riesgo puede ser muy divertido. Sin embargo, te debes asegurar de que estas actividades están inluidas en tu seguro; si el tuyo no las cubre, o si no lo sabes, contáctanos y te informamos.

No participes en ningún deporte o actividad al menos que estén organizados por un proveedor certificado y con licencia. En caso contrario, tu seguro puede que no cubra si algo no va bien.

¿Tienes alguna pregunta sobre cómo actuar ante algún problema o incidente de viaje? Contáctanos llamando al 1300 411 177 o al +61 2 9334 3999 si te encuentras en el extranjero.

1. Relaciona los títulos con cada apartado. `Criterio Bi`

> Se han cancelado actividades, deportes o excursiones prepagados
>
> Te roban
>
> Espontáneamente decides ser aventurero
>
> Hay disturbios cerca de donde estás
>
> Te pones enfermo o te lesionas

2. ¿Verdadero o falso? Justifica según el texto.

	V	F
En caso de emergencia, es necesario ponerse en contacto con el seguro antes de ir al médico.		
El seguro realiza un informe policial sobre la denuncia.		
Hay que asegurarse de no involucrarse en actividades violentas.		
En zonas conflictivas es necesario salir del hotel inmediatamente.		

3. ¿Cuáles son los requisitos para reclamar los gastos causados por una cancelación? Nombra los tres requisitos que aparecen en el texto.

4. Comprueben lo que cubre el seguro del texto con su lista del punto "f". ¿Les faltaba algo importante? `Criterio Biii`

5. ¿Cuáles de estos problemas crees tú que es el peor que te puede pasar? ¿Por qué?

🗨 Hablamos

Criterios **C y D**

i. ¿Te ha pasado a ti algo en un viaje? ¿Lo quieres contar? Comparte tu experiencia con tus compañeros/as.

Lengua

El imperativo negativo

Puede usarse para dar recomendaciones. Fíjate en las siguientes frases:

No te olvides de guardar todos los recibos e informes médicos.
No te lleves nada que no quieras perder.
No salgas del hotel.
No participes en ningún deporte.

¿Cuáles son los infinitivos de estos verbos? ¿Y el imperativo en la forma afirmativa? Completa la tabla.

Infinitivo	Imperativo afirmativo (tú)

¿Puedes formular una regla de cómo se forma el imperativo negativo? ¿A qué otro tiempo verbal que has aprendido se parece en la forma?

La forma del plural (ustedes) es la misma que la del presente del subjuntivo.

No se olviden de guardar todos los recibos.
No salgan del hotel.

---

j. **Antes del viaje, el profesor habla con sus alumnos. Completa las frases con la forma correcta del imperativo negativo (tú). Después escribe las mismas frases con la forma en plural.**

1. No _____ (olvidarse) de ser puntual en el aeropuerto.
2. No _____ (llevar) la computadora portátil.
3. No _____ (dejar) el cuaderno en casa.
4. No _____ (ser) maleducado durante el viaje.

Viajes

5. No _____ (traer) ningún tipo de material prohibido en el colegio.

6. No _____ (comportarse) mal durante el viaje.

k. **Imagínate que un grupo de un colegio va a ir de vacaciones a tu país de origen o en el que estás viviendo. En parejas, escriban una serie de recomendaciones de lo que no deben hacer o traer en el viaje.**

9.4 Destinos

🔊 Escuchamos

a. ¿Qué países de Europa has visitado? Mira el video. ¿Qué países europeos se mencionan?

https://www.youtube.com/watch?v=aP7nxZNp8ws

🔍 Palabras de búsqueda:

¿Te gustaría viajar por Europa con jóvenes como tú?

b. **Mira el video otra vez y contesta las preguntas.**

1. Marca las tres frases cuya información se menciona en el video.

    Se necesita mucho tiempo para hacer este viaje. ☐

    En el viaje puedes experimentar muchas aventuras. ☐

    Es necesario quedarse en casa de personas del país. ☐

    El viaje es una posibilidad para adentrarse en la cultura del país. ☐

    Se puede viajar en trenes, barcos y otro transporte público. ☐

    Todos los jóvenes viajan siempre juntos en un autobús privado. ☐

2. Relaciona las actividades con los países. Hay varias opciones.

Bélgica	Visitar acantilados
Inglaterra	Dar paseos en barco
Francia	Montar en bici
Irlanda	Comer chocolate
Países Bajos	Descubrir la historia
	Experimentar la vida nocturna

Fase 3

Criterio Ai

3. ¿Con qué propósito se ha creado este video?

4. ¿A quién está dirigido este video? Justifica con la información del texto oral y visual.

5. ¿Crees que este video se ha realizado bien para conseguir su propósito? ¿Por qué?

6. ¿Te gustaría participar en este viaje? ¿Por qué?

7. ¿Crees que esta compañía puede tener éxito en tu comunidad? ¿Por qué?

Criterio Aii

Propósito

Criterio Aiii

Lengua

Por / para

Usamos "para" para indicar la finalidad o destinación de algo.

Usamos "por", por ejemplo,... :
- ...para indicar la causa de algo
- ...como preposición de lugar, con el mismo sentido que "a través de"
- ...como preposición de tiempo, con el mismo sentido que "durante"
- ...para indicar el precio.

Lee el anuncio. ¿Puedes explicar los usos de "por" y "para"? ¿Cómo dices estas frases en tu lengua?

Un destino ideal:
- para familias
- para grupos
- para descansar
- para aprender
- para pasarlo bien
- para conocer una cultura fascinante
- para hacer actividades que nunca olvidarás

Organizamos viajes:
- por diferentes regiones y ciudades
- por solidaridad
- por precios muy accesibles
- en fechas especiales, por ejemplo, por Navidad

Viajes

c. **Completa las frases con "por" o "para".**

1. Nos vamos de viaje _____ aprender.
2. Esta excursión es ideal _____ familias con niños pequeños.
3. Puedes irte de vacaciones solamente _____ 400$.
4. _____ viajar al extranjero, debemos tener un pasaporte válido.
5. No pudo venir _____ su enfermedad.
6. Este camino te lleva _____ muchas ciudades históricas.
7. Iremos a visitar a mis abuelos _____ Navidad.

Hablamos

d. **En parejas, contesten estas preguntas. Después comparen con el resto de la clase.**

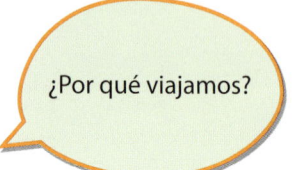

¿Por qué viajamos?

¿Para qué viajamos?

Pregunta conceptual

¿Cuáles son los propósitos de los viajes?

e. **En grupos, vamos a investigar uno de los siguientes sitios web.**

Grupo 1: https://www.visitarcuba.org/

Grupo 2: http://www.turismochile.com/

Grupo 3: https://www.boliviaturismo.com.bo/

Grupo 4: http://www.spain.info/es/

Tienen que buscar esta información:

- Clima
- Tipos de alojamientos
- Transporte
- Moneda del país
- Recomendaciones prácticas
- ¿Qué se puede visitar?

Investigación – Habilidades de gestión de la información

Es importante saber cómo gestionar la información que encontramos en Internet. Debemos practicar cómo obtener la información necesaria y, preferiblemente, contrastarla con otras fuentes. Una vez tengamos recopilada toda la información, estaremos bien informados y podremos informar a otros.

f. **Con la información que han obtenido, van a crear un folleto sobre el país que han investigado.**

Criterios C y D

g. En la agencia de viajes. Pónganse en dos filas:

1. Los estudiantes de una fila están sentados y son los promovedores del país investigado. Tienen los folletos, una presentación, mapas…

2. Los estudiantes de la otra fila son los clientes. Los clientes pasan por las mesas y hacen preguntas.

   ¿Con qué viaje se quedan? ¿Por qué?

Fase 3

Conexión interdisciplinaria: Individuos y Sociedades

Viajar es conocer la naturaleza y la cultura de diferentes países. Se puede hacer una conexión con la asignatura de Individuos y Sociedades si se está tratando alguna unidad sobre la geografía de algún país o región, así como estudiar cómo el turismo afecta a un país, por ejemplo, en la economía, en la sociedad o en la misma cultura del país.

9.5 Un viaje para Servicio como Acción

Seguramente, en tu escuela existe algún proyecto solidario para Servicio como Acción. ¿Qué proyectos existen para ayudar a la comunidad o a otras comunidades en el extranjero?

En grupos, vamos a organizar un viaje solidario a un lugar donde queramos ayudar. Pueden elegir un lugar o país con el que ya existe algún tipo de proyecto o pueden elegir otro.

¿Qué tipo de proyecto van a hacer en el país?

¿Cómo pueden ayudar?

¿Cuándo se puede realizar el viaje? ¿Cuánto tiempo se van a quedar?

¿Se puede realizar algún tipo de recaudación de fondos (*fundraising*)?

Viajes

Evaluación sumativa

Criterio A

Mira este video y contesta las preguntas.
https://www.youtube.com/watch?v=5ESvslVHIH4

Palabras de búsqueda:
5 Recomendaciones para viajar a Europa – EuroTrip #1

Aspecto i

1. ¿En qué país europeo se encuentra la persona? ¿Por qué lo sabes?
2. ¿Se necesita un visado para viajar por toda Europa? ¿Es igual en todos los países?
3. Completa las frases con la información tomada del texto oral.

    a. El tiempo de permanencia en Europa para un colombiano o peruano es de _____.

    b. Es importante que los tiquetes aéreos tengan _____.

    c. Mucha gente no sabe que el seguro médico está incluido en _____.

    d. Se recomienda llevar unos _____ para gastar al día.

    e. Si el alojamiento es en un hotel u hostal, debes imprimir _____.

    f. Si el alojamiento es en casa de un amigo o familiar debes tener _____.

4. ¿Cómo describe la persona su recibida en Europa? Justifica con la información del texto.

Aspecto ii

5. ¿Qué función crees que tienen las imágenes de fondo del video? ¿Piensas que han sido bien elegidas? ¿Por qué?
6. ¿A quién crees que está dirigido este video?
7. ¿Cuál es el propósito de este video? ¿Por qué crees que se ha realizado?
8. ¿Crees que el uso del lenguaje por la persona es adecuado para conseguir el propósito del video? ¿Por qué?

Aspecto iii

9. ¿Son estas recomendaciones también aplicables para ti? ¿Por qué?
10. Imagínate que vas de viajes de estudios con tus compañeros/as al lugar donde está la persona ahora, ¿qué deben tener en cuenta? Justifica con la información del texto oral y visual.
11. ¿Te gustaría viajar a las ciudades que se describen y se muestran en el video? ¿Por qué? Justifica con la información del texto oral y visual.

Criterio B

¿Por qué este joven viaja alrededor del mundo sin avión buscando historias que inspiren?

7 septiembre, 2017

(1) Jakob Horvat decidió hacer un viaje alrededor del mundo sin usar aviones, viviendo aventuras en primera persona y buscando historias que inspiren a otros. ¿Pero por qué este joven austríaco decidió dejarlo todo y dar la vuelta al mundo de manera tan especial?

(2) Conocí a Jakob en su casa de Viena antes de que comenzara su viaje en noviembre del año pasado. Su proyecto me pareció tan interesante que le he pedido que me lo contara en primera persona por qué viaja alrededor del mundo, qué historias ha conocido, qué aventuras ha vivido y sobre todo ¿por qué hace este viaje?

(3) Esto es lo que Jakob nos cuenta:

La belleza de la humanidad

No recuerdo cuando empezó. Supongo que empezó medio lento, como una ola, y se volvió más fuerte día por día.

(4) Estaba cansado. Cansado de pasar todo el día sentado en la oficina. Cansado de reportar política en la televisión de Austria. Cansado de leer malas noticias en el periódico todos los días, lo cual era parte de mi trabajo diario.

(5) Quería hacer algo diferente y usar mi pasión por viajar, conocer gente nueva, y contar historias para crear valor y que otra gente se pueda beneficiar.

(6) Creo mucho en la belleza de la humanidad, pero es algo difícil de sentir o experimentar sentado en el sillón viendo la tele. Aunque si sales y te abres al mundo y a su gente es fácil de encontrar. Eso es lo que quería explorar. Eso es lo que quería compartir con mis seguidores.

Viajes

(7) Tuve la oportunidad de tomar 14 meses fuera de mi trabajo para enfocarme en mi proyecto Thousand First Steps. Creé mi sitio web y empecé a viajar en noviembre de 2016. Busqué y encontré personas que me llevaran desde Viena hasta América. Estuve con 35 diferentes personas que me llevaron en sus coches y otros 3 en sus barcos (uno que me llevó con él a cruzar el océano Atlántico).

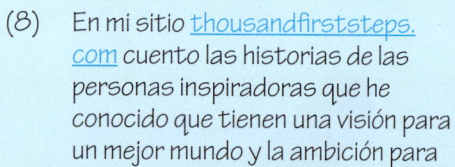

(8) En mi sitio thousandfirststeps.com cuento las historias de las personas inspiradoras que he conocido que tienen una visión para un mejor mundo y la ambición para crear esa realidad. Quiero compartir lo que ellos han aprendido para que todos podamos aprender y empezar a tomar nuestros propios pasos hacia nuestros sueños.

(9) Además de inspirar a gente con mi proyecto, mi meta más grande es aprender a ser una mejor versión de mí mismo. Respirar el espíritu de la gente que está cambiando el mundo es una de las maneras en las que crezco. Pero todavía más potente es tomar pasos hacia mis sueños yo mismo.

(10) Siempre estoy buscando aventuras no comunes y explorando mundos desconocidos. Cuando siento miedo antes de tomar el siguiente paso, pienso que la recompensa valdrá la pena. Con este método he convertido al miedo en un compañero de viaje, podría decir que lo he convertido en algo más, un amigo.

Transformé la mentalidad negativa en fuente de inspiración

(11) Por confrontar a mis miedos y seguir adelante igual, acabé en un vision quest, pasando tres noches solo en el bosque de Tenerife, sin comida ni distracciones. Conseguí que me llevaran desde Viena al sur de Portugal, probé un experimento social de viajar tres días sin gastar una moneda y, eventualmente, crucé el Atlántico en un barco pequeño de 13 metros. Vencí a la enfermedad del mar y transformé la mentalidad más negativa que he tenido en mi vida en una fuente de inspiración, creatividad, y amor por la vida.

(12) Después, en América del Sur, exploré la selva del Amazonas en una forma súper emocionante. Por cuatro días, floté en el Río Napo en un barco de carga con indígenas de Perú y sus vacas, cerdos, y gallinas.

(13) Pasé cinco noches en la jungla con un chamán y su familia, participé en ceremonias de plantas medicinales y experimenté su potencia para cambiar vidas y abrir nuevas dimensiones. Hice autostop bajando la costa de California y aprendí más profundamente de la belleza de la humanidad.

Gente interesante en mi camino

(14) Desde que empecé mi viaje, mucha gente interesante ha cruzado mi camino.

Déjame contar unos ejemplos:

(15) Conocí a un productor de Hollywood que ganaba un sueldo de seis cifras y renunció porque producir shows de televisión no lo dejaba satisfecho. Empezó a viajar, se enamoró del español y fundó una escuela de idiomas en Medellín: la escuela donde yo mejoré mi español.

(16) También conocí a un granjero orgánico que regala su comida y le enseña a otros como cultivar su propia comida.

Conocí a un hombre extremadamente humilde y bondadoso en Colombia. Él fundó un centro para gente sin hogar ni dinero y ha dedicado toda su vida a cuidarlos. Ahora, él necesita ayuda para seguir su trabajo. Recientemente, lancé una campaña de crowdfunding para contribuir mi parte y ayudarle.

Venciendo nuestros miedos

(17) Son las cuevas en las que más miedo nos da entrar las que cuidan los tesoros que buscamos. Enfrentarnos a nuestros miedos nos empuja a explorar lo desconocido y nos ayuda a liberar nuestro potencial completo.

(18) Yo aprendí en carne propia que las situaciones más duras y las emociones más difíciles pueden llevarnos a los lugares y logros más bellos que nos podemos imaginar. Mi camino me ha dado tantos aprendizajes y me encantaría compartirlos contigo e inspirarte.

Así es Thousand First Steps. Así es la belleza de la humanidad.

Viajes

Aspecto i

1. Según el párrafo 1, ¿qué tres características tiene el viaje de Jakob que lo hacen tan especial?

2. ¿Qué tipo de trabajo crees que tenía Jakob antes de empezar su viaje? Justifica con la información del texto (párrafos 2–5).

3. Según el párrafo 6, ¿qué actitud tiene Jakob ante el ser humano? ¿Y cómo influye esta actitud en sus viajes?

4. Elige las cinco frases cuya información se menciona en el texto (párrafos 7–10).

    a. Jakob viaja con personas que le llevan en coche y en barco. ☐

    b. Su viaje empezó en Viena. ☐

    c. En su página web escribe historias de personas que quieren mejorar el mundo. ☐

    d. Las historias sirven para escribir artículos para su trabajo en Viena. ☐

    e. En su página cuenta historias comunes de gente de todo el mundo. ☐

    f. Su página web sirve para inspirar a la gente y para crecer como persona. ☐

    g. En sus historias es normal que pase miedo. ☐

5. En el texto (párrafos 14–16) se describe a tres personas especiales para Jakob. ¿Por qué? ¿Qué actividades hicieron que los hacen tan especiales?

6. ¿A qué crees que se refiere Jakob cuando escribe "tesoro" en el párrafo 17?

Aspecto ii

7. ¿Qué propósito tiene este texto?

8. ¿Qué función tienen las fotos que acompañan al texto? ¿Crees que se han elegido bien?

9. ¿Por qué el autor del texto escribe al principio en la tercera persona y después cambia a la primera persona?

Aspecto iii

10. ¿Qué mensaje lanza Jakob a otras personas? Fíjate en estas frases: "Son las cuevas en las que más miedo nos da entrar las que cuidan los tesoros que buscamos. Enfrentar a nuestros miedos nos empuja a explorar lo desconocido y nos ayuda a liberar nuestro potencial completo". ¿Puedes enlazar este mensaje con el atributo del perfil del alumno de esta unidad?

11. Según los párrafos 11–13, ¿cuáles de todas sus experiencias te parecen más sorprendentes? ¿Por qué?

12. ¿Cómo describirías la personalidad de Jakob? Usa tres calificativos y justifica con la información del texto.

13. ¿A ti te gustaría hacer el tipo de viaje que hace Jakob? ¿Por qué?

Criterios C y D (oral interactivo)

Mantén una conversación con tu profesor/a sobre un viaje especial que hiciste en el pasado. Habla de tres a cuatro minutos. Puedes prepararte durante 10 minutos y tomar notas. No puedes usar el diccionario ni ningún material de ayuda.

Criterios C y D (escrito)

Escribe una guía de recomendaciones para hispanohablantes que quieren visitar tu país y región. Escribe de 200 a 250 palabras.

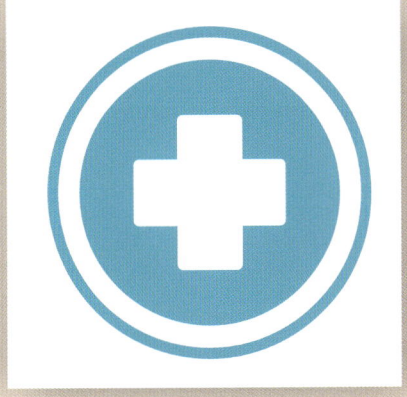

Viajes

💭 Reflexión

Busca en la unidad las actividades donde has practicado los objetivos de la misma. Reflexiona sobre lo que has aprendido y completa la tabla:

	😊	🤔	😟
mostrar tus preferencias sobre tipos de viajes durante tus vacaciones			
contar lo que se puede hacer durante los viajes			
escribir una entrada de blog narrando las experiencias de un viaje			
narrar las experiencias sobre un viaje de estudios			
reconocer las convenciones de un folleto informativo			
hacer valoraciones en el pasado			
mencionar los objetos que se necesitan en un viaje			
comprender y dar recomendaciones de qué llevar y hacer durante un viaje			
utilizar el imperativo negativo para dar recomendaciones			
crear y recomendar un itinerario para un viaje			
reconocer la diferencia entre "por" y "para"			
crear folletos de viaje			
promocionar un viaje			

Reflexiona sobre el Enunciado de indagación de la unidad

Conectamos con nuestro entorno al relatar viajes a través de mensajes con diferentes propósitos.

We connect with our surroundings when we recount trips by means of messages with different purposes.

¿Puedes relacionar este **Enunciado de indagación** con las tareas de la unidad? Busca actividades donde

- cuentas viajes
- conectas con el entorno donde sucede un viaje
- comunicas mensajes con diferentes propósitos.

Enfoques de aprendizaje

Busca en la unidad donde has practicado las siguientes estrategias de aprendizaje.

¿Cómo crees que estos **Enfoques de aprendizaje** te ayudan a conseguir los atributos del perfil del estudiante del IB para esta unidad? ¿Y los otros atributos?

- Audaces
- De mentalidad abierta
- Solidarios

¿Has usado estos **Enfoques de aprendizaje** para completar con éxito las tareas de la unidad? ¿Y las tareas sumativas?

- *Self-management – Organizational skills*

Managing time and tasks effectively
- Plan short- and long-term assignments; meet deadlines
- Plan strategies and take action to achieve personal and academic goals

- *Research – Information literacy skills*

Finding, interpreting, judging and creating information
- Collect, record and verify data
- Access information to be informed and inform others

Reflexión

In this unit you have learned how to report on travel experiences. Travelling is the best way for you to learn about the world. Depending on your preferences you can travel to different destinations and engage in different activities there. Our aim in this unit is for you to reflect on those activities and also, by travelling, discover different ways of life and behaviour. This makes you an open-minded person because you learn about other perspectives on the world. Besides this, it is important to learn that there are parts of the world with an amazing natural and cultural wealth. There are people who have problems such as lack of education or housing, as you have become aware in the Service as Action activity. As an MYP student you should be alert to possibilities of helping the community and there are many opportunities for you to help through travel. Try to take risks, travel and be a caring person!

Pregunta debatible

¿Es viajar una necesidad?

10 Medios de comunicación

Contexto global
Expresión personal y cultural

Conceptos relacionados
Propósito, destinatario, mensaje

Concepto clave
Comunicación

Perfil de la comunidad de aprendizaje
Buenos comunicadores, informados e instruidos

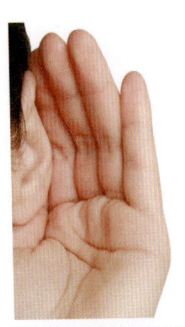

Pregunta fáctica

¿Qué puedo hacer para informarme bien?

¿Cuál debe ser el propósito de los medios de comunicación?

Pregunta conceptual

¿Qué importancia tiene el destinatario en nuestra forma de comunicarnos?

¿Nos ayudan los medios de comunicación a informarnos de lo que realmente ocurre en el mundo?

Pregunta debatible

¿Cómo se diferencian las noticias falsas de las verdaderas?

Enunciado de indagación

Nos comunicamos con distintos propósitos a nivel personal y de manera global, teniendo en cuenta los distintos destinatarios a los que nos dirigimos e interpretando lo que leemos u oímos de una forma crítica.

Al final de esta unidad, vas a poder…
✓ comprender lo que significa la comunicación
✓ hablar de los distintos tipos de código
✓ expresar la prohibición
✓ escribir cartas formales e informales
✓ entender mejor la diferencia entre "por" y "para"
✓ distinguir los medios de comunicación masivos
✓ interpretar y escribir noticias
✓ utilizar el pretérito pluscuamperfecto de indicativo
✓ informarte acerca de los bulos o noticias falsas
✓ expresar una opinión
✓ reflexionar sobre las barreras de la comunicación
✓ mirar críticamente la publicidad

10.1 ¿Qué es la comunicación?

a. Mira el gráfico y completa estas frases con cada uno de los componentes de la comunicación.

1. Es la persona que envía el mensaje: _____
2. Es la persona (o personas) que recibe(n) el mensaje: _____
3. Es la información que se transmite: _____
4. Es el medio a través del que se transmite (papel, aire, ondas, etc.): _____
5. Es el conjunto de reglas y signos que se tienen en común para entenderse: _____
6. Es el conjunto de circunstancias (lugar, tiempo, relación entre personas, estados de ánimo, etc.) en la comunicación: _____

b. En grupos, elijan uno o dos de los componentes de la comunicación, los que consideren más importantes. Después busquen argumentos de su elección para presentar al grupo.

c. Mira este video para comprobar las respuestas.

https://www.youtube.com/watch?v=j-MtfYfxW9M

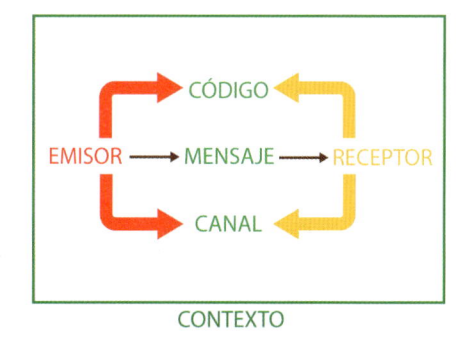

🔍 **Palabras de búsqueda:**

La comunicación

Medios de comunicación

d. **Ahora con un compañero/a, creen un ejemplo de comunicación donde estén todos los elementos incluidos: contexto, canal, código, mensaje, receptor y emisor.**

> *Ejemplo:*
>
> *Un chico habla con su padre para pedir permiso para ir de compras el sábado con sus amigos.*
>
> *El **contexto:** es en la cocina donde el chico habla con su padre mientras este cocina.*
>
> *El **canal:** son las voces del chico y del padre que hablan y se oyen.*
>
> *El **código:** es la lengua española que están utilizando.*
>
> *El **mensaje:** es lo que dicen, la conversación, que trata de pedir permiso para ir de compras con los amigos el sábado.*
>
> *El **emisor y el receptor:** son los dos, el padre y el hijo, porque es una conversación y los dos hablan y se escuchan.*

10.2 Tipos de código

📖 Leemos

a. **Antes de leer este pequeño texto informativo, repasa la definición de código. Después lee el texto y realiza las tareas.**   `Fase 3`

> Los códigos pueden ser de muchos tipos diferentes. Van desde los más sofisticados, entre los que se encuentra el lenguaje, a simples dibujos o gestos. Lo importante para ser un código es que haya ciertas convenciones entre todos los usuarios; es decir, todos saben lo que significa el código, si no, es imposible la comunicación. Últimamente, debido a los adelantos del diseño gráfico, se utilizan cada vez más los logotipos e iconos.
>
> **1. Logotipos:** Son elementos gráficos, que pueden ir acompañados de palabras y que identifican, normalmente, a una empresa, una asociación, etc.
>
> **2. Iconos:** Son representaciones gráficas que indican una función, un estado de ánimo, un objeto, una idea, etc. Hoy en día están tomando cada vez más importancia en la escritura.

280

b. Con un compañero/a, busquen logotipos conocidos de:

- una marca de coches
- una red social
- ropa de deporte
- una bebida o comida

c. Investiguen y expliquen el significado del logotipo de su colegio.

d. En grupos de tres, traten de responder estas preguntas:

1. ¿En qué tipos de textos utilizáis iconos más frecuentemente?
2. ¿Qué ventajas tienen los iconos ante las palabras escritas?
3. ¿Cuáles son los que más les gustan, más utilizáis y por qué?

Hablamos

e. Vamos a hacer un concurso: "Un logo para la clase de español". Formen grupos de cuatro y diseñen el logotipo. Deben presentarlo y explicarlo, y contestar las preguntas de los compañeros/as. Al final, toda la clase vota el icono más representativo.

f. Las señales (incluso las de tráfico) son también un código que la sociedad utiliza para comunicarse. Relaciona estas señales con las frases. ¡Cuidado! Faltan una frase y una señal. ¿Puedes crear las que faltan?

Está prohibido circular en bicicleta.

No se puede circular a más de cuarenta kilómetros por hora.

No se puede girar a la derecha.

Está prohibido hacer fuego.

No está permitido comer o beber.

Prohibido usar los teléfonos móviles.

No se pueden usar zapatos.

Medios de comunicación

> **Lengua**
>
> **Expresar prohibición**
>
> (Está) prohibido + infinitivo
> *Está prohibido hacer fuego.*
>
> No se puede + infinitivo
> *No se pueden usar zapatos.*
>
> No está permitido + infinitivo
> *No está permitido comer.*

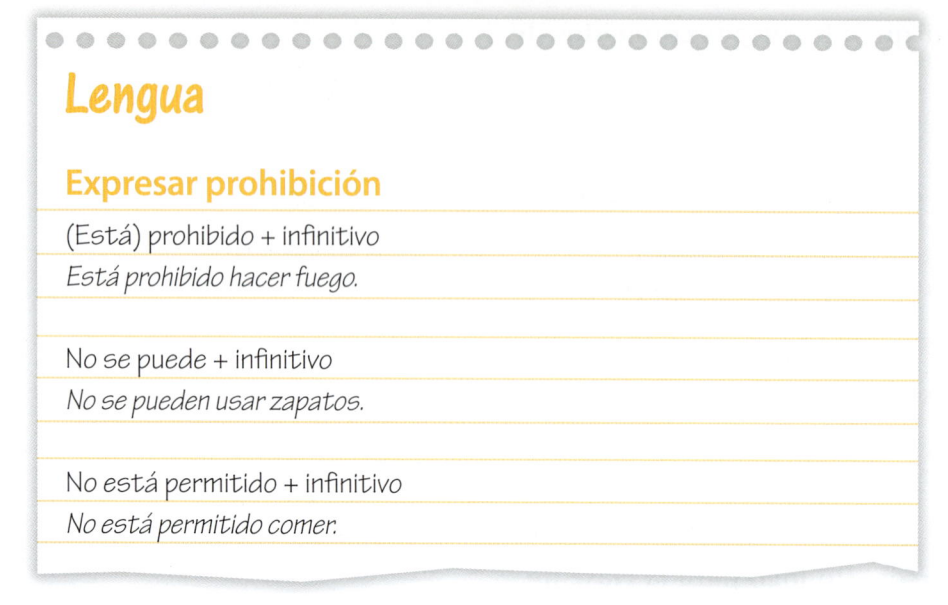

Escribimos

g. **Con un compañero/a, escriban tres frases más sobre cosas que están prohibidas en su colegio.**

10.3 Medios de comunicación personales

a. **Dentro de los medios de comunicación están los que utilizamos de forma personal. ¿Cómo te comunicas con otras personas? ¿Hacen tus compañeros/as lo mismo? ¿Crees que tus padres o abuelos utilizan diferentes medios? Clasifícalos.**

Destinatario

carta	correo electrónico	teléfono
redes sociales	postal	mensajería	skype

Con tus amigos: Con tu familia:

Con los profesores: Con otras personas:

b. **¿Cuáles de estos medios son orales y cuáles escritos, o cuáles los dos? ¿Cuáles prefieres? ¿De qué depende que utilices un medio u otro? Justifica tu respuesta.**

Leemos

c. **A continuación vamos a ver ejemplos de estos tipos de comunicación. Comenzamos por la carta formal. Lee la carta y contesta las preguntas.**

D. Rodrigo Iriarte
Colegio Lope de Vega
Londres, 4 de marzo de 2018

Estimado señor director:

(1) Me dirijo a usted porque me gustaría realizar una estancia de unos meses en su colegio.

(2) He leído en su página web que esto es posible, que están abiertos a intercambios entre estudiantes y a mí me interesaría mucho una estancia de unos meses para perfeccionar mi español. También he consultado al director y al consejero de mi escuela, quienes me han recomendado que le escriba directamente, aunque ellos añadirán unas recomendaciones en el anexo.

(3) Actualmente curso el grado 9 en una escuela internacional en Inglaterra. Mi padre es alemán y mi madre española, y, aunque siempre hemos vivido en distintos países de habla inglesa, he pasado vacaciones en España, y con mi madre siempre he hablado español. No obstante, nunca he estudiado esta lengua de forma académica y, por lo tanto, creo que unos meses en su colegio serían ideales para mí.

(4) Creo que puedo decir por mis notas que soy una buena estudiante. Mi asignatura favorita es Individuos y Sociedades. También tengo otras dos pasiones que son el baile y el piano, a los que me he dedicado desde pequeña.

(5) Para mí, el mejor momento sería a principios del curso que viene, es decir, de septiembre a diciembre, porque después me tengo que dedicar a mis exámenes en mi escuela. Me gustaría residir con una familia española y aprender no sólo la lengua, sino también la cultura del país. Madrid es una ciudad que conozco y que no está muy lejos de la familia de mi madre, por lo que podría ir a visitarlos de vez en cuando.

(6) Espero su repuesta y le agradezco de antemano su tiempo e interés.

Sin otro particular, se despide atentamente,

Paula Koller Alonso

P.D. Envío en un anexo las notas del último año y las recomendaciones del director de mi escuela y del consejero.

1. ¿Qué es lo que quiere Paula con su carta? ¿Cuál es su propósito?
2. Busca tres ejemplos en el texto que demuestren que la carta es formal.
3. ¿Cómo ha conseguido la información sobre la escuela en Madrid?
4. ¿Cuáles son sus razones para querer ir?
5. Marca la información que no se menciona en el texto.

Duración de la estancia	
Razones por las que quiere ir	
Forma de viajar	
Cuestiones económicas	
Cuestiones sobre su historia como estudiante	

Medios de comunicación

6. ¿Te interesaría a ti un intercambio de este tipo? ¿Por qué?

Criterio Biii

El formato de carta formal	
Encabezamiento	**[…]**
Nombre y dirección de la persona a la que se escribe (destinatario)	**Despedida**
	Esperando recibir su respuesta / Quedo a la espera de sus noticias
Fecha: (a) 8 de mayo de 2017	Sin otro particular
Saludo	Agradeciendo de antemano su tiempo e interés
Muy señor/es mío/s:	Le/s saluda atentamente / Un cordial saludo
Distinguido/a + título o nombre	
Estimado/a + título o nombre	**Firma**
Comienzo	**(Postdata)**
Me dirijo a usted/ustedes…	

d. A Paula la aceptan en el intercambio y ahora escribe a la chica de la familia donde se va a quedar. Compara este correo electrónico con la carta anterior y, con un/a compañero/a, escriban las diferencias en cuanto al estilo y registro. Después, redacten las características de una carta informal.

Criterio Bii

Fase 3

Pregunta conceptual

¿Qué importancia tiene el destinatario en nuestra forma de comunicarnos?

Message   pkolleralonso@gmail.com

De: pkolleralonso@gmail.com
Para: elenapic@yahoo.es
Asunto: ¡Hola!

¡Hola Elena!

Te escribo para presentarme y para que me conozcas un poco mejor. Como sabes, vi en la página web de tu colegio que era posible un intercambio. A mí me interesa mucho, porque quiero mejorar mi español. Escribí al director de tu escuela, después de consultar con mi director e incluso con el consejero. ¡Todos me animaban y por todo esto ya me decidí!

Estoy en el grado 9 en una escuela internacional en Inglaterra. Mi padre es alemán y mi madre española, y, aunque siempre hemos vivido en distintos países de habla inglesa, he pasado muchas vacaciones en España, y con mi madre siempre he hablado español. Nunca he estudiado español en el colegio, porque lo he aprendido en casa.

Me gusta la escuela, soy un poco rara, ¿no? Mi asignatura favorita es Individuos y Sociedades. También me encantan el baile y el piano. Los practico desde pequeña.

Quiero ir de septiembre a diciembre porque después tenemos los exámenes y ¡ya sabes! Estudiar y estudiar para tener buenas notas.

Estoy muy contenta de vivir con una familia española. Conozco bien Madrid. No está muy lejos de la familia de mi madre, así que puedo ir a verlos de vez en cuando.

Espero que me escribas porque me gustaría saber cosas de ti para conocerte un poco.

¡Hasta pronto!

Paula

e. **Ahora imagina que tú vas a hacer un intercambio. Escribe una carta formal al director y otra informal a la familia. Recuerda:**

- el **destinatario**, es decir, **a quién** escribes la carta. Si es una persona mayor que no conoces, debes tratarle de usted y ser muy formal, escoger el vocabulario que utilizas. Si es alguien a quien conoces o un chico o chica de tu edad, entonces puedes hablar de tú y utilizar un lenguaje más coloquial, como cuando hablas con tus amigos.

- el **propósito**, es decir, **para qué** escribes la carta. Esto tiene que quedar muy claro al principio. Fíjate en los dos modelos que acabas de leer: en la primera carta, Paula escribe para preguntar si es posible un intercambio; en la segunda, escribe para presentarse y pedir a la chica que también le escriba y le cuente cosas de ella.

Destinatario, propósito

Habilidades de comunicación

Se deben utilizar formas de comunicación adecuadas para distintos destinatarios, tanto de forma oral como escrita. Muchas cosas cambian en la lengua dependiendo de a quién nos dirigimos. Hay un lenguaje formal y otro informal o coloquial.

f. **En la carta aparecen estas frases. ¿Puedes decir qué expresan? Escribe los números de las frases en la tabla.**

Para expresar una causa, la razón	
Para expresar una finalidad, un propósito	
Para expresar una opinión	

1. Me dirijo a usted **porque** me gustaría realizar una estancia…
2. Me interesaría mucho una estancia de unos meses **para** perfeccionar mi español.
3. Puedo decir **por** mis notas que soy una buena estudiante.
4. **Para** mí, el mejor momento sería…
5. … **porque** después me tengo que dedicar a mis exámenes.
6. … **por** lo que podría ir a visitarlos.
7. Te escribo **para** presentarme y para que me conozcas.
8. Me interesa mucho, **porque** quiero mejorar mi español.
9. **Por** todo esto…
10. … **porque** lo he aprendido en casa.
11. … **porque** después tenemos los exámenes.
12. …estudiar **para** tener buenas notas.
13. … **porque** me gustaría saber cosas de ti.
14. … **para** conocerte un poco.

Medios de comunicación

g. **Ahora elige tú en estas frases por / porque / para.**

1. Hacemos este ejercicio por / porque / para practicar estas palabras.
2. Usar estas palabras es todavía difícil por / porque / para nosotros.
3. Las confundimos a veces por / porque / para nosotros no las tenemos.
4. Practicamos estas palabras por / porque / para su importancia.

h. **Cuando aceptan a Paula, ella escribe los mensajes que ves a la derecha. ¿Quiénes crees que son los destinatarios? ¿Su abuela, su madre o una amiga? Da razones. ¿En qué se diferencian estos mensajes de las cartas anteriores? ¿Qué tienen y qué no tienen?**

Destinatario, mensaje

1. ¡Me han dicho que sí 👍!!! Me voy en Septiembre… a Madrid!!! Besos 🍃
   14:07

2. ¡Hola! Ya me han contestado de la escuela y me han aceptado. Estaré tres meses y os iré a ver con frecuencia. Os quiero mucho 💕. Recuerdos a los primos.
   14:09

3. Luego te llamo y hablamos por la noche. Solo para decirte que me han aceptado. Besitos 😊

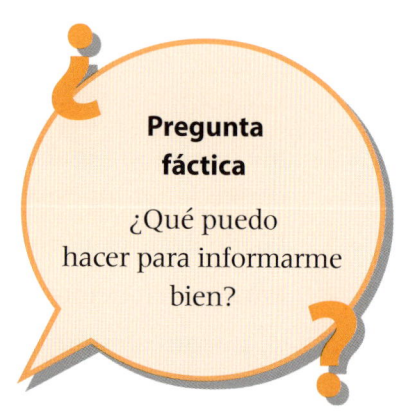

🔊 Escuchamos

Fase 3

i. **Miren este video (hasta el minuto 1:16) y comprueben si hay algún otro medio de comunicación personal diferente a los tres que hemos trabajado.**

https://www.youtube.com/watch?v=9-POvA_RubU

🔍 **Palabras de búsqueda:**

¿Qué son los Medios de Comunicación? | Videos Educativos para Niños

10.4 Medios de comunicación masivos

a. **Miren el video anterior a partir del minuto 1:16 y contesten las preguntas.**

https://www.youtube.com/watch?v=9-POvA_RubU

🔍 **Palabras de búsqueda:**

¿Qué son los Medios de Comunicación? | Videos Educativos para Niños

1. Según el video, ¿qué son los medios de comunicación masivos?
2. ¿Para qué sirven?
3. ¿Cuáles se mencionan?
4. En el video sucede un problema de comunicación con la tía de la chica porque va a estar lejos y sin Internet (minuto 2:35 hasta el final). ¿Qué solución encuentra?

Pregunta fáctica

¿Qué puedo hacer para informarme bien?

Criterio Ai

5. ¿Por qué crees que se utilizan dibujos y no personas reales?

6. ¿Sería el video diferente si le quitamos la música?

7. ¿Cómo definirías este video: informativo, descriptivo o crítico? ¿Por qué?

8. ¿Qué harías tú en un caso parecido para…
   - informarte de lo que pasa en el mundo?
   - saber cómo está tu familia y decirles cómo estás tú?
   - enseñar a tu familia cómo es el lugar en el que estás?
   - comunicar algo urgente?

Criterio Aii

Criterio Aiii

b. ¿Cuál de estos objetivos de los medios de comunicación te parecen positivos y cuáles negativos? Escríbelos en la columna apropiada.

informar   educar   transmitir   entretener   formar opinión
enseñar   controlar   manipular   convencer   vender

Positivos	Negativos

Propósito

c. ¿Cómo te informas de lo que pasa a tu alrededor? Marca en la tabla y añade si utilizas algún otro medio.

	Con mucha frecuencia	A veces	Nunca
Periódicos digitales			
Periódicos en papel			
Revistas digitales			
Revistas en papel			
Podcasts			
Programas de radio			
Programas de televisión			
Redes sociales			
Blogs			

Pregunta fáctica

¿Cuál debe ser el propósito de los medios de comunicación?

d. Con dos compañeros/as, construyan una infografía con los distintos medios masivos de comunicación, para qué sirven, sus ventajas e inconvenientes.

Medios de comunicación

> **ATL** Habilidades de comunicación
>
> Es importante utilizar una variedad de medios para comunicarse con diferentes destinatarios y escribir con diferentes propósitos.

e. Vamos a centrarnos en los textos periodísticos. Relaciona cada tipo de texto con sus características.

1. Noticia	**a.** El periodista transcribe las palabras del entrevistado y le da protagonismo.
2. Reportaje	**b.** Es el género por excelencia dentro del periodismo. Se caracteriza por un lenguaje claro, conciso y correcto.
3. Entrevista	**c.** Es un género muy unido a la actualidad. El periodista interpreta el tema desde su punto de vista. Se suele desplazar al lugar de los hechos.
4. Crónica	**d.** Informa, pero trata de atraer al lector por medio de un relato extenso, con detalles y atractivo.

Escribimos

f. El club de periodismo de tu colegio busca candidatos para un nuevo puesto. Lee el folleto y escribe una carta para formar parte del club.

Criterios C y D

Club de periodismo

Somos un grupo que creemos en la importancia de la comunicación, en el buen periodismo.

– Nos reunimos los miércoles a las 16.15 en el aula 216.
– Necesitamos un redactor, un fotógrafo y un diseñador para la página web.
– Escriban una carta de presentación con sus conocimientos, capacidades e intereses a miguelh@googlemail.com

10.5 Las noticias

📖 Leemos

a. Lee estas noticias de distintos países de Latinoamérica y El Caribe y completa la tabla con las seis preguntas que debe responder una noticia.

(Rueda con las preguntas: ¿QUÉ?, ¿QUIÉN?, ¿DÓNDE?, ¿CUÁNDO?, ¿CÓMO?, ¿POR QUÉ?)

Noticia	Quién/quiénes	Qué	Cuándo	Dónde	Cómo	Por qué
1						
2						
3						
4						
5						
6						
7						

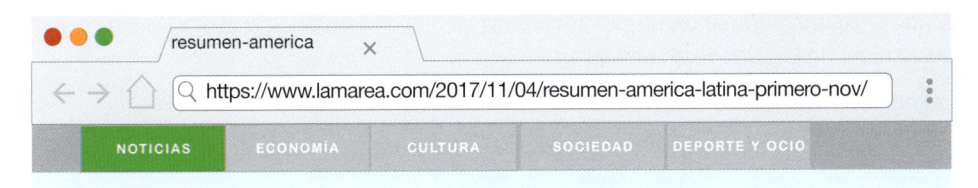

https://www.lamarea.com/2017/11/04/resumen-america-latina-primero-nov/

NOTICIAS | ECONOMÍA | CULTURA | SOCIEDAD | DEPORTE Y OCIO

Noticia 1:
La primera aspirante presidencial indígena de México, María de Jesús Patricio, conocida como Marichuy, podrá recabar firmas en papel para integrar la lista definitiva de candidatos presidenciales. Este era uno de los grandes escollos de su equipo de campaña (es candidata independiente), dado que gran parte de sus seguidores vive en zonas rurales sin acceso a Internet. Marichuy necesitará 866.000 firmas antes de febrero de 2018 para oficializar su candidatura.

Medios de comunicación

Noticia 2:
América Latina y el Caribe, terreno hostil para periodistas: 51 profesionales del periodismo fueron asesinados en la región entre 2014 y 2015, pero la mayoría de los casos permanecen impunes.

Noticia 3:
A partir del 1 de enero de 2018, los hijos de cubanos nacidos en el exterior podrán obtener la nacionalidad cubana, y las personas que salieron ilegalmente de Cuba podrán regresar a la isla, según explicó el Gobierno de este país.

Noticia 4:
Esta semana, Panamá vivió una de las protestas más multitudinarias de los últimos años. Miles de personas de distintos sectores (estudiantes, funcionarios, empresarios) se manifestaron en distintas ciudades del país contra la corrupción y la impunidad, coincidiendo con los últimos escándalos de corrupción ligados a la constructora brasileña Odebrecht y que salpican al Ejecutivo.

Noticia 5:
El Congreso peruano aprobó por unanimidad una moción histórica para rechazar sistemáticamente cualquier forma de violencia o discriminación contra la mujer. Además, instó al Parlamento a seguir adoptando medidas para eliminar cualquier forma de violencia hacia la mujer.

Noticia 6:
El Gobierno uruguayo informó del descubrimiento del primer yacimiento petrolero del país.

Noticia 7:
Nicaragua y Honduras abrieron la puerta a la creación de un fondo común para enfrentar los efectos del cambio climático en la región de El Caribe.

b. Normalmente las noticias se componen de varios elementos. Relaciona cada uno con su definición.

1. Titular 2. Entradilla 3. Pie de foto 4. Subtítulo 5. Firma y data 6. Bloques de texto	**a.** Resume las ideas principales del texto y se coloca debajo del bloque de titulares y antes del cuerpo de la noticia. **b.** Son el cuerpo de la noticia. **c.** Se utiliza para introducir un nuevo tema o un nuevo nivel de lectura de la noticia. **d.** Se coloca debajo de las imágenes para dar información sobre las mismas. **e.** Cuenta quién escribe y desde dónde/cuándo. **f.** Es el elemento en el que más se fija el lector. Debe ser atractivo y breve.

c. **Escoge una de las siete noticias anteriores y con un compañero/a añadan: un titular, una entradilla y un pie de foto, y bloques de texto (al menos tres). Te damos un ejemplo.**

De alumno a alumno

Un grupo de adolescentes de un colegio privado convence al gobierno de su ciudad para prestar ayuda a una pequeña escuela primaria en un barrio marginado.

Pablo Núñez, 28 noviembre 2017

Un aula nueva en la escuela

No todo son noticias negativas y de vez en cuando nos alegramos de leer algo bueno que cambia un poquito el mundo y que nos ofrece esperanza. Un pequeño grupo ha conseguido esto.

Todo empezó de esta manera: un grupo de adolescentes en un viaje de estudios visitaron el barrio de Miraflores, un barrio marginado de las afueras, y quedaron sorprendidos por las condiciones en las que estaba la escuela, que había sido antes un almacén y no se había reconstruido. De vuelta ya en su colegio, organizaron distintas actividades basadas en lo que habían aprendido y habían visto.

En primer lugar, querían dar a conocer las condiciones en las que todavía viven muchas personas. En segundo lugar, su objetivo era concienciar a la comunidad de sus necesidades. Y en tercer lugar, querían ponerse en contacto con el gobierno local y pedir ayuda.

Un año después, lo que había comenzado con un viaje de estudios y una pequeña acción en la escuela, se ha convertido en un gran proyecto, y esta escuela ha alcanzado, una situación con la que, en palabras de la profesora, nunca habían soñado.

Les damos la enhorabuena y les animamos a que sigan con su proyecto.

Medios de comunicación

Lengua

El pretérito pluscuamperfecto de indicativo

Se utiliza para expresar una acción que ocurre en el pasado y que es anterior a ese pasado.

*Cuando hicieron la escuela, esta ya **había sido** un almacén.* (Primero fue un almacén y después una escuela.)

*Cuando comenzaron el proyecto, ya **habían contactado** con personas del gobierno.* (Primero contactaron al gobierno y después comenzaron el proyecto.)

Se forma con el pretérito imperfecto del verbo "haber" + el participio pasado (como en el pretérito perfecto).

	soñar	aprender	reconstruir
yo	había soñado	había aprendido	había reconstruido
tú	habías soñado	habías aprendido	habías reconstruido
él/ella, usted	había soñado	había aprendido	había reconstruido
nosotros/as	habíamos soñado	habíamos aprendido	habíamos reconstruido
vosotros/as	habíais soñado	habíais aprendido	habíais reconstruido
ellos/as, ustedes	habían soñado	habían aprendido	habían reconstruido

¿Puedes encontrar las formas del pretérito pluscuamperfecto en el texto de la página anterior? ¿Cuáles son sus infinitivos?

d. Ahora termina estas frases utilizando el pretérito pluscuamperfecto.

1. Cuando volvieron a su escuela, los adolescentes _____.
2. Cuando reconstruyeron la escuela, fue la primera vez que _____.
3. Cuando les dieron la enhorabuena, la profesora dijo que era mejor que lo que _____.
4. Cuando se escribió la noticia, el proyecto ya _____.

Escribimos

e. Con dos compañeros/as, escriban tres pequeñas noticias. No tienen que ser noticias reales, también pueden ser noticias buenas, inventadas.

1. Sobre algo en el pasado, que tuvo lugar ya en tu colegio.
2. Otra en el presente, algo que está ocurriendo en tu comunidad.
3. La última en el futuro sobre algo que tendrá lugar a nivel global.

ATL Habilidades de comunicación

Cuando leemos noticias, normalmente se hace de una forma selectiva, es decir, no tenemos que entender todo, sino que internamente respondemos a las preguntas importantes que apuntamos: quién, qué, dónde, cuándo, cómo y por qué. Es verdad, que a veces las noticias no tienen toda la información explícita; esto es porque se supone conocida por el contexto del día y lugar donde aparecen.

🔊 Escuchamos

f. **Los bulos o noticias falsas son cada día más frecuentes en los medios. Mira este video y contesta las preguntas.**

https://www.youtube.com/watch?v=5EVMG0qYPxo

🔍 **Palabras de búsqueda:**

Trucos para detectar noticias falsas en Internet

1. Según el video, ¿en qué campo son más peligrosas las noticias falsas? **Criterio Ai**

2. En el video se habla de algunos trucos. ¿Qué debes hacer?

	¿Qué hacer?
Desconfía de los titulares	
Una URL falsa	
Fuentes de confianza	
Errores ortográficos	
Imágenes o videos manipulados	
Revisa las fechas	
Consulta otras noticias	

3. Estos son algunos de los adjetivos que se utilizan. Relaciónalos con los sustantivos.

1. Información	a. de confianza
2. Afirmaciones	b. alteradas
3. Titulares	c. manipulados
4. Fotos	d. llamativos y escandalosos
5. Fuentes	e. chapucero
6. Cronología	f. fuera de contexto
7. Imágenes o videos	g. engañosa
8. Influencia	h. sin sentido
9. Diseño	i. impactantes e inverosímiles
10. Fechas	j. devastadora

4. Y estos son verbos que se utilizan en el video. ¿Puedes escribir una frase con cada uno reflejando la información?

   desconfía   compara   asegúrate   busca   revisa   consulta

5. ¿A quién crees que va dirigido este video? **Criterio Aii**

6. ¿Crees que el mensaje es para educar, para informar, para persuadir o para alertar? ¿Por qué?

Medios de comunicación

💬 Hablamos

g. ¿Conoces tú algún bulo que hayas oído o leído últimamente? ¿Cómo sabes que era un bulo? ¿Qué crees que puedes hacer tú personalmente contra los bulos? Habla con tus compañeros/as.

> **ATL Habilidades de investigación**
>
> Hoy más que nunca, con la propagación de noticias en Internet que no son verdaderas, es importante identificar y valorar las fuentes de las que obtenemos información.

Pregunta conceptual

¿Nos ayudan los medios de comunicación a informarnos de lo que realmente ocurre en el mundo?

10.6 Las barreras de la comunicación

a. A veces la comunicación no puede fluir porque hay barreras que lo impiden. Clasifica las siguientes barreras en la tabla. Puede haber más de una opción y puedes añadir alguna idea más.

Pregunta debatible

¿Cómo se diferencias las noticias falsas de las verdaderas?

> miedo   ruido   terminología desconocida   distracciones
> malentendidos   falta de libertad   luz   distinta lengua

Barreras físicas	Barreras psicológicas	Barreras políticas/ administrativas	Barreras verbales/de la lengua	Barreras culturales

b. ¿Qué se puede hacer para evitar estas barreras? Escoge una de cada columna y, en grupos de tres, traten de encontrar una solución y escríbanla.

> *Ejemplo:*
>
> *Barreras físicas: Escuchar de forma activa y con atención evitando las distracciones.*

📖 Leemos

c. Lee este artículo y escoge uno de los títulos. Da razones sobre tu elección. Después contesta las preguntas.

¿Libertad de expresión controlada es libertad de expresión?

El control de la tecnología

¿Ya no hay libertad de expresión?

Libertad de expresión pero sin ofender

www.losmediosdehoy.org

(1) Tener libertad de expresión significa poder proclamar nuestras ideas, pensamientos y opiniones sin miedo al castigo. En realidad, la libertad de expresión es considerada como una de las bases de la democracia y es uno de los derechos recogido en la Declaración Universal de los Derechos Humanos.

(2) En muchas sociedades se ha conseguido esta libertad de expresión que cuidamos y de la que estamos orgullosos. El problema empieza cuando se ataca a otras personas a través del insulto, de la mentira o incluso del odio. Popularmente se dice que mi libertad termina donde empieza la de los demás. ¿Qué debe hacer entonces la justicia? ¿Respetar la libertad de expresión e ignorar todos los casos en donde se hace daño al honor y la dignidad? Normalmente, algunas de estas ofensas se castigaban civilmente, teniendo que pagar una cantidad de dinero como indemnización por los perjuicios causados. No obstante, últimamente han ocurrido casos en que, por frases en Twitter o representaciones teatrales, se ha condenado a personas con la cárcel. Esto ha provocado una nueva discusión en la sociedad con personas a favor y en contra, y muchos que piensan que se tienen que modificar las leyes para parar este tipo de conductas.

(3) Actualmente, debido a las redes sociales, es demasiado fácil crear bulos, rumores, y falsas noticias para ofender públicamente a personas públicas, que muchas veces se sienten indefensas. Un vídeo manipulado, una cita falsa, se puede convertir en viral y dar la vuelta al mundo en cuestión de horas, creando una mentira que a base de repetirla y repetirla se acaba convirtiendo en verdad. Por consiguiente, muchas personas se preguntan si la libertad de expresión no debería tener límites. ¿Pero dónde ponemos estos límites sin que se termine el poder expresarse libremente? Realmente es una decisión muy compleja, porque la sociedad a través de Internet está cambiando la forma que tenemos de expresarnos.

(4) Seguro que usted conoce algún caso de algún personaje público sobre el que se haya hecho correr un rumor, una mentira creada para hacer daño, pero que luego, incluso cuando estaba probado que era mentira, el bulo ya se había difundido, haciendo dudar a muchas personas sobre esa persona y manchando su nombre para siempre. También conocerá casos donde personas expresan ideas violentas y agresivas, llenas de odios contra algunas etnias, homosexuales o con actitudes sexistas y clasistas, que hacen daño no solo a particulares sino a la sociedad en general. ¿Puede permitir una sociedad avanzada, igualitaria, este tipo de comentarios? Estas conductas sólo pueden ser castigadas si se consideran delitos de odio y se puede probar. Pero el camino de la justicia no es fácil y muchas veces implica mucho tiempo y dinero para la persona ofendida.

(5) Nuestras leyes nos protegen de manifestaciones públicas que ensalzan el fascismo, la xenofobia, el sexismo, pero ¿y los vídeos en YouTube, los tuits o las entradas en blogs y foros?, ¿se puede y debe controlar esto? Es momento de que revisemos nuestras leyes para acomodarlas a la sociedad actual donde Internet es ya parte de nuestra vida cotidiana, teniendo cuidado de que nuestra democracia no sufra. Pero sobre todo, es esencial que eduquemos a nuestros hijos, tanto en los colegios como en las casas, en la tolerancia y en el respeto. Los chicos deben acostumbrarse a expresar sus opiniones, sus pensamientos e ideas de una forma libre, pero sin ofender a los demás y, sobre todo, sin agresividad ni violencia.

(6) Confiemos en que sepamos solucionar estos nuevos problemas que se nos presentan, y que aprendamos adaptarnos a los cambios de nuestra sociedad, disfrutando de los adelantos técnicos, pero controlando la claridad de los valores de los seres humanos.

Medios de comunicación

1. ¿Qué te dice la imagen? ¿Crees que es relevante y apropiada con el texto? ¿Por qué? *Criterio Bi*

2. ¿Consideras que el artículo está a favor o en contra de la libertad de expresión? ¿Por qué?

3. ¿Cómo definirías este artículo? Selecciona las palabras que te parezcan más apropiadas. Justifica con la información del texto.
   - optimista/pesimista
   - objetivo/subjetivo
   - crítico/moralista

4. Di si estas afirmaciones son verdaderas o falsas:

	V	F
La libertad de expresión es uno de los Derechos Humanos.		
Según el artículo, hay cada vez más ofensas al honor y a la dignidad.		
Hay más libertad de expresión desde que existe Internet.		
Internet está cambiando la forma de expresarse en la sociedad.		
Los delitos de odio son fáciles de castigar.		
Las leyes están cambiando para atender a las ofensas en Internet.		
Si se educa en la tolerancia y el respeto habrá menos ofensas y ataques.		

5. Busca sinónimos de...
   a. decir (párrafo 1)
   b. comenzar (párrafo 2)
   c. hoy en día (párrafo 3)
   d. herir (párrafo 4)

⭕ Hablamos

d. Con los argumentos del texto y los suyos propios, en grupos de cuatro, comiencen un debate sobre el tema planteado: *Criterios C y D*

> ¿Puede decirse / escribirse todo lo que queramos en Internet o tenemos barreras? ¿Y nosotros? ¿Tenemos que poner límites? ¿Qué tipo de límites y para qué?

- Primero en parejas, busquen y escriban los argumentos necesarios.
- Después repasen el lenguaje de opinión y si estan de acuerdo o en desacuerdo.
- Pueden grabarse o filmarse si quieren, para después poder estudiar mejor el lenguaje empleado.

Lengua

Expresar opinión

Recuerda:

Creo + que + indicativo: *Yo creo que sí que hay que poner barreras.*

No creo + que + subjuntivo: *No creo que sea necesario poner barreras, lo importante es educar a la gente.*

10.7 La publicidad como medio de comunicación

a. **¿Con qué frecuencia ves o lees normalmente anuncios? ¿Dónde? ¿Te gustan? ¿De qué productos crees que hay más anuncios? Habla con tus compañeros/as.**

b. **Mira estos dos anuncios de televisión y contesta.**

Anuncio 1: https://www.youtube.com/watch?v=Dfppr-7Fx7Q

Palabras de búsqueda:

Comercial Pantene el mejor comercial del mundo

Anuncio 2: https://www.youtube.com/watch?v=0Qj97rLJEvA

Palabras de búsqueda:

Los mejores comerciales del mundo 451

1. ¿Qué es lo que se ve?
   a. El lugar:
   b. Los personajes:
   c. La acción:
2. ¿Qué influencia crees que tiene la música? ¿Es apropiada? ¿Tú elegirías una diferente? ¿Por qué?
3. ¿Cuál es el mensaje del anuncio?
4. ¿Qué emociones se usan para influir en el espectador?
5. ¿Cómo se consigue influir en el comportamiento del espectador? ¿Cuáles son las técnicas usadas para persuadir en el espectador? ¿Crees que a veces engañan?
6. ¿Crees que alguno de los dos anuncios muestra una imagen estereotipada o sexista?

Medios de comunicación

c. ¿Hay algún anuncio que quieras compartir con el resto de la clase? ¿Por qué lo has elegido?

d. ¿Qué papel crees que juega la publicidad en tu vida? Contesta este cuestionario y después comenta los resultados con otros dos compañeros/as.

1. Para ti la publicidad es…
   a. … imprescindible.
   b. … buena.
   c. … molesta.

2. ¿Dónde crees que influye más la publicidad?
   a. En Internet
   b. En la calle
   c. En la televisión

3. ¿Compras algo que no has visto en la publicidad?
   a. Nunca
   b. A veces
   c. Muchas veces

4. ¿Qué consideras importante en un anuncio escrito?
   a. Los colores
   b. Las personas
   c. El diseño

5. ¿Qué consideras importante en un anuncio audiovisual?
   a. La música
   b. Las imágenes
   c. Los colores

6. Si estás viendo la televisión y empieza la publicidad…
   a. … te quedas porque te gusta mucho.
   b. … te quedas pero la ignoras.
   c. … te levantas y te vas.

7. ¿Crees que te influyen las marcas al comprar la ropa?
   a. Mucho
   b. No mucho
   c. Nada

8. ¿Y cuando compras de comer o beber?
   a. Mucho
   b. No mucho
   c. Nada

9. ¿Crees que la publicidad vende…
   a. … productos?
   b. … emociones?
   c. … necesidades?

10. ¿Crees que la publicidad…
    a. … ayuda a la gente a ser más feliz?
    b. … ofrece una imagen ideal que no existe?
    c. … nos sirve como modelo?

🔊 Escuchamos

e. **La publicidad también puede ser engañosa. Mira este video y anota los ocho engaños de los que habla. ¿Los conocías todos? ¿Cuál te ha llamado más la atención? ¿Conoces algún otro ejemplo?**

https://www.youtube.com/watch?v=YpnOSa2v-SY&t=222s

🔍 **Palabras de búsqueda:**

8 grandes engaños en la publicidad

Criterio Ai, Aiii

Fase 3

> **ATL Pensamiento - Habilidades de pensamiento crítico**
>
> Una parte de este pensamiento trata de leer textos de una forma crítica, sin creernos de inmediato todo lo que se dice, sino cuestionándolo, viendo de dónde proviene el texto, dónde aparece, quién es su autor, etc.

10.8 Un programa de radio

Criterios C y D

Van a hacer un programa de radio de unos 10 minutos. Tienen que incluir:

1. Un resumen de noticias nacionales e internacionales
2. Dos anuncios
3. Una entrevista

> 🔗 **Conexión interdisciplinaria: Diseño**
>
> ¿Qué te parece diseñar un anuncio para promocionar la asignatura de español en el colegio? Seguro que en el departamento de Diseño te pueden ayudar con algún programa y dándote algunos consejos.

> Medios de comunicación

Evaluación sumativa

Criterio A

Mira este video hasta el minuto 2:25 y contesta las preguntas.

https://www.youtube.com/watch?v=nx1Xl3I9vS0

Palabras de búsqueda:

Medios de comunicación masivos

Aspecto i

1. En el texto se da una definición de medios de comunicación. ¿Cuáles de estas definiciones crees que es la más apropiada según el texto? ¿Por qué?

    a. Son instrumentos que usamos para crear elementos visuales y sonoros.

    b. Son todo tipo de recursos que usamos que tienen el propósito de entretener a los destinatarios.

    c. Es la manera en la que transmitimos distintos tipos de información.

    Respuesta: ……

    > Justificación según el texto:

2. Esta es otra definición de medios de comunicación masivos:

    "Muchas personas tienen acceso a ellos simultáneamente".

    ¿Te parece que tiene el mismo significado que la definición que se da en el texto? ¿Por qué?

3. Identifica todos los medios de comunicación para los ejemplos que se mencionan y se ven en el video.

Ejemplos	Medios de comunicación masivos
Un partido de fútbol	
Un partido de rugby	
Un concurso de cocina	
Una canción	
Una película	
Un video	
Un documental	

4. Relaciona las frases con uno de los medios de comunicación que se mencionan en el video y complétalas usando la información del texto.

	Medio de comunicación
Mucha gente se informa de novelas, noticias y programas infantiles en todo el mundo a través de	
Permite ofrecer información desde una estación a través de	
Es un papel con información y es un medio de comunicación masivo porque	
Nos enteramos de muchas cosas del mundo a través de	

Aspecto ii

5. ¿A quién crees que está dirigido este video? ¿Por qué?

6. ¿Cuál es el propósito del mensaje de este texto?

7. ¿Qué te parece que cambia cuando en el video hay una interacción pregunta/respuesta en lugar de un monólogo o una voz en off? ¿Qué efecto tiene?

8. ¿Cómo se refuerzan en el video las ideas más importantes? Justifica según las convenciones del texto oral y visual.

Aspecto iii

9. ¿Crees que este tipo de videos educativos te ayudan a aprender a ti? ¿Qué es lo que sí ayuda y lo que no? ¿Qué cambiarías?

10. ¿Cuál de los cuatro medios de comunicación masivos te parecen más importante y cuál menos importante? ¿Por qué? Compara con la información del texto para justificar tus ideas.

11. Este video informa y describe, pero ¿qué información incluirías tú para hacerlo más "crítico"? Recuerda lo que hemos estudiado sobre los bulos o las noticias falsas, y las barreras de la comunicación.

Medios de comunicación

Criterio B

`http://www.elperiodico.com/es/sociedad/20170406/`

Facebook golpea el negocio de las noticias falsas

**La red social exigirá más garantías para promocionar informaciones incluso pagando
Hará una campaña en 14 países sobre cómo detectar noticias falsas pero excluye a España**

CARMEN JANÉ / BARCELONA

Jueves, 06/04/2017 | Actualizado el 01/06/2017 a las 12:01 CEST

(1) Facebook ha puesto por fin medios para intentar combatir la plaga de noticias falsas que se difunden a través de su plataforma. La red social que utilizan casi mil millones de personas en todo el mundo centrará sus esfuerzos en combatir el incentivo económico que supone este tipo de viralidad, que aprovecha la promoción en su plataforma para generar visitas a webs que se lucran con anuncios de otros. Además, intentará concienciar a los usuarios sobre la importancia de compartir noticias veraces y acerca de mecanismos para detectar bulos, tras las polémicas sobre el papel que jugó en la difusión de informaciones falsas que favorecieron la elección de Donald Trump como presidente de EEUU.

(2) "Hemos descubierto que la mayoría de publicaciones falsas se realizan con fines económicos, para ganar dinero, no por motivos ideológicos. Si podemos reducir el dinero que esos proveedores ganan reduciendo su impacto en Facebook, puede que dejen de usar nuestra plataforma para publicar noticias falsas", ha indicado el responsable del muro de la red social, Adam Mosseri, en un artículo.

(3) El ejecutivo ha matizado que la red social evitará, en la medida de lo posible, eliminar y censurar contenidos. La red, que ha negado repetidamente tener responsabilidad editorial sobre lo que se publica en sus herramientas, pretende que sean los usuarios quienes marquen sus sospechas sobre la veracidad de un contenido y que este sea enviado a entidades de verificación con las que han firmado acuerdos para que lo comprueben: "Creo que no somos quiénes para decidir lo que es verdad o no".

(4) Facebook afirma que pedirá más garantías a aquellos titulares de páginas webs que quieran promocionar sus noticias, arremeterá contra las cuentas falsas y mejorará la selección del algoritmo, que hasta ahora prima las noticias que son más compartidas, sin tener en cuenta ni su origen ni su veracidad. "Las historias que sean marcadas como falsas por nuestra comunidad aparecerán más abajo en tu Muro", ha prometido la empresa.

INFLUENCIA POLÍTICA

(5) La campaña contra las noticias falsas se lanza este viernes en 14 países, como EEUU, Reino Unido, Francia y Alemania, lugares donde el tema ha sido especialmente polémico. Está excluida España y los mercados hispanos, y no hay ningún material informativo en castellano. En Alemania, donde realizaron las primeras pruebas de la nueva funcionalidad, el Gobierno y los tribunales han sido especialmente combativos con la difusión de noticias falsas. Este miércoles, el Ejecutivo de Angela Merkel aprobaba multas a las redes sociales que no eliminen contenidos contra el odio que podrán llegar a los 50 millones de euros. En el Reino Unido las noticias falsas también han sido objeto de debate tras la aprobación del Brexit y en Francia son cuestionadas en plena campaña presidencial.

(6) Mosseri subraya que para acabar con las noticias falsas no hay un "remedio mágico" y señala que es un problema que afecta a toda la sociedad que la gente no sepa distinguir la veracidad de la información.

EDUCAR A LA AUDIENCIA

(7) La herramienta que más verá el usuario es la aparición de un cuadro de diálogo alertando sobre cómo funcionan las noticias falsas cuando acceda a su Muro. El cuadro de diálogo ofrece varias sugerencias sobre rasgos en los que fijarse, desde el nombre de la publicación, la dirección web, las maquetas, las fotos, la secuencia temporal de los datos que relata, las fuentes que cita… Aconseja otras medidas de precaución como comprobar si otras fuentes se hacen eco de esa información o plantearse si es una broma o un contenido satírico. Como subrayan al final del texto: "Pensar críticamente sobre las historias que lees y sólo compartir noticias que sepas que son creíbles".

(8) Para darle más entidad a sus esfuerzos, la red social impulsa desde el pasado noviembre dos proyectos para promocionar el periodismo de calidad: el Facebook Journalism Project, una colaboración con varias entidades periodísticas que gestiona la Universidad de Columbia, y el News Literacy Project, una iniciativa pensada en principio para ayudar a los adolescentes a familiarizarse con las noticias, pero cuyos principios piensan recordar a un público más amplio. "Tratamos de asegurarnos de que el buen periodismo y los contenidos relevantes medren en la plataforma, a la vez que nos hacemos cargo de que el malo, no sólo las noticias falsas, también el sensacionalismo y el 'clickbait', no lo haga", añade Mosseri.

Medios de comunicación

Aspecto i

1. Según el párrafo 1, ¿cuál es el problema que se menciona en el texto y cuál es la razón por la que se produce?

2. Elige las frases cuyo contenido se corresponde con la información del texto (párrafos 2 y 3).

   a. La mayoría de las publicaciones falsas se realizan por motivos ideológicos. ☐

   b. Adam Mosseri pretende que los proveedores dejen de ganar dinero por la publicación de noticias falsas. ☐

   c. No es la intención de la red social eliminar y censurar contenidos. ☐

   d. En raras ocasiones, Facebook podría editar las publicaciones de sus herramientas. ☐

   e. Los usuarios de Facebook pueden mandar sus sospechas sobre noticias falsas a entidades de verificación. ☐

3. ¿Qué tres medidas se mencionan en el párrafo 4?

4. En el apartado de Influencia política (párrafo 5) se mencionan algunos países. ¿Qué país de los mencionados parece que va a tomar menos medidas contra las noticias falsas? ¿Y qué país va a tomar la mayor medida? Identifica las palabras que el autor del texto usa que te hacen pensar eso.

5. ¿Qué papel tiene el pensamiento crítico en el apartado de Educar a la audiencia (párrafo 7)?

6. ¿Cómo relacionas el contenido de la imagen de la página 303 con la información del texto escrito?

Aspecto ii

7. ¿Crees que la autora, Carmen Jané, está del lado de Facebook? Razona tu respuesta.

8. ¿Cuál es el propósito de este texto?

9. En el texto aparecen dos imágenes diferentes, ¿crees que tienen el mismo propósito?

10. ¿Qué tono crees que tiene este texto? ¿Por qué? Puedes elegir de la siguiente lista: educativo, moralista, irónico, optimista, pesimista, objetivo, subjetivo, argumentativo, descriptivo, narrativo.

Aspecto iii

11. ¿Te parecen suficientes las medidas que va a tomar Facebook? ¿Por qué?

12. ¿Cuál es tu opinión ante la reacción de los países? ¿Crees que todos deben actuar? Usa la información del texto para justificar tu opinión.

13. ¿Qué puedes hacer tú como individuo para combatir las noticias falsas? Compara con la información que ofrece el texto.

Criterios **C y D** (oral interactivo)

Mantén una conversación con tu profesor/a sobre la variedad, la importancia y los peligros de los medios de comunicación. Habla de tres a cuatro minutos. Puedes prepararte durante 10 minutos y tomar notas. No puedes usar el diccionario ni ningún material de ayuda.

Criterios **C y D** (escrito)

Escribe una carta a la editorial de un periódico donde criticas la cantidad de noticias falsas que se está publicando últimamente y las consecuencias que esto causa en la población. Escribe de 200 a 250 palabras.

Medios de comunicación

💭 Reflexión

Busca en la unidad las actividades donde has practicado los objetivos de la misma. Reflexiona sobre lo que has aprendido y completa la tabla:

	😊	😕	😟
comprender lo que significa la comunicación			
hablar de los distintos tipos de código			
expresar la prohibición			
escribir cartas formales e informales			
entender mejor la diferencia entre "por" y "para"			
distinguir los medios de comunicación masivos			
interpretar y escribir noticias			
utilizar el pretérito pluscuamperfecto de indicativo			
informarte acerca de los bulos o noticias falsas			
expresar tu opinión			
reflexionar sobre las barreras de la comunicación			
mirar críticamente la publicidad			

> **Reflexiona sobre el Enunciado de indagación de la unidad**
>
> Nos comunicamos a nivel personal y de manera global, teniendo en cuenta los distintos destinatarios a los que nos dirigimos, e interpretando lo que leemos u oímos de una forma crítica.
>
> *We communicate at a personal level and in a global way, bearing in mind the different audiences we are addressing, interpreting what we read or listen to in a critical way.*

¿Puedes relacionar este **Enunciado de indagación** con las tareas de la unidad? Busca actividades donde…

- practicas la comunicación a nivel personal.
- comunicas diferente según sea el destinatario.
- haces uso de tu pensamiento crítico.

Enfoques de aprendizaje

Busca en la unidad dónde has practicado las siguientes estrategias de aprendizaje.

¿Cómo crees que estos **Enfoques de aprendizaje** te ayudan a conseguir los atributos del perfil del estudiante del IB para esta unidad? ¿Y los otros atributos?

- Buenos comunicadores
- Informados e instruidos

¿Has usado estos **Enfoques de aprendizaje** para completar con éxito las tareas de la unidad? ¿Y las tareas sumativas?

- *Communication – Communication skills*

Reading, writing and using language to gather and communicate information
  - *Read a variety of sources for information and for pleasure*
  - *Write for different purposes*
  - *Read critically and for comprehension*
  - *Preview and skim texts to build understanding*

- *Research – Media literacy skills*
  - *Locate, organize, analyse, evaluate, synthesize and ethically use information from a variety of sources and media (including digital social media and online networks)*
  - *Demonstrate awareness of media interpretations of events and ideas (including digital social media)*

- *Thinking – Critical thinking skills*

Analysing and evaluating issues and ideas
  - *Practise observing carefully in order to recognize problems*
  - *Recognize unstated assumptions and bias*

Reflexión

In this unit we hope you have become a better communicator and have reflected on how to be both informed and critical. You have learned about communication and the different media at a personal and global level. We have also talked about the possibility of limits to communication, the rise of fake news and how to fight against it, and the power and manipulation involved in advertising.

This is the last unit for learning Spanish Language Acquisition in phase 4 of the MYP. On successfully completing this course, you are ready to finish the MYP with a level of language and all the necessary skills to be successful in the DP program. Look back at all the attributes of the IB learner profile. What were you like when you started to learn Spanish in the MYP? What are you like now?

All the best in the amazing journey of being an IB student. We are proud of having helped you to become the person you are now!

OXFORD
UNIVERSITY PRESS

Great Clarendon Street, Oxford, OX2 6DP, United Kingdom

Oxford University Press is a department of the University of Oxford. It furthers the University's objective of excellence in research, scholarship, and education by publishing worldwide. Oxford is a registered trade mark of Oxford University Press in the UK and in certain other countries

© Oxford University Press 2018

The moral rights of the authors have been asserted

First published in 2018

All rights reserved. No part of this publication may be reproduced, stored in a retrieval system, or transmitted, in any form or by any means, without the prior permission in writing of Oxford University Press, or as expressly permitted by law, by licence or under terms agreed with the appropriate reprographics rights organization. Enquiries concerning reproduction outside the scope of the above should be sent to the Rights Department, Oxford University Press, at the address above.

You must not circulate this work in any other form and you must impose this same condition on any acquirer

British Library Cataloguing in Publication Data
Data available

978-0-19-839599-7

1 3 5 7 9 10 8 6 4 2

Paper used in the production of this book is a natural, recyclable product made from wood grown in sustainable forests. The manufacturing process conforms to the environmental regulations of the country of origin.

Printed in Great Britain by Bell and Bain Ltd., Glasgow.

Acknowledgements

The publisher and authors would like to thank the following for permission to use photographs and other copyright material:

Cover: Kobby Dagan/Shutterstock; **p40:** Courtesy of the author; **p44(t):** Randy Brooke/Getty Images; **p44(b):** Azkoyen Group; **p49:** akg-images/Album/Albert Heras/Prisma; **p64(tl), 64(tr), 253, 257, 258(t), 258(b):** Courtesy of the author. All other photos © Shutterstock.

Illustrations by Q2A Media Services Inc. and Mark Draisey (p4(b), 24, 41, 52, 68, 80, 93, 97, 99, 139, 168, 188, 233, 299).

The authors and publisher are grateful to the following for permission to reprint from copyright material:

Ayuntamiento de Madrid, Departamento de Educación Ambiental for extracts from 'Campaña para el cuidado del espacio público y la eliminación de los residuos acumulados en calles en el distrito de Usera', www.madrid.es

Jakob Horvat and **El Blog de Viajes** for 'Por qué este joven viaja alrededor del mundo sin avión buscando historias que inspiren?' including translation of article by Jakob Horvat from www.thousandfirststeps.com

IT&IS Siglo XXI S L for extracts from 'El horóscopo chino' in *Euroresidentes* online magazine.

La Marea for extracts from 'Resumen semanal - Lo más destacado de América Latina' by José Bautista, La Marea, 4 Nov 2017, www.lamarea.com

Oxfam Intermón for '10 consequencias del calentamiento global', from their free guide 'El Cambio Climático', and on their blog at https://blogoxfamintermon.org

El País for 'Tres millones de argentinos viven en villas miseria' by Ramiro Barreiro, *El País Internacional*, 1 Nov 2016.

Webconsultas Healthcare S.A. for 'Adicción a Internet y las tecnologias' by Maite Nicuesa Guelbenzu www.webconsultas.com.

Although we have made every effort to trace and contact all copyright holders before publication this has not been possible in all cases. If notified, the publisher will rectify any errors or omissions at the earliest opportunity.

Links by third party websites are provided by Oxford in good faith and for information only. Oxford disclaims any responsibility for the materials contained in any third party website referenced in this book.